KONSTELLATIONEN

Veröffentlichungen des
Brahms-Instituts an der Musikhochschule Lübeck
herausgegeben von Wolfgang Sandberger
Band VII

Konstellationen

SYMPOSIUM
Felix Mendelssohn und
die deutsche Musikkultur

AUSSTELLUNG
Felix Mendelssohn und
Johannes Brahms

Brahms-Institut an der Musikhochschule Lübeck

Impressum

Wolfgang Sandberger (Hg.)

KONSTELLATIONEN

Felix Mendelssohn und die deutsche Musikkultur
Symposium des Schleswig-Holstein Musik Festival
5. Juli 2014

Felix Mendelssohn und Johannes Brahms
Ausstellung des Brahms-Instituts
an der Musikhochschule Lübeck
4. Juli – 13. Dezember 2014

Brahms-Institut an der Musikhochschule Lübeck
Jerusalemsberg 4 · 23568 Lübeck
www.brahms-institut.de

in Verbindung mit
Schleswig-Holstein Musik Festival
Palais Rantzau · Parade 1 · 23552 Lübeck

Vertrieb: edition text + kritik im
Richard Boorberg Verlag GmbH & Co. KG, München

© Brahms-Institut an der Musikhochschule Lübeck /
Schleswig-Holstein Musik Festival 2015
Alle Rechte vorbehalten.

ISBN 978-3-86916-458-8

Konzeption Symposium:
Prof. Dr. Wolfgang Sandberger

Kuratoren der Ausstellung:
Stefan Weymar M. A. / Prof. Dr. Wolfgang Sandberger

Katalogredaktion:
Prof. Dr. Wolfgang Sandberger und Andrea Hammes M. A.
unter Mitarbeit von Stefan Weymar M. A., Johannes
Fenner (et+k)

Druck:
Druckhaus Cramer, Greven

Gestaltung, Satz:
Markus Bomholt, Münster

Das Symposium wurde unterstützt durch die Possehl-
Stiftung, Lübeck.

Die Ausstellungsräume und -ausstattung in der Villa
Eschenburg wurden ermöglicht durch die Possehl-Stiftung,
Lübeck.

Inhalt

	Vorwort	9
SYMPOSIUM	Felix Mendelssohn Bartholdy und die deutsche Musikkultur. Einführung in das Symposium *Wolfgang Sandberger (Lübeck)*	12
	Zwischen Ästhetik und Romantik: Zum ästhetischen Standort von Felix Mendelssohn *Laurenz Lütteken (Zürich)*	16
	»Religiöser Kitsch«? Zur Struktur des Urteils über Felix Mendelssohns geistliche Musik *Friedrich Geiger (Hamburg)*	21
	Leipzig als geistige Lebensform – Felix Mendelssohn Bartholdy im Kreise seiner Freunde *Irmelin Schwalb (Bonn)*	31
	Felix Mendelssohn Bartholdy als Bildkünstler *Alexander Bastek (Lübeck)*	38
	Die Loreley: Felix Mendelssohn Bartholdy und Emanuel Geibel auf der Suche nach dem »ächt deutsch opernhaften guten« Stoff *Inga Mai Groote (Fribourg)*	47
	Zur Stoffgeschichte von Mendelssohns Konzertouvertüren *Lothar Schmidt (Marburg)*	56
	»Mendelssohn gewidmet« – Zur kompositorischen Mendelssohn-Rezeption *Andrea Hammes (Lübeck)*	66
	Brahms und Mendelssohn. Festvortrag zur Ausstellungseröffnung *Peter Gülke (Weimar)*	74
	Johannes Brahms, der Autographensammler *Otto Biba (Wien)*	78

AUSSTELLUNG	**Konstellationen: Felix Mendelssohn und Johannes Brahms** **Einführung in die Ausstellung** *Wolfgang Sandberger und Stefan Weymar*	86
	Mendelssohn – Ikone im Schumann-Kreis	88
	Mendelssohn und Brahms – zwei gebürtige Hamburger am Klavier	94
	»… denn es ist kein Land wie dieses« – Mendelssohns Schweiz	97
	Beziehungszauber: Mendelssohns *Elias*	100
	***Die Loreley* – ein Opernprojekt von Mendelssohn und Geibel**	102
	Im Spiegel Richard Wagners	105
	Mendelssohn-Erfahrungen	108
	Mendelssohn und Brahms – zwei Pioniere der Alten Musik: **Johann Sebastian Bach**	113
	Mendelssohn und Brahms – zwei Pioniere der Alten Musik: **Georg Friedrich Händel**	117
	Das Musikzimmer von Johannes Brahms	121

Zeittafel — 124

Literaturverzeichnis — 128

Personenregister — 137

Reproduktionen — 141

Leihgeber — 141

Vorwort

Das Projekt »Konstellationen« verdankt sich einer glücklichen Fügung, d. h. die Sterne für das hier dokumentierte Schleswig-Holstein Musik Festival-Symposium und den Katalog zur Ausstellung des Brahms-Instituts standen von vornherein günstig. Ausgangspunkt war, dass der Mendelssohn-Schwerpunkt des SHMF in vielfältigen Kooperationen mit Kultureinrichtungen des Landes auf originelle Weise verknüpft werden sollte. Für Lübeck, die vielbeschworene Kulturhauptstadt des Nordens, ist diese zukunftsweisende Zusammenarbeit von großer Bedeutung. Dass es dabei tatsächlich um einen geweiteten Horizont geht, zeigte das wissenschaftliche Präludium zum Festival-Schwerpunkt: Das Symposium »Felix Mendelssohn und die deutsche Musikkultur«, das zur Eröffnung des Festivals dankenswerterweise im Behnhaus/Drägerhaus stattfand. Aufgenommen sind hier alle Referate, ergänzt durch den Festvortrag von Peter Gülke (Weimar) und einen weiteren Beitrag von Otto Biba (Wien), zwei Texte, die zugleich zum Ausstellungsteil »Felix Mendelssohn und Johannes Brahms« dieses Bandes überleiten. Da diese beiden Komponisten kein festes Dioskurenpaar wie »Bach und Händel« am Komponistenhimmel bilden, war es eine Herausforderung, Vergleichs- und Bezugspunkte in dieser Konstellation zu entdecken. Die im Katalogteil aufbereiteten Dokumente und Quellen sprechen freilich für sich. Dabei haben sich vielfältige Querverbindungen zwischen dem wissenschaftlichen Symposium und der Ausstellung, aber natürlich auch mit dem Programm des Festivals, ergeben.

Zu den günstigen Konstellationen unseres Vorhabens gehört, dass das SHMF und das Brahms-Institut Fixsterne am norddeutschen Kulturhimmel sind: In seinen jährlich wechselnden Retrospektiven leuchtet das SHMF verschiedene schöpferische Phasen des jeweiligen Komponisten aus. Dabei treten viele im Schatten prominenter Werke stehende Kompositionen in den Mittelpunkt der Aufmerksamkeit und ermöglichen neue Blicke auf das Gesamtwerk der ausgewählten Tonsetzer. Zu den Aufgaben des Brahms-Instituts gehört das Sammeln und die wissenschaftliche Erschließung der einzigartigen Sammlung, die in zahlreichen Ausstellungen mit wechselnden Schwerpunkten auch einer interessierten Öffentlichkeit zugänglich gemacht werden. Das Brahms-Institut steht dabei in einer Konstellation, in der noch weitere Brahms-Sterne leuchten. Nah beheimatet der Stern der Brahms-Gesamtausgabe in Kiel, sodann aber auch der weit leuchtende Stern der Gesellschaft der Musikfreunde in Wien, deren Archivdirektor Prof. Dr. Otto Biba stellvertretend für alle weiteren Leihgeber herzlich gedankt sei.

Fixsterne wie das Brahms-Institut und das SHMF können ihre Leuchtkraft am Ende freilich nur entfalten, wenn sie auch befeuert werden. Unser Dank gilt hier zunächst allen Autorinnen und Autoren, die sich den Themenvorschlägen des Herausgebers nicht verschlossen und das Symposium mit ihren Beiträgen bereichert haben. Sodann Stefan Weymar, der die Ausstellung konzeptionell mit vorbereitet und im Detail kuratiert hat. Unser Dank gilt aber auch allen anderen Personen, die an der Vorbereitung von Symposium und Ausstellung so engagiert beteiligt gewesen sind.

Möge der vorliegende Band für alle Leserinnen und Leser verblüffende Einsichten bereithalten.

Dr. Christian Kuhnt
Intendant des Schleswig-Holstein Musik Festival

Prof. Dr. Wolfgang Sandberger
Leiter des Brahms-Instituts an der Musikhochschule Lübeck

»Mendelssohn, der hellste Musiker, der die Widersprüche der Zeit am klarsten durchschaut, und zuerst versöhnt«

Symposium

Robert Schumann über Felix Mendelssohn

Felix Mendelssohn Bartholdy und die deutsche Musikkultur. Einführung in das Symposium

Wolfgang Sandberger (Lübeck)

Felix Mendelssohn Bartholdy* ist nicht nur ein Mann für Sommernachtsträume gewesen. Der *Hochzeitsmarsch*, das *Violinkonzert* e-Moll oder die »Italienische« sind nur die Spitze eines im öffentlichen Bewusstsein noch immer viel zu wenig bekannten, gleichwohl enorm facettenreichen Gesamtwerkes. Robert Schumann bewunderte ihn als den »hellsten Musiker«.[1] Dieses zeitgenössische Bild vom »hellen Mendelssohn« steht im 19. Jahrhundert quer zu den ideengeschichtlichen Konstruktionen einer spezifisch deutschen Musikkultur, in denen Topoi des Spekulativ-Düsteren, Romantisch-Melancholischen und Innerlichen dominieren. Die Denkfigur des »Hellen« ist demgegenüber primär mit der griechischen Antike, deren Rezeption im Klassizismus und topographisch mit dem arkadischen Süden, speziell mit Italien, verknüpft. Eine spezifisch deutsche Perspektive scheint für das Phänomen Mendelssohn also von vornherein zu eng, ja der polyglotte und universale Komponist und Dirigent ist unbestritten der Repräsentant einer europäischen Ära.

Auch aus biographischer Sicht dürfte sich beim flüchtigen Überblick das Bild vom »hellen Mendelssohn« bestätigen und sich wie ein roter Faden durch das Leben dieses hochbegabten Menschen ziehen. Nomen est omen: Felix war ein Glückskind. Alles schien ihm zuzufliegen, schon der 12-Jährige verblüffte den alternden Goethe mit seinem Klavierspiel, mit siebzehn Jahren eroberte er die Musikwelt mit seiner *Ouvertüre* zum *Sommernachtstraum*, und so wurde Mendelssohn schnell zum Leitstern einer ganzen Musikepoche. Zugleich aber schwingt in seiner Musik auch eine eigentümliche Sehnsucht mit, die Sehnsucht nach einer ästhetischen Utopie. Es ist die Sehnsucht nach dem Unendlichen, nach einer Musik in Perfektion, einer Musik, die alles Düster-Schwere hinter sich lässt. Immer wieder herangezogen wird hier als Paradigma des »Schwerelosen« eben die *Ouvertüre* zum *Sommernachtstraum*. Mit Franz Liszt schildert diese Musik die »Regenbogenduftigkeit« und den »Perlemuttschimmer« der Elfen und Kobolde und den magischen Zauber von Shakespeares Sommernacht, es sind Klänge, die die Welt bis dato so noch nicht gehört hatte. Wie Puck verzauberte der junge Mendelssohn die Musikwelt und schwebender kann eine Musik tatsächlich kaum sein als in den ersten Takten dieser *Ouvertüre*: »Die Accorde der Bläser am Anfang und Schluß sind wie leise sinkende und wieder sich hebende Augenlider, und ist zwischen diesem Sinken und Heben eine anmuthige Traumwelt der lieblichsten Contraste gestellt«.[2] Wenn wir einen flüchtigen Blick in die Notenhandschrift dieses jungen Mannes werfen, dann sind wir freilich erstaunt, ja vielleicht sogar überrascht: Dieses musikalische Wunderwerk kommt aus philologischer Perspektive ganz akkurat-schulmäßig daher, verstörend brav, fast ein wenig infantil.

Mendelssohn ist für die *Ouvertüre* zum *Sommernachtstraum* op. 17 oder das *Oktett* op. 20 schnell bewundert worden, erst später hat sich das geändert. In der Wagner-Ära dominierte die Vorstellung, Musik sei vor allem anstrengende Arbeit, ein titanischer Kraftakt, der auch das Ergebnis schwitzend machen müsse: schmachtend und schwitzend.[3] Da erst hat man Mendelssohn als »affektiertes Leichtgewicht«[4] denunziert oder wie Wagner in seinem Pamphlet über »Das Judenthum in der Musik« 1850 formulierte: Mendelssohns Musik zeige, »daß ein Jude von reichster spezifischer Talentfülle sein, die feinste und mannigfaltigste Bildung, das gesteigertste und zartempfindenste Ehrgefühl besitzen kann, ohne durch Hülfe aller dieser Vorzüge es je ermöglichen zu können auch nur ein einziges Mal die tiefe, Herz und Seele ergreifende Wirkung auf uns hervorzubringen, die wir von

---

* Die Schreibweise des Namens von Felix Mendelssohn hat der Herausgeber den Autoren überlassen. Während des Symposiums wurde diese Frage eingehend thematisiert. Einen detaillierten Einblick in die auch in der Familie Mendelssohn selbst nicht unumstrittene Diskussion um die korrekte Namensvariante bietet u. a. R. Larry Todd: *Felix Mendelssohn Bartholdy. Sein Leben, seine Musik,* Stuttgart 2008.

der Musik erwarten.« Mendelssohns Musik sei allenfalls etwas für die »unterhaltungssüchtige Phantasie«[5]. Wagners Aufsatz gehört in den Kontext weiterer Schriften über die Zukunft der deutschen Musik, wobei Mendelssohn mit der alten, zu attackierenden politischen Ordnung vor 1848/49 identifiziert wurde.

Friedrich Nietzsche hat später diesen gerade in Deutschland zu beobachtenden divergierenden Rezeptions-Prozess wie kaum ein zweiter treffend beobachtet. Mendelssohn sei um seiner »leichteren beglückteren Seele willen« schnell verehrt, doch ebenso schnell wieder vergessen worden: »als der schöne Zwischenfall der deutschen Musik.«[6] Ganz unabhängig von der problematischen Formulierung des »Zwischenfalls« ist festzuhalten, dass auch Nietzsche Mendelssohn hier dezidiert mit der deutschen Musik in Verbindung brachte. Aus dieser rezeptionsgeschichtlichen Perspektive scheint unser Symposiums-Thema »Felix Mendelssohn und die deutsche Musikkultur« provokant, und die Provokation spitzt sich zu, wenn wir die weitere Rezeption des Komponisten auch in der NS-Zeit im Blick haben. Zwischen 1936 und 1944 ist im Bärenreiter-Verlag die von Friedrich Blume herausgegebene Zeitschrift *Deutsche Musikkultur* erschienen, eine Zeitschrift, die ich auf den Namen Mendelssohn durchsucht habe. Doch die Suche ergibt nur Fehlanzeigen, der Name wird im wahrsten Sinne des Wortes totgeschwiegen, zumindest bis zum Jahrgang 1942, der digital durchsucht werden kann. Selbst in jenem Heft, das 1941 explizit und in nationalistischer Emphase der »Weltgeltung der deutschen Musik«[7] gewidmet war, fehlt der Name Mendelssohn, der zu Lebzeiten aus europäischer Sicht fraglos einer der erfolgreichsten deutschen Komponisten gewesen war und nicht nur bei Hugo Riemann zu einem Epochenbegriff wurde.[8]

Wenn es bei dem im Folgenden dokumentierten Symposium um das Spannungsfeld »Mendelssohn und die deutsche Musikkultur« geht, dann schwingt diese problematische und verstörende Rezeption wie ein grundierender Subbass stets mit, doch die inzwischen gut aufgearbeitete Rezeptionsgeschichte[9] ist ganz bewusst nicht Gegenstand unseres Symposiums. Vielmehr geht es um die Frage, inwieweit das Phänomen Mendelssohn zu Lebzeiten mit der deutschen Musikkultur verbunden gewesen ist. Dabei spannt das Symposium den Bogen von der realen Lebenswelt in Leipzig und Überlegungen zum Netzwerk Mendelssohn (»Mendelssohn gewidmet«) über Aspekte der Stoffgeschichte seiner Konzertouvertüren oder der Suche nach einem »ächt deutsch opernhaften guten« Stoff wie etwa des deutschen Sagenstoffes schlechthin, der Loreley, bis hin zu grundsätzlichen Überlegungen zur ästhetischen und frömmigkeitsgeschichtlichen Verortung Mendelssohns.

Dass Mendelssohn, der in Hamburg Geborene und in Berlin Aufgewachsene, sich für Deutschland als eigentliches Zentrum seiner Arbeitswelt entscheiden würde, stand freilich von Beginn an gar nicht fest.[10] Mendelssohn hatte seine Grand Tour, die im Grunde ja vom April 1829 bis Juni 1832 dauerte, nicht nur im Sinne einer klassische Bildungsreise unternommen, sondern auch als Reise, auf der er ausloten wollte, wo sich berufliche Perspektiven eröffneten. Die Reflexion und intellektuelle Auseinandersetzung mit diesem Thema wird in den Briefen immer wieder spürbar. In Italien sah Mendelssohn diese Perspektiven nicht. In einem Brief an seine Tante Henriette von Pereira-Arnstein in Wien schreibt der 22-jährige Mendelssohn aus Genua Anfang Juli 1831: »Ich kann Dir nicht sagen, wie ich mich nach einem Tone guter Musik sehne; seit einem halben Jahre hab ich nun keine gehört. Die guten italienischen Sänger muß man jetzt in Paris oder London suchen; die schlechten sind überall gleich. […] und dann können Leute nicht rechten Sinn für Musik haben, die sich solche Chöre und solche Orchester gefallen lassen, ohne ungeduldig zu werden: Chöre ohne eine einzige erträgliche Stimme, Orchester ohne ein reines Instrument, und das Alles nicht im Takt zusammen? Mehr als je, fühle ich es jetzt aus Herzensgrunde, daß Deutschland das wahre und aechte Land der Kunst sei.«[11] Und mit diesem emphatischen Satz endet der erste Teil des Briefes.

Das Deutschland, das Mendelssohn hier als das »wahre und aechte Land der Kunst« beschwört, ist das Land Luthers, das Land Schillers und Goethes, das Land Bachs und Händels, das Land von Haydn, Mozart und Beethoven. Auf ihre Kunst hat Mendelssohn sich fraglos immer wieder bezogen. »Mit Deutschland« – so konstatiert Wilhelm Seidel – »entschied er sich für das Land, von dem er hoffen durfte, dass es die klassischen Werke der Tonkunst präsent halten und so die Basis für die Wiedergabe und Aufnahme auch seiner Musik bieten und, wo sie fehlt, schaffen würde.«[12] Diese Tradition spielte für Mendelssohn auch gerade dort eine Rolle, wo das intellektuelle Spiel mit den sinnlichen Eindrücken anderes

Einführung in das Symposium

hätte erwarten lassen. In Italien sind so eben nicht nur – gewissermaßen als Souvenir – das erste *Venetianische Gondellied* op. 19 Nr. 6 und die allseits erwartete A-Dur-blaue »Italienische« entstanden, sondern auch Werke, die nur im Sinne einer kulturellen Selbstvergewisserung verstanden werden können. Ausgerechnet in Rom hat sich der junge Mendelssohn intensiv mit Lutherchorälen beschäftigt, das Autograph der *Motette* »Mitten wir im Leben sind« aus der *Kirchen-Musik* op. 23, das Johannes Brahms einst in seinem Besitz hatte, ist eines der Glanzlichter in unserer Ausstellung (vgl. Abb. S. 108f.) und Gegenstand des Referates von Friedrich Geiger. Auch die »Reformations-Sinfonie« ist zu weiten Teilen in Italien entstanden ebenso wie die sinfonische Kantate *Die erste Walpurgisnacht* nach Goethes großer Ballade, die im Eröffnungskonzert des SHMF erklang: Brocken statt Apennin, Goethe statt Dante.

Der bürgerliche Bildungsdiskurs spielte für das Selbstverständnis Mendelssohns ohnehin eine große Rolle.[13] Schon 1833 beteiligte er sich musikalisch am Düsseldorfer Dürer-Fest, mit dem *Lobgesang* schrieb er eine Gutenberg-Kantate, mit der »Schottischen« in der Auslegung Ludwig Finschers eine »Walter Scott-Sinfonie«[14], er komponierte Bühnenmusiken zu Shakespeare, mit dem *Festgesang an die Künstler* op. 68 vertonte er Schiller, biblische Stoffe in den Oratorien *Paulus* und *Elias*. Kontinuierliche Traditionen werden dabei – um mit Hegel zu sprechen – in jedem Einzelfall auf ganz eigene Weise von der »Relativität« der »früheren Kunstformen«[15] gekreuzt. Peter Gülke hat diese kulturelle Selbst-Vergewisserung Mendelssohns in seinem hier dokumentierten Festvortrag eigens thematisiert und diese selbstreflexive Auseinandersetzung mit der eigenen kulturellen Identität ist von Aspekten einer deutschen Musikkultur nicht zu trennen.

Das Symposium konzentriert sich mit dem Beitrag von Laurenz Lütteken zunächst auf die Frage nach der ästhetischen Verortung von Mendelssohn im Spannungsfeld von Klassizismus und Romantik, eine Frage, die so etwa bei Robert Schumann wohl kaum gestellt werden würde. Während Schumann als reifer Komponist eine Musik zum *Manfred* von Lord Byron, dem romantischen Dichter-Mythos schlechthin, schrieb, lieferte Mendelssohn Musik für neue deutsche Übersetzungen der *Antigone* und des *Oedipus auf Kolonos* von Sophokles. Auch Mendelssohns Haltung zur klassizistischen Malerei oder zur Architektur war eine andere, auch seine literarische Sozialisation, denken wir an die übermächtige Figur des alternden Goethe, während Schumann – etwas plakativ formuliert – lieber Jean Paul gelesen hat.

Sodann konzentriert sich Friedrich Geiger auf das Verhältnis von Mendelssohn zum Protestantismus, genauer: auf die kritische Auseinandersetzung mit den ambivalenten Urteilen zu Mendelssohns geistlicher Musik, die in der Ranküne von Charles Rosen gipfeln, der die provozierende These vertrat, Mendelssohn sei der Erfinder des »religious kitsch«[16].

Irmelin Schwalb zeichnet sodann das facettenreiche Bild von Felix Mendelssohn Bartholdy im Kreise seiner Freunde, wobei sie sich auf »Leipzig als geistige Lebensform« konzentriert. Den Bildkünstler Mendelssohn nimmt Alexander Bastek erneut in den Blick, der in seinem Beitrag nicht nur die Verbindungen zu zahlreichen namhaften deutschen Malern untersucht, sondern vor allem Mendelssohns Zeichnungen und Aquarelle in der Differenz von »Erinnerungsbild« und »Sinnbild« analysiert.

Mit Mendelssohns *Loreley*-Fragment rücken dann die literarischen Stoffe in den Mittelpunkt, im Falle der im populären Bewusstsein schlechthin »deutschen« Loreley-Sage handelt es sich um eines der wenigen Bühnenwerke Mendelssohns, bei dem Inga Mai Groote in ihrem Beitrag die Zusammenarbeit mit dem Lübecker Dichter Emanuel Geibel (1815–1884) thematisiert. Lothar Schmidt weitet diesen Horizont, indem er daran anschließend generell die Stoffgeschichte von Mendelssohns Konzertouvertüren untersucht. Das Referat von Andrea Hammes schließlich ist als Beitrag zum Netzwerk Mendelssohn zu verstehen. In einem innovativen methodischen Ansatz untersucht sie erstmals in toto die Mendelssohn gewidmeten Werke, ein Repertoire von etwa 45 Werken. Sichtbar werden auch hier verblüffende ästhetische und biographische Konstellationen.

---

1 Robert Schumann: *Trio's für Pianoforte, Violine und Violoncello*, in: *NZfM* 13/50 (19. Dezember 1840), S. 198.

2 Franz Liszt: *Ueber Mendelssohn's Musik zum Sommernachtstraum*, in: *NZfM* 40/22 (26. Mai 1854), S. 233–237, hier S. 236.

3 Vgl. Laurenz Lütteken: *Zur Einführung*, in: *Mendelssohns Welten. Zürcher Festspiel-Symposium 2009*, hg. von Laurenz Lütteken (= Zürcher Festspiel-Symposien 2), Kassel [u. a.] 2010, S. 8–12, hier S. 10.

4   R. Larry Todd: *Felix Mendelssohn Bartholdy. Sein Leben, seine Musik*, Stuttgart 2008, S. 20.
5   Richard Wagner: *Das Judenthum in der Musik (Schluß.)*, in: *NZfM* 33/20 (6. September 1850), S. 109–112, hier S. 109.
6   Friedrich Nietzsche: *Jenseits von Gut und Böse. Vorspiel einer Philosophie der Zukunft* [1886]. Kritische Studienausgabe, hg. von Giorgio Colli u. Mazzino Montinari (= Friedrich Nietzsche. Sämtliche Werke 5), 2. durchges. Aufl., München 1999, S. 188.
7   Vgl. Gerhart von Westerman: *Über Geltung und Einsatz deutscher Musik im Ausland*, in: *Deutsche Musikkultur* 6/1 (April/Mai 1941), S. 1.
8   Hugo Riemann spricht von der »Epoche Schumann – Mendelssohn«, vgl. *Geschichte der Musik seit Beethoven (1800–1900)*, Zweites Buch: *Epoche Schumann – Mendelssohn*, Berlin u. Stuttgart 1901, S. 209ff.
9   Vgl. z. B Thomas Schinköth: *»Es soll hier keine Diskussion über den Wert der Kompositionen angeschnitten werden«: Felix Mendelssohn Bartholdy im NS-Staat*, in: *Mendelssohn Studien* 11 (1999), S. 177–205; Christian Martin Schmidt: *Ächtung und Ausgrenzung. Felix Mendelssohn Bartholdy in der Musikwissenschaft des Nationalsozialismus*, in: *Musikforschung – Faschismus – Nationalsozialismus. Referate der Tagung Schloß Engers (8. bis 11. März 2000)*, hg. von Isolde von Foerster, Christoph Hust und Christoph-Hellmut Mahling, Mainz 2001, S. 241–246; Albrecht Riethmüller: *Das »Problem Mendelssohn«*, in: *Archiv für Musikwissenschaft* 59 (2002), S. 210–221.
10 Vgl. dazu Wilhelm Seidel: *Einleitung in Band 2*, darin: *Die Entscheidung*, in: *Briefe 2*, S. 32–33, hier S. 32.
11 *Briefe 2*, S. 304f.
12 Seidel, *Die Entscheidung* (wie Anm. 10), S. 32.
13 Vgl. Wolfgang Sandberger: *Historismus? Mendelssohn und die Zukunft der Vergangenheit. Ein synästhetisch-klassizistisches ›Manifest‹ aus dem Jahr 1833*, in: Lütteken, *Mendelssohn Welten* (wie Anm. 3), S. 24–47.
14 Vgl. Ludwig Finscher: *»Zwischen Absoluter und Programmusik«. Zur Interpretation der deutschen romantischen Symphonie*, in: *Über Symphonien. Beiträge zu einer musikalischen Gattung. Festschrift Walter Wiora zum 70. Geburtstag*, hg. von Christoph-Hellmut Mahling, Tutzing 1979, S. 103–115, hier S. 115.
15 Georg Wilhelm Friedrich Hegel: *Ästhetik*, 2 Bde, hg. von Friedrich Bassenge, Berlin/Weimar ²1965, Bd. 2, S. 321.
16 Charles Rosen: *Mendelssohn and the Invention of Religious Kitsch*, in ders.: *The Romantic Generation*, Cambridge 1998, S. 569–598.

Zwischen Klassizismus und Romantik: Zum ästhetischen Standort von Felix Mendelssohn

Laurenz Lütteken (Zürich)

Der ›schöne Zwischenfall‹

In *Jenseits von Gut und Böse* kam Friedrich Nietzsche auf die Musik der ihm vorausgehenden Generation zu sprechen. Er hielt sie für überlebt: »Was von deutscher Musik nachher gekommen ist, gehört in die Romantik, das heisst in eine, historisch gerechnet, noch kürzere, noch flüchtigere, noch oberflächlichere Bewegung, als es jener grosse Zwischenakt, jener Übergang Europa's von Rousseau zu Napoleon und zur Heraufkunft der Demokratie war. Weber: aber was ist uns heute Freischütz und Oberon! Oder Marschner's Hans Heiling und Vampyr! Oder selbst noch Wagner's Tannhäuser! Das ist verklungene, wenn auch noch nicht vergessene Musik. Diese ganze Musik der Romantik war überdies nicht vornehm genug, nicht Musik genug, um auch anderswo Recht zu behalten, als im Theater und vor der Menge; sie war von vornherein Musik zweiten Ranges, die unter wirklichen Musikern wenig in Betracht kam. Anders stand es mit Felix Mendelssohn, jenem halkyonischen Meister, der um seiner leichteren reineren beglückteren Seele willen schnell verehrt und ebenso schnell vergessen wurde: als der schöne *Zwischenfall* der deutschen Musik.«[1] Das Wort vom ›schönen Zwischenfall‹ war nicht zufällig gewählt, denn bereits in *Menschliches Allzumenschliches*, also Jahre früher findet sich eine vergleichbare Einschätzung: »Felix Mendelssohn's Musik ist die Musik des guten Geschmacks an allem Guten, was dagewesen ist: sie weist immer hinter sich. Wie könnte sie viel ›Vor-sich‹, viel Zukunft haben! – Aber hat er sie denn haben *wollen*? Er besass eine Tugend, die unter Künstlern selten ist, die der Dankbarkeit ohne Nebengedanken: auch diese Tugend weist immer hinter sich.«[2]

Die Diagnose der Zukunftslosigkeit war zwiespältig, richtete sie sich doch weniger gegen den Komponisten und sein Werk als gegen die eigenen Zeitgenossen, und das waren bei Nietzsche in immer stärkerem Maße Wagner und seine stets bedingungsloser werdenden Verehrer. Mendelssohn hingegen erschien ihm als das Glückskind, als der Meister der unangestrengten Vollendung. In einem seiner Fragmente brachte er dies 1871 auf den Begriff des ›Unpathologischen‹: »Die Musik ›die subjektivste‹ Kunst: worin eigentlich nicht Kunst? In dem ›Subjektiven‹ d. h. sie ist rein pathologisch, soweit sie nicht reine unpathologische *Form* ist. Als Form ist sie der *Arabeske* am nächsten verwandt. Dies der Standpunkt *Hanslicks*. Die Kompositionen, bei denen die ›unpathologisch wirkende Form‹ überwiegt, besonders *Mendelssohn's*, erhalten dadurch einen klassischen Werth.«[3] Damit war ein Begriff ins Spiel gebracht, der sich in schroffer Opposition zum ›Romantischen‹ befand und der Musik eben eine unpathologische Selbstverständlichkeit gewährte: der des Klassischen.

Nietzsches Urteil war wohl in seiner pointierten Zuspitzung neu, nicht aber in seinen Grundzügen. Denn in der Annahme eines ›klassischen Werts‹ konnte er direkt an Mendelssohns Zeitgenossen anknüpfen. Der Komponist galt zu seinen Lebzeiten fast allen als Glückskind, dem sämtliche Mittel, die kompositorischen, die musikalischen und die organisatorischen, in geradezu unbegrenzter Fülle zur Verfügung standen – und der sie doch nicht um seiner selbst willen einsetzen wollte. Die Belege dafür sind unüberschaubar. So charakterisierte ein anonymer Rezensent den Komponisten im Februar 1839, anlässlich der Uraufführung seines zweiten *Klavierkonzerts* in Leipzig, in diesem Sinne: »Sein Spiel ist aber auch in der That so vortrefflich, dass es die grosse Vorliebe, welche unser Publikum für dasselbe zeigt, vollkommen rechtfertigt. Nicht allein die ausgezeichnete, die grössten Schwierigkeiten überwindende Virtuosität desselben ist es, die gefällt und interessirt, sondern der Geist des Meisters, der darin lebendig wirkt und schafft, wodurch jede seiner Leistungen zu einer neuen Kunstschöpfung erhoben wird, und so natürlich immer neuen, nicht blos wiederholten Genuss gewähren muss.« Mendelssohn wurde bei dem Konzert zu einer Zugabe aufgefordert, einer freien Fantasie: »Sein reicher Geist, seine tiefe harmonische Kenntnis, die spielende Leichtigkeit, mit welcher er über alle Kunstformen gebietet, die feinsten, schwierigsten kontrapunktischen Kombinationen im Augenblick entwirft und löst, offenbarten sich hierbei auf bewundernswerthe Weise.«[4]

Musik als Resultat des schaffenden Geistes ermöglichte die singuläre Kombination von Problemstellung und Problemlösung im Augenblick des tätigen Vollzugs. Diese Gabe enthob Mendelssohn, den ›schönen Zwischenfall‹ der deutschen Musik, aller Verheißungen – und gewährte ihm doch eine zeitlose Gültigkeit. In einem anonymen Nachruf, der 1847 in der *Cäcilia* erschien, heißt es denn auch: »Sein musikalisches Urtheil, unterstützt durch allgemeine Geistesbildung und Formenkenntniss, war eindringend. Gegen leichtsinnige Behandlung, Missachtung oder Unkenntniss dieser Formen hatte er, da ihm die Einheit von Form und Wesen in der Kunst klar war, entschiedenen Widerwillen; eben so auch entschiedene Abneigung gegen das nur Scheinende, auf Äussere Wirkung Angelegte. Für das ganz Formlose aber, für das Ausschweifende und Untgeordnete [sic] war er vollkommen unzugänglich. Von seinen Schülern forderte er in ihrer Kunst denselben Ernst, der ihn auszeichnete, und in ihren Bestrebungen wo möglich, dieselbe Wahrheit.«[5] Und genau diese Verbindung von ›allgemeiner Geistesbildung‹ und ›Formenkenntnis‹, zusammengehalten von ernsthafter Gelassenheit, galt als das ›Klassische‹, und dies nicht nur im deutschen Sprachraum. Die New Yorker Erstaufführung des *Paulus* wurde 1851 in den Worten kommentiert: »The classic works of art ought to be objects of primary interest to every refined and cultivated mind.«[6]

Berlin und die urbane Kultur
Anton Friedrich Justus Thibaut, den Mendelssohn 1827 auch persönlich kennengelernt hatte, hielt in seiner *Reinheit der Tonkunst* fest: »Das Genie ist an keine Zeit gebunden, und das Classische ist unvergänglich.«[7] Der Wille, den Musiker in diesem Sinne als ›klassisch‹ zu begreifen, musste bedeuten, ihn aus der Zeitlichkeit auszugliedern. Diese Auffassung wurde begünstigt, ja eigentlich erst ermöglicht durch Mendelssohns Biographie. Der Komponist entstammte, wiewohl in Hamburg geboren, dem urbanen Milieu der Residenzstadt Berlin, jener Stadt, die ihn im Grunde sein Leben lang begleiten sollte. Die Physiognomie der nach dem Ende der napoleonischen Kriege wieder aufblühenden, sich neu definierenden Metropole dürfte ihn in außergewöhnlicher Weise geprägt haben. Einerseits lernte er in den jüdischen Salons des vielfach parzellierten Gebildes eine spezifische Form musikalischer Geselligkeit kennen – die er in vergleichbarer Weise auch während seines kurzen ersten Paris-Aufenthaltes erlebt hat.[8] Musik ereignete sich hier, im deutschen Umfeld weitgehend isoliert, als Teil eleganter, geistreicher Konversation in materiell unabhängigen patrizischen Zirkeln.

Diese habituelle Selbstvergewisserung wurde allerdings begleitet von einer anderen Erfahrung. Mendelssohns Eintritt in die Singakademie und seine Begegnung mit Carl Friedrich Zelter haben ihn mit einer ästhetischen Tradition in Berührung gebracht, die am Ende auf seinen eigenen Großvater Moses Mendelssohn zurückreicht.[9] Im Umfeld der berlinischen Aufklärung wollte dieser gleichsam zeitlose, unvergängliche Kategorien des Schönen definieren, die ihren Fluchtpunkt, etwas unerwartet, in der Musik und ihrer ausgleichenden Wirkung zwischen Konsonanz und Dissonanz hatten. Durch diese Vorgaben wurde schließlich Johann Philipp Kirnberger, den Zelter in seinen jungen Jahren noch erlebt hatte, dazu bewogen, in direktem Rückgriff auf Moses Mendelssohn eine überzeitliche Kategorie des Musikalischen selbst zu entwerfen – die er in den Begriff des ›reinen Satzes‹ gebannt hat. Kirnberger richtete sich also nicht, wie die Vertreter der englischen Musikästhetik, auf eine formalästhetische Begründung der kompositorischen Syntax. Er wollte vielmehr eine gleichsam dem Geschichtlichen enthobene Substanz freilegen – die sich sowohl in Vokal- als auch in Instrumentalmusik zu erkennen gibt. So wurde seine *Kunst des reinen Satzes in der Musik* 1774 mit einem ›Probestück‹ beschlossen, in dem diese Aspekte zusammengefasst werden sollten: einer großangelegten Psalmmotette für Chor und Generalbass, auf einen Text von Moses Mendelssohn.[10]

Carl Friedrich Zelter, der gelernte Maurermeister, stand in der Tradition dieses Erbes, in dem sich Tätigkeit und ›reine‹ Substanz miteinander verbunden haben. Sie spiegelt sich auch in der eigenwilligen und durchgängigen Berliner Rezeption der Werke Johann Sebastian Bachs, die ab den späten 1740er Jahren in der Residenzstadt unausgesetzt präsent waren, jedenfalls im Blick auf die Instrumentalmusik.[11] Zelters Wirken in der Singakademie war jedoch noch mit einem anderen Aspekt verbunden. Denn die Verankerung der Musik in einer städtischen Kultur reagierte unmittelbar auf die Vorgaben der Berliner Diskussionen um und nach

1800.[12] Musik vollzog sich nicht mehr unter höfischer Patronage oder im bürgerlichen Haushalt, sie war öffentlich in einer grundlegend anderen Form: durch das gemeinsame Singen als Teilhabe des Einzelnen an einer musikalischen Wirklichkeit, die ästhetisch und ethisch gleichermaßen bildend sein sollte. Dieser Anspruch, dem im Umfeld der napoleonischen Kriege und der damit verbundenen politischen Selbstvergewisserung eine unmittelbare politische Bedeutung zugekommen war, führte schließlich sogar zur Idee eines plastischen, architektonischen Abbilds – in einem eigenen Konzertsaal, der auf Entwürfe Karl Friedrich Schinkels zurückging und einer der spektakulärsten Konzertsaalbauten des 19. Jahrhunderts werden sollte.[13] Die auf diese Weise in der Singakademie gleichsam materialisierte Musikkultur verfügte zugleich über einen ideellen Widerpart, nämlich Goethes Weimar, wo sich Kunst und Bildung auf einem abgezirkelten, höfisch bestimmten Terrain ereigneten, jedenfalls nicht als dialogische Partizipation der bürgerlichen Subjekte.[14] Mendelssohn, sozialisiert in Berlin, hat über Zelter immerhin auch dieses Privileg genossen: Goethes Weimar gewissermaßen aus erster Hand kennenlernen zu dürfen. Gleichwohl blieb sein eigenes Verhältnis zu Goethe von einer deutlichen Distanz geprägt, orientierte er sich doch in der eigenen Lebensführung gerade nicht am Weimarer, sondern am Berliner Modell.

Die Verbindung von Musik und Urbanität blieb für Mendelssohn zeitlebens bestimmend. Mendelssohn hat das Amt des Hofkapellmeisters nie angestrebt und ›bürgerliche‹ Positionen auch dann angenommen, wenn sie, wie in Düsseldorf, mit erheblicher Mühsal verbunden waren.[15] Der Versuch, sich wenigstens in Berlin, als ›Generalmusikdirektor‹, auf ein solches Hofamt einzulassen, ist folglich gescheitert, vielleicht weniger, weil König Friedrich Wilhelm IV. die Bedingungen falsch eingeschätzt hat, sondern weil Mendelssohn Erwartungen in dieses Amt gesetzt hat, die sich im höfischen Rahmen eben nicht verwirklichen ließen.[16] Die Rückkehr nach Leipzig bedeutete daher einerseits eine Niederlage in dem ansonsten so erfolgsverwöhnten Leben, andererseits aber auch ein klares Bekenntnis. Seine dortige Existenz war eindeutig bestimmt: Konzertleben und umfassende Ausbildung zusammenzubringen, nach einem Modell, das er in der Singakademie kennengelernt hatte. Die Klammer aber, die dies zusammenhalten sollte, blieb die eigene kompositorische Tätigkeit, die doppelt musterhaft gemeint war: bezogen auf die Teilhabe im Konzert und bezogen auf die ästhetische Normbildung im Unterricht.[17] Selbst die Aufführung der Bachschen *Matthäus-Passion* 1829 steht in diesem Kontext, handelte es sich doch um die Wiedergabe eines Sakralwerks im Konzertsaal, im Singakademie-Gebäude – und um das Stück eines Komponisten, für den schon sein Großvater hohe Wertschätzung besessen hat.

Vergesellschaftung und Klassizität

Mendelssohns Hinwendung zu einer urbanen Musikkultur[18], die überdies seine langjährigen Verbindungen zu London kennzeichnet, steht in einem expliziten, allerdings feinsinnigen Widerspruch zu den Ansprüchen einer sich selbst genügenden Klassizität, wie sie sich in Weimar ausgebildet haben. Verbunden mit diesem Willen zur Urbanität war offenbar auch der Vorsatz, das kompositorische Handwerk zu ›bereinigen‹, es also von allen äußeren Zwängen zu befreien und im Sinne einer städtischen Eleganz zu adeln. Damit war eben nicht allein das Formale gemeint, sondern das Satztechnische in einem grundlegenden Sinn. Hierin war er abermals Berliner Traditionen verbunden, nicht so sehr derjenigen Kirnbergers als vielmehr dem Diskussionszusammenhang um Schinkel.[19] Die Klarheit der Linie sollte ordnend wirken, sollte also als ›disegno‹ dem Ergebnis Eleganz und damit tatsächlichen Nachvollzug sichern. Diese Haltung wurde schon um 1830 mit der Vokabel des ›Klassizismus‹ belegt, vor dem Hintergrund, dass gerade diese Klarheit eine Antwort sei auf die Tragödie, die Europa vor 1815 erlebt hatte.[20] Auch Mendelssohn diente die angestrebte Eleganz dazu, den urbanen Anspruch in der Musik geltend zu machen und wahrnehmbar an eine große Öffentlichkeit zu tragen – und sie geriet immer dann mit ihr in Konflikt, wenn, wie im Falle des *f-Moll-Quartetts* op. 80, der Habitus willentlich nicht eingelöst werden sollte.[21]

Die Zeitgenossen Mendelssohns waren gebannt von dieser Eleganz, die sie offenbar als ideale ästhetische Verkörperung des schaffenden Geistes ansehen konnten und wollten. Man dankte dem Komponisten den Schwung und die Noblesse seiner Werke, die Virtuosität seines Auftretens als Pianist und als Dirigent – und seinen Willen, die widerstrebenden Teile des Musiklebens synthetisch im Konzert aufzuheben und das Publikum daran partizipieren zu lassen. In dieser Kongruenz entdeckte man etwas Überzeitliches, etwas Klassisches, das in der vormärzlichen bürgerlichen Welt stabilisierend wirken musste. Mendelssohns Musik kündigte keine Revolutionen an, keine Umbrüche, keine Dramen, kein Scheitern, kein Unbehagen, sondern sie stellte sich als gelebte Urbanität dar: als glückliche und beglückende Teilhabe des Einzelnen am Reich der Kunst.

Geschichtliche Begrenztheit

Die 1974 prägnant vorgebrachte These von Carl Dahlhaus, Mendelssohn sei ein ›Klassizist‹ gewesen, eigenartigerweise in einem Sammelband, der den vier Jahrzehnte später wenig plausiblen Titel *Das Problem Mendelssohn* trägt[22], sollte zweifellos eine Korrektur der gängigen Mendelssohn-Klischees sein, gewendet vor allem gegen den Begriff der ›Romantik‹, der im Umgang mit der Musik längst zu einer vollkommen sinnentleerten Formel geworden war. Mendelssohn war eben kein ›Romantiker‹ im Sinne der materialen Aufhebung, der Sehnsucht, der habituellen Verweigerung gegen die Wirklichkeit. Seine Werke zielten nicht auf Separierung, sondern auf Teilhabe, nicht auf Kolorit, sondern auf Linie, nicht auf Entgrenzung, sondern auf Form. Seine Zeitgenossen haben dies auch so wahrgenommen. In einem Artikel der *Berliner Musik-Zeitung* vom Januar 1848 hieß es daher: Mendelssohn war »die letzte grosse Stütze, welche die klassische Musik in unseren Tagen noch hatte«. Sein Verdienst sei es daher, dass er, »da seine von Hause aus schöne, harmonische Natur keine gewaltigen inneren Kampf zum Stoff ihrer Kunst zu machen hatte, in seinen grösseren Werken immer mehr objektive als subjektive Ereignisse darstellte«.[23] Und zum Wesen des ›Klassizistischen‹ in diesem Sinne des Objektiven gehörte dann die Kanonisierung. Mendelssohn wurde in den Konservatorien ›gelehrt‹ und galt weit darüber hinaus als vorbildlich. Noch Richard Strauss, der nie ein Konservatorium besucht hat, erfuhr in seinem Wagner-kritischen Elternhaus ganz selbstverständlich eine ihn anfangs prägende musikalische Sozialisierung im Sinne Mendelssohns.

Gleichwohl war der Preis, den Mendelssohn wenigstens post mortem für diese Kanonisierung zu entrichten hatte, hoch – auch, wenn eine differenzierte Bestandsaufnahme der damit verbundenen Brüche bisher nicht erfolgt ist. Die antisemitischen Schmähungen, die in den 1930er Jahren zu einem furchtbaren, zwei Generationen später noch immer nicht verheilten Bruch in der Mendelssohn-Rezeption geführt haben, liegen immer noch wie ein unaufhebbarer Schleier über den Versuchen einer historischen Annäherung. Doch zeichnet sich unter den Auspizien der 1840er Jahre gerade hier eine seltsame Unsicherheit ab: Der glückliche Augenblick der geglückten Komposition, der Teilhabe und der Linie kannte offenbar keine wirkliche historische Entfaltung – und wollte sie vielleicht auch gar nicht gewähren.[24]

Mendelssohn konnte nicht nur als ganz junger Mann mit letztlich unbegreiflichen Werken wie der *Ouvertüre* zum *Sommernachtstraum* aufwarten, das daraus abgeleitete kompositorische Programm entfaltete am Ende keine wirkliche Perspektive. Zwischen der *Sommernachtstraum*- und der fast anderthalb Jahrzehnte später entstandenen *Ruy-Blas-Ouvertüre* ist keine ›Progression‹ erkennbar, kein Wille zur verzweifelten Fortschreitung. Im späteren 19. Jahrhundert, in dem man geradezu vernarrt war in das Modell von historischen und individuellen ›Entwicklungen‹, von gelebten und errungenen Bildungsromanen gleichsam, hat man dies mit Befremden konstatiert – nie erwägend, dass der Komponist gerade dies willentlich angestrebt und hart erarbeitet haben könnte. Das Mendelssohn'sche Œuvre verfügt nicht wirklich über eine inhärente Dynamik, aber vielleicht auch deswegen, weil der Komponist alle möglichen Gedanken daran von vornherein tilgen wollte. Mendelssohns Musik wollte nicht geschichtsmächtig sein, im Inneren nicht, und nach außen auch nicht. Der Komponist hat die Revolution von 1848 nicht miterlebt, jene daraus hervorgegangene Beschleunigung aller Lebensbereiche, die zu den unheilbaren Rissen um 1900 führen sollten. Der urbane Habitus, gerichtet auf die ästhetische Teilhabe des Individuums, hat ihn, trotz aller Bedenken, beseelt. Ob man diese Haltung ›klassisch‹ oder ›klassizistisch‹ nennen soll, ist müßig zu diskutieren; nur ›romantisch‹ war sie gewiss nicht. So stellt sich der Eindruck ein, für einen glücklichen historischen Moment sei der Gedanke einer auf drängenden Fortschritt zielenden Dynamik angehalten worden, nicht zufällig, sondern vorsätzlich und willentlich. So hat sich der glückliche Augenblick des geglückten Werkes als Habitus über ein viel zu kurzes Komponistenleben gelegt. Nietzsche hat daraus einen sehnsuchtsvollen ›schönen Zwischenfall‹ gemacht, wohl ahnend, dass die klassizistische Gunst des urbanen Augenblicks nach 1848 keine Perspektive der Verlängerung mehr in sich bergen konnte.

1 Friedrich Nietzsche: *Jenseits von Gut und Böse. Vorspiel einer Philosophie der Zukunft* [1886]. Kritische Studienausgabe, hg. von Giorgio Colli u. Mazzino Montinari (= Friedrich Nietzsche. Sämtliche Werke 5), 2. durchges. Aufl., München 1999, S. 188.

2 Friedrich Nietzsche: *Menschliches, Allzumenschliches. Ein Buch für freie Geister*, Zweiter Band, Zweite Abteilung, in: ders.: *Menschliches, Allzumenschliches. I und II*, Kritische Studienausgabe, hg. von Giorgio Colli u. Mazzino Montinari (= Friedrich Nietzsche. Sämtliche Werke 2), 2. durchges. Aufl., München 1999, S. 535–704, hier S. 618.

3 Friedrich Nietzsche: *Nachgelassene Fragmente 1869–1874*. Kritische Studienausgabe, hg. von Giorgio Colli u. Mazzino Montinari (= Friedrich Nietzsche. Sämtliche Werke 7), 2. durchges. Aufl., München 1999, Nr. 9/98 (1871).

4 Anon.: *Leipzig*, in: *AMZ* 41 (1839), Sp. 174–177, hier Sp. 175 (27. Februar 1839).

5 Anon: *Felix Mendelssohn-Bartholdy [...]. Nekrolog, geschrieben im November 1847*, in: *Cäcilia* 27 (1848), S. 129–144, hier S. 143.

6 Anon.: *Classic Musical Performance*, in: *The Message Bird* 2 (1. März 1851), S. 642.

7 [Anton Friedrich Justus Thibaut:] *Ueber Reinheit der Tonkunst*, Heidelberg 1825, S. 38.

8 Vgl. hier grundlegend Peter Wollny: *Sara Levy and the Making of Musical Taste in Berlin*, in: *The Musical Quarterly* 77 (1993), S. 651–688.

9 Vgl. dazu Leon Botstein: *Neoklassizismus, Romantik und Emanzipation. Die Ursprünge der Ästhetik von Felix Mendelssohn*, in: *Dem Stolz und der Zierde unserer Stadt. Felix Mendelssohn Bartholdy und Leipzig*, hg. von Wilhelm Seidel (= Leipzig. Musik und Stadt. Studien und Dokumente 1), Leipzig 1997, S. 25–47; auch vom Verf.: *Moses Mendelssohn und der musikästhetische Diskurs der Aufklärung*, in: *Moses Mendelssohn im Spannungsfeld der Aufklärung*, hg. von Michael Albrecht u. Eva J. Engel, Stuttgart-Bad Canstatt 2000, S. 159–193; sowie Yael Sela Teichler: »*Dem verewigten Moses Mendelssohn zu Ehren*«. *Musik, Akkulturation und jüdische Aufklärung zwischen Berlin und Königsberg in den 1780er Jahren*, in: *Mendelssohn-Studien* 18 (2013), S. 105–139.

10 Dazu vom Verf.: *Zwischen Ohr und Verstand. Moses Mendelssohn, Johann Philipp Kirnberger und die Begründung des »reinen Satzes« in der Musik*, in: *Musik und Ästhetik im Berlin Moses Mendelssohns*, hg. von Anselm Gerhard (= Wolfenbütteler Studien zur Aufklärung 25), Tübingen 1999, S. 135–163.

11 Dazu Peter Wollny: *Zur Bach-Pflege im Umfeld Sara Levys*, in: »*Zu groß, zu unerreichbar*«. *Bach-Rezeption im Zeitalter Mendelssohns und Schumanns*, hg. von Christoph Wolff [u. a.] Wiesbaden 2007, S. 39–49.

12 Vgl. dazu auch Norbert Miller: ›*Eine höchst poetische Natur…*‹. *Prinz Louis Ferdinand und der Klassizismus in der preußischen Musik*, in: *Mendelssohn-Studien* 5 (1982), S. 79–98.

13 Vgl. in diesem Sinne auch Christoph Henzel: ›*Die Zeit des Augustus in der Musik*‹. *Berliner Klassik – Ein Versuch*, in: *Jahrbuch des Staatlichen Instituts für Musikforschung Preußischer Kulturbesitz 2003*, Stuttgart 2003, S. 126–150; sowie Uta Motschmann: *Die private Öffentlichkeit. Privattheater in Berlin um 1800*, in: *Der gesellschaftliche Wandel um 1800 und das Berliner Nationaltheater*, hg. von Klaus Gerlach u. René Sternke (= Berliner Klassik 15), Hannover 2009, S. 61–84.

14 An dieser Stelle sei Conrad Wiedemann, der eine grundlegende Studie über Zelter und Goethe vorbereitet, für zahlreiche wichtige Hinweise herzlich gedankt.

15 Vgl. Sabine Mecking: *Mendelssohn zwischen Senf und Bildern. Gesellschaft und Kultur im preußischen Düsseldorf*, in: *Bürgerlichkeit und Öffentlichkeit*, hg. von Andreas Ballstaedt [u. a.] (= Kontext Musik 2), Schliengen 2012, S. 23–26.

16 Vgl. hier die präzise Analyse bei Christoph Henzel: *Preußische Musikpolitik unter Friedrich Wilhelm IV*, in: *Mendelssohns Welten. Zürcher Festspiel-Symposium 2009*, hg. von Laurenz Lütteken (= Zürcher Festspiel-Symposien 2), Kassel [u. a.] 2010, S. 109–125.

17 Vgl. hier auch James Garratt: *Music, Culture and Social Reform in the Age of Wagner*, Cambridge 2010, S. 102ff. u. passim; sowie Johannes Forner: *Leipziger Konservatorium und ›Leipziger Schule‹. Ein Beitrag zur Klassizismus-Diskussion*, in: *Die Musikforschung* 50 (1997), S. 31–36.

18 Zu den Kontexten musikalischer Urbanität in Leipzig Wilhelm Seidel: *Über Ethik und Ästhetik bürgerlicher Musik: ›Musikalische Wissenschaft‹ und musikalische Urbanität*, in: *Dem Stolz und der Zierde unserer Stadt: Felix Mendelssohn Bartholdy und Leipzig*, hg. von Wilhelm Seidel (= Leipzig: Musik und Stadt. Studien und Dokumente 1), Wiesbaden u. Leipzig 2004, S. 9–23.

19 Zur Rolle Schinkels auch im Blick auf die Musik vgl. John E. Toews: *Becoming Historical. Cultural Reformation and Public Memory in Early Nineteenth Century Berlin*, Cambridge [u. a.] 2004.

20 Vgl. Maraike Bückling u. Eva Mongi-Vollmer: *Klassizismus 1770–1820. Eine Einführung in die Ausstellung*, in: *Schönheit und Revolution. Klassizismus 1770–1820*, hg. von dens., München 2013, S. 11–29.

21 Dazu Rainer Cadenbach: *Zum gattungsgeschichtlichen Ort von Mendelssohns letztem Streichquartett*, in: *Felix Mendelssohn Bartholdy*, Kongreßbericht, hg. von Christian Martin Schmidt, Wiesbaden 1997, S. 209–231.

22 Carl Dahlhaus: *Mendelssohn und die musikalische Gattungstradition*, in: *Das Problem Mendelssohn*, hg. von dems. (= Studien zur Musikgeschichte des 19. Jahrhunderts 41), Regensburg 1974, S. 55–60.

23 Anon, in: *Neue Berliner Musikzeitung* 2 (26. Januar 1848), S. 30f., hier S. 31.

24 Dazu Eckart Kleßmann: *Felix Mendelssohn und die Tradition*, in: *Mendelssohns Welten* (wie Anm. 16), S. 13–23, hier S. 21f.

»Religiöser Kitsch«? Zur Struktur des Urteils über Felix Mendelssohns geistliche Musik

Friedrich Geiger (Hamburg)   *Für Albrecht Riethmüller*

Wohl kein zweiter Komponist wurde in gleichem Maße durch seine Rezeptionsgeschichte beschädigt wie Felix Mendelssohn.[1] Die Abwertung seines geistlichen Schaffens[2] gehört dabei zu den beharrlichsten Mustern. Stets liegt ihr die mehr oder minder offen ausgesprochene Behauptung zu Grunde, Mendelssohns Glaube sei unaufrichtig oder nicht authentisch, was man der Musik anmerke. Um zu ermessen, welchen Schaden diese Denkfigur anrichten konnte, genügt ein Blick in das Werkverzeichnis.[3] Mendelssohns geistliches Schaffen setzte im Alter von zwölf Jahren ein und umfasst bis zu seinem unvollendet gebliebenen Christus-Oratorium[4] 86 größere und kleinere Vokalwerke, darunter die beiden großen Oratorien *Paulus* und *Elias*, auf die sich zu seinen Lebzeiten vor allem sein Ruhm gründete. Rechnet man noch eine ganze Reihe von Instrumentalwerken dazu, die – wie etwa die »Reformations-Sinfonie« – durch ihren Paratext[5] als geistlich ausgewiesen sind oder, sei es durch die Verwendung von Chorälen[6] wie im Finale des zweiten *Klavier-Trios* in c-Moll op. 66, sei es als Orgelkompositionen[7] in einem religiösen Zusammenhang stehen, dann wird das beträchtliche Gewicht deutlich, das der geistlichen Musik in Mendelssohns Œuvre zukommt. Das Verdikt über dieses Schaffensgebiet trifft den Komponisten deshalb im Kern.

Im Folgenden wird es in erster Linie darum gehen, anhand ausgewählter Rezeptionszeugnisse Struktur und Entwicklungsgeschichte dieses negativen Urteilsmusters zu skizzieren, um seine Wirkungsmacht und Zählebigkeit besser zu verstehen. Fakten zur Biographie und Ausführungen zur Musik werden dabei in dem Maß einfließen, das erforderlich ist, um die Sachhaltigkeit des Urteils einschätzen zu können.

I.

Die Überzeugung, Mendelssohns Glauben habe es an Authentizität gemangelt, setzte sich bald nach seinem frühen Tod im Jahr 1847 durch. Im späteren 19. Jahrhundert verbreitete Nachschlagewerke wie das von Hermann Mendel begründete *Musikalische Conversations-Lexikon* für »Gebildete aller Stände« spiegeln die allgemeine Ansicht wider. Mendelssohns geistliche Werke, so heißt es hier, galten »eine lange Zeit als echter Ausdruck protestantischer Frömmigkeit, doch wohl nur, weil sie eben nicht eine Spur von religiöser Färbung tragen.« Der Komponist sei »von seinen religiösen Stoffen eben so nur äusserlich angeregt, wie von seinen weltlichen.«[8] Auch heute noch scheint der Hinweis nicht überflüssig, dass alles, was wir über Mendelssohn wissen, dieser Einschätzung entgegensteht – offenkundig war er ein überzeugter und tief gläubiger Protestant. Das schließt nicht aus, dass er sich – etwa in *Elias* oder dem unvollendeten Christus-Oratorium – auch mit Glaubensinhalten des Judentums intensiv auseinandersetzte.[9] Der Begriff des Konvertiten allerdings, mit dem er allenthalben belegt wird, passt nicht, sofern man darunter wie üblich eine Person versteht, die von einem Glauben in einen anderen übergetreten ist. Denn aus Briefen der Mutter Lea Mendelssohn geht hervor, dass Felix nach seiner Geburt »nicht zum Juden gemacht«, also nicht beschnitten wurde, und somit ihre vier Kinder, wie es in einem anderen Brief heißt, der Konfession nach »nie Juden gewesen« seien.[10] Alle vier wurden am 21. März 1816, Felix also im Alter von sieben Jahren, lutherisch getauft.[11] Später band ihn dann seine Konfirmation im Herbst 1825 durch den Pastor Friedrich Philipp Wilmsen an die reformierte Gemeinde der Berliner Parochialkirche. Zur Vorbereitung auf die Konfirmation ließ Wilmsen Mendelssohn schriftlich eine Reihe theologischer Fragen beantworten.[12] Dieser Text, der seit 1909 auch publiziert vorliegt[13], aber erst kürzlich von Martin Staehelin eingehend untersucht und neu ediert wurde[14], zeigt den sechzehnjährigen Komponisten auf einer erstaunlichen Reflexionshöhe. Kenntnisreich und gewandt erörtert er religiöse Probleme wie »Christi Leben und Sterben als heilgeschichtliche Rettung des Menschen«, die »Gebote und Grundsätze eines christlichen Lebens«, die Bedeutung von Taufe und Abendmahl oder die Einheit der christlichen Kirche.[15] Insgesamt spiegelt dieses frühe Zeugnis für Mendelssohns Christentum eine so selbstverständliche Überzeugung wider, dass man, so Staehelin, »darin bereits eine gleichsam lebenslange protestantische Gläubigkeit des Komponisten wahrnehmen zu können meint«.[16] Darauf deuten zudem viele weitere biographische Daten wie die frühe Mitgliedschaft in der Berliner Singakademie, die Bekanntschaft mit Theologen wie Friedrich Schleiermacher, Julius Schubring oder Christian Carl Josias Bunsen, die Ehe mit Cécile Jeanrenaud, die Tochter eines französisch-reformierten Predigers war, bis hin zu Mendelssohns Ernennung zum preußischen General-Musik-Direktor für kirchliche und geistliche Musik durch Friedrich Wilhelm IV. im Jahr 1842. Aus zahllosen Stellen seiner Briefe spricht jene ganz selbstverständliche Gläubigkeit. Und schließlich bezeugt der erwähnte beträchtliche Umfang seines geistlichen Schaffens ein elementares Ausdrucksbedürfnis in dieser Hinsicht.

Dass es folglich für Mendelssohns mangelnde Aufrichtigkeit in Glaubensfragen keinerlei sachlichen Anhaltspunkt gibt, entlarvt die entsprechende Überzeugung als Vorurteil. Es nährt sich aus zwei in einander verschlungenen Wurzeln: einmal dem Antisemitismus, der in einem denkbar umfassenden Sinn die meisten Vorbehalte gegen Mendelssohn hervortrieb, ferner aus der Irritation über ein geistliches Œuvre, das sich nicht auf den Protestantismus beschränkte.

Zunächst zum Antisemitismus. Sein verheerender Einfluss auf die Mendelssohn-Rezeption ist spätestens seit Richard Wagners Pamphlet über *Das Judenthum in der Musik* aus dem Jahr 1850 offenkundig, es spielte aber durchaus schon zu Mendelssohns Lebzeiten eine Rolle.[17] So wird 1837 in Gustav Schillings *Universal-Lexicon der Tonkunst* bemängelt, dass der »von jüdischen Eltern« abstammende Mendelssohn zu wenig »aus dem heiligsten Innern des Gemüths« komponiere, woran ihn die »überwiegende Verstandesrichtung, die wir in der Individualität des Componisten wie in seinen Werken wahrnehmen«, hindere.[18] Unüberhörbar klingt hier das Stereotyp vom so genannten ›jüdischen Intellektualismus‹ durch.[19] Die darauf gestützte Unterstellung, der Glaube des Komponisten sei keine Herzenssache, sondern gewissermaßen vom Verstand angekränkelt, bildet einen wesentlichen Strang im Vorurteilsgeflecht um Mendelssohns geistliches Œuvre. Ein zweiter Strang besteht in dem antisemitischen Argument, Mendelssohn sei wegen seiner jüdischen Herkunft gewissermaßen qua Geburt nicht in der Lage, authentische christliche Kirchenmusik hervorzubringen. Dies führte zu pauschalen Verdikten wie in einer Rezension anlässlich des Erscheinens von Mendelssohns *Drei Psalmen* op. 78 im Januar 1850 in der *Neuen Berliner Musik-Zeitung*, deren Autor sich an »die Naivität rabbinischer Recitation« erinnert fühlte, weshalb es umstandslos heißt: »Seine ganze kirchliche Laufbahn ist eine verfehlte«.[20] An diese Tradition konnte in der NS-Zeit die rassistische Ächtung von Mendelssohns geistlicher Musik auch durch willfährige deutsche Christen anschließen[21] – Argumentationsmuster, die sich damit effektiv verquicken ließen, hatte Richard Wagner bereitgestellt. So schwadronierte Karl Grunsky 1935 von Mendelssohns »Oratorien Paulus und Elias und der sonstigen Kirchenmusik«, die als »Ersatz für deutsche Meister in unser Musikleben eindrang«, als »gleichwertige Offenbarung« aber nicht »in Betracht« komme: »Auch nicht in der Kirche!«[22]

Die direkte Abwertung von Mendelssohns geistlicher Musik durch den Antisemitismus vollzog sich also in einer negativen Akzentuierung von Mendelssohns jüdischer Identität, wobei, wie gesehen, der ›Intellektualismus‹ und die angeblich wirkungslose Annahme des protestantischen Glaubens einen Mangel an Authentizität begründeten. Doch der Antisemitismus entfaltete an Mendelssohns Sakralwerk insofern seine ganze Destruktivität, als er nicht nur auf direktem, sondern auch auf indirektem Weg wirkte. Denn er führte dazu, dass die von ihm Betroffenen aus Abwehr und Verteidigung heraus sich ebenfalls dazu veranlasst sahen, Mendelssohns jüdische Identität hervorzuheben. Wenngleich dies hier meist unter positiven Vorzeichen geschah, hatte es speziell für das geistliche Werk ganz ähnliche Konsequenzen wie bei der negativen Variante. Denn die Affirmation von Mendelssohns jüdischen Wurzeln implizierte beinahe zwangsläufig eine Relativierung seines christlichen Glaubens, der als gesellschaftliches Zugeständnis betrachtet wurde und damit auch von dieser Seite aus ins Zwielicht geriet.

Eine entsprechend kritische Sicht auf Mendelssohns geistliches Wirken artikulierte bekanntlich schon Heinrich Heine[23], dessen einschlägige Verse aus dem 16. Caput von *Deutschland. Ein Wintermärchen* allerdings nicht selten falsch zitiert und damit ihrer Pointe beraubt werden. Man liest dann wie folgt: »Der Abraham hatte mit Lea erzeugt / Ein Bübchen, Felix heißt er, / Der brachte es weit im Christentum, / Ist schon Kapellmeister«.[24] Bei Heine aber lautet der letzte Vers, metrisch korrekt, »Ist schon Capellenmeister«²⁵ – und erst in dem musikalisch-sakralen Doppelsinn von »Kapelle« erschließt sich die sarkastische Anspielung auf Mendelssohns Ernennung zum preußischen »Generalmusikdirektor für kirchliche und geistliche Musik«, die zwei Jahre vor der Veröffentlichung des *Wintermärchens* erfolgt war.²⁶ Weitaus schroffer noch kam die »Malice«, die Heine nach eigenem Bekunden gegenüber Mendelssohn »wegen seines Christelns«²⁷ hegte, in einem im zweiten Teil von *Lutezia* veröffentlichten, im April 1842 verfassten Text über Gioachino Rossinis *Stabat mater* zum Ausdruck. Heine, der hier Rossini gegen klerikale Kritik in Schutz nehmen wollte, stellte zu diesem Zweck das *Stabat mater* des Italieners als Ausdruck eines echten Christentums dem angeblich unechten Christentum von Mendelssohns *Paulus* gegenüber. Rossinis Werk, so Heine, halte er für »wahrhaft christlicher als den Paulus, das Oratorium von Felix Mendelssohn-Bartholdy […]. Der Himmel bewahre mich, gegen einen so verdienstvollen Meister wie der [sic] Verfasser des Paulus hierdurch einen Tadel aussprechen zu wollen, und am allerwenigsten wird es dem Schreiber dieser Blätter in den Sinn kommen, an der Christlichkeit des erwähnten Oratoriums zu mäkeln, weil Felix Mendelssohn-Bartholdy von Geburt ein Jude ist. Aber ich kann doch nicht unterlassen darauf hinzudeuten, daß in dem Alter, wo Herr Mendelssohn in Berlin das Christenthum anfing (er wurde nemlich erst in seinem dreyzehnten [recte: siebten, FG] Jahr getauft), Rossini es bereits verlassen und sich ganz in die Weltlichkeit der Opernmusik gestürzt hatte. Jetzt, wo er diese wieder verließ und sich zurückträumte in seine katholischen Jugenderinnerungen, in die Zeiten, wo er im Dom zu Pesaro als Chorschüler mitsang oder als Akoluth bey der Messe fungirte – jetzt, wo die alten Orgeltöne wieder in seinem Gedächtniß aufrauschten und er die Feder ergriff, um ein Stabat zu schreiben: da brauchte er wahrlich den Geist des Christenthums nicht erst wissenschaftlich zu konstruiren, noch viel weniger Händel oder Sebastian Bach sklavisch zu kopiren; er brauchte nur die frühesten Kindheitsklänge wieder aus seinem Gemüth hervorzurufen«.²⁸

Heine spricht Mendelssohn hier die Fähigkeit zu authentischer Kirchenmusik ab, weil er – anders als Rossini – kein geborener Christ sei. Mendelssohn versuche vergeblich, diesen Mangel zu kompensieren, indem er den »Geist des Christentums« wissenschaftlich (lies: intellektuell) konstruiere und Händel und Bach sklavisch kopiere. Es mag für heutige Leserinnen und Leser bedrückend oder tragisch wirken, wie Heines eigene Verletzungen durch den Antisemitismus und seine Enttäuschung über die vermeintlich verleugnete jüdische Identität Mendelssohns²⁹ ihn dazu trieben, den Komponisten mit Formulierungen anzugehen, die bis aufs Haar solchen glichen, mit denen auch antisemitische Kritiker operierten.

Dieser strukturelle Zusammenhang zwischen antisemitischen Erfahrungen und der Abwertung von Mendelssohns Kirchenmusik, der schon bei Heine erkennbar ist, verfestigte sich nachhaltig, nachdem NS-Deutschland der Judenheit das denkbar grauenvollste Trauma zugefügt hatte. Leicht lässt sich nachvollziehen, dass gerade Autoren, die selbst unmittelbar oder mittelbar von antisemitischer Verfolgung betroffen waren, viel daran lag, Mendelssohns jüdische Identität nicht mehr unter den Teppich zu kehren, sondern gezielt hervorzuheben. Wie schon bei Heine, zog dies allerdings nicht selten ein mindestens zwiespältiges Urteil über die christlichen Werke nach sich. Zu spüren ist diese Tendenz beispielsweise bei Eric Werner, dem 1938 aus Breslau in die USA geflohenen Musikforscher, dessen wichtiges Buch *Mendelssohn: A New Image of the Composer and his Age* 1963 erschien. Mendelssohns »größte Schwäche« auf dem Gebiet religiöser Musik erblickt Werner in einem »völligen Mangel, ja im Unverständnis für alles mystisch-transzendente Empfinden« und mutmaßt: »Sollten wir auch hier die nachwirkende Gedankenwelt des Vaters und Großvaters spüren?«³⁰ Sich affirmativ auf Werner beziehend, aber weit weniger zurückhaltend als dieser glaubte 1980 Rainer Riehn urteilen zu können: »Daß sein Protestantismus Mendelssohn wohl doch nicht so sehr am Herzen lag, verrät allein schon das Steife, Zeremonielle, formalistisch Distanzierte, ja Falsche mancher seiner Kirchenkompositionen«.³¹ Und noch zwanzig Jahre später variierte der renommierte amerikanische Pianist und Musikschriftsteller Charles Rosen den Topos in seinem Buch *The Romantic Generation*, das 2000 auch auf Deutsch unter dem Titel *Musik der Romantik* erschien. Das zehnte Kapitel ist Mendelssohn gewidmet, und es trägt die Überschrift: »Mendelssohn und die Erfindung des religiösen Kitschs«. Von Kitsch müsse man insofern sprechen, urteilt Rosen, als in Mendelssohns Musik »an die Stelle der Religion ihre emotionale Hülle tritt. […] Die Religion ist bar allen Gehalts, sie ist machtvoll-sinnlich geworden« und »für

Mendelssohn zu einem schlichten Gefühl der Ehrfurcht verkommen«.[32]

II.

Neben den verheerenden direkten und indirekten Wirkungen des Antisemitismus gereichte es Mendelssohns geistlichem Werk ferner zum Schaden, dass der Komponist nicht in engen konfessionellen Grenzen dachte, was ihn Puristen verdächtig erscheinen ließ.[33] Mendelssohn lebte in einer Atmosphäre, die von den Gedanken der Annäherung und Versöhnung zwischen den religiösen Richtungen durchdrungen war. Der Einfluss, den Friedrich Schleiermacher allem Anschein nach auf Mendelssohns Denken ausübte[34], dürfte dabei lediglich eine undogmatische Haltung gegenüber den Konfessionen verstärkt haben, die im Elternhaus ohnehin gang und gäbe und bereits durch den Großvater Moses Mendelssohn vorgeprägt war.[35]

Felix Mendelssohn brachte diese grundsätzliche »Toleranz, mit der er Andersgläubigen begegnete«[36], auch in seiner geistlichen Musik zum Ausdruck. Ihr überwiegender Anteil weist sich leicht erkennbar – etwa durch die vertonten Texte oder die Verwendung lutherischer Choräle – als protestantisch aus. Gleichwohl legte er sich als Komponist konfessionell nicht fest. Seine Offenheit erlaubte es ihm, so Wilhelm Seidel, »sich in Rom in die katholische Liturgie einzuleben, in Düsseldorf die Leitung der katholischen Kirchenmusik zu übernehmen und sie nach römischem Vorbild zu erneuern, für die hübschen Stimmen einiger römischer Nonnen lateinische Motetten, für eine Kirche in Lüttich ein umfangreiches *Lauda Sion* und vermutlich für den Tempel der Hamburger Juden eine Psalmkantate zu komponieren.«[37] Gleich die erste geistliche Komposition, die Mendelssohn veröffentlichte, ist in dieser Hinsicht bemerkenswert. Es handelt sich um drei kleinere Chorwerke, die 1832 bei Simrock in Bonn erschienen.

Die drei zusammen knapp halbstündigen Stücke werden durch den gemeinsamen Titel *Kirchen-Musik*[38] zusammengefasst, spätestens ab 1838 ist auch die gemeinsame Opusnummer 23 nachweisbar.[39] Im Einzelnen handelt es sich um »Aus tiefer Noth schrei' ich zu dir« für Solostimmen, vierstimmigen Chor und Orgel; »Ave Maria« für Tenor solo, achtstimmigen Chor und Orgel sowie »Mitten wir im Leben sind« für achtstimmigen Chor a cappella.[40] Somit rahmen

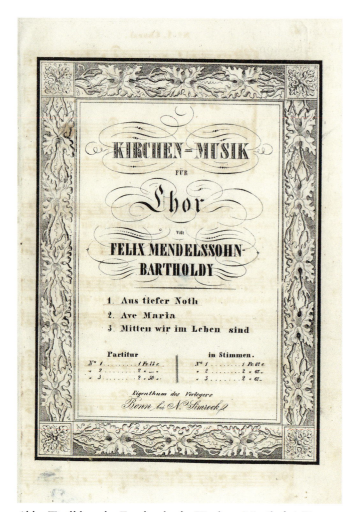

Abb.: Titelblatt des Erstdrucks der Kirchen-Musik *bei Simrock, Bonn 1832 (Archiv Mendelssohn-Haus Leipzig, mit freundlicher Genehmigung)*

hier zwei Bearbeitungen von Luther-Chorälen eine katholische Marienanrufung ein. Dass aktuell erhältliche Aufnahmen von Opus 23 die von Mendelssohn ausdrücklich[41] vorgesehene Reihenfolge der Stücke mit dem »Ave Maria« in der Mitte nicht einhalten, sondern dieses so aussondern, dass die beiden protestantischen Choräle aufeinanderfolgen, ist Reflex einer anhaltenden Irritation über diese konfessionsübergreifende Dramaturgie, die sich auch in der wissenschaftlichen Literatur niedergeschlagen hat. So konstatiert Ulrich Wüster: »Merkwürdig und bisher ohne zureichende Erklärung ist […] die Zusammenstellung der beiden Choralmotetten mit dem katholischen *Ave Maria*.«[42] Dagegen möchte ich die Vermutung äußern, dass die Gruppierung in zweifacher Hinsicht Überzeugungen des Komponisten unmittelbar widerspiegelt: Zum einen die schon erwähnte Idee eines konfessionsübergreifenden Christentums, zum anderen den von Mendelssohn deutlich verspürten funktionalen Unterschied zwischen protestantischer und katholischer Kirchenmusik. Dies sei abschließend etwas eingehender erläutert.

Alle drei Stücke wurden innerhalb eines relativ kurzen Zeitraums während der Italienreise komponiert.[43] Zuerst entstand am 30. September 1830 das »Ave Maria«, als Mendelssohn in Wien Station machte. Am 16. Oktober überarbeitete er, nun bereits in Venedig, das Stück. Wenige Tage später, am 18. und 19. Oktober, komponierte er dort auch »Aus tiefer Noth«. Am 20. November schließlich, nun bereits in Rom, schrieb er »Mitten wir im Leben sind«. Die Stücke entstanden demnach in einer Phase, als Mendelssohn die Differenz zwischen seinem eigenen protestantischen Selbstverständnis und seinen von katholischer Kirchenmusik geprägten Reisezielen hautnah erlebte und sich, wie seine Briefe zeigen, intensiv damit auseinandersetzte. Bemerkenswert ist dabei insbesondere, dass er just in Wien, wo er das »Ave Maria« komponierte, auch die Impulse für die protestantischen Stücke erhielt, nämlich durch den befreundeten Sänger Franz Hauser, in dessen Haus er während seines Wiener Aufenthaltes logierte. Hauser hatte Mendelssohn ein Buch mit Luther-Chorälen gegeben, das dem Komponisten als Grundlage für seine Vertonungen diente.[44] In einem ausführlichen Brief, den Mendelssohn Anfang Dezember 1830 aus Rom an Hauser schrieb, wird der enge Entstehungszusammenhang als eine konfessionelle Dialektik greifbar: »Obwohl ich hier viele, viele Leute kenne und auch Musiker darunter, so ist keiner, mit dem ich was von Seb. Bach oder von Goethe oder von Italien sprechen möchte, und ich kann keinem meine Freude und meinen Unwillen und meine Musik recht zeigen. Da nehme ich mir denn zuweilen das Ave Maria, das nun längst fertig ist und mit erster Gelegenheit zu Ihnen geht, heraus und sehe es mir an, und denke an die Eckstube mit vier Fenstern und vielen Büchern.« Und kurz darauf: »Ich hoffe recht viel vor mich zu bringen, und Ihr Lutherisches Liederbüchlein hat mir schon die besten Dienste geleistet (es liegt hier neben mir und ich freue mich täglich damit) in Venedig habe ich daraus den Choral ›Aus tiefer Noth‹ componirt und hier den Choral ›Mitten wir im Leben sind‹.«[45] Das »Ave Maria« erwähnt Mendelssohn auch in einem Brief an Zelter, worin er über die Wiener Atmosphäre berichtet: »In Wien habe ich 2 kleine Kirchenmusiken fertig gemacht: einen Choral in 3 Stücken für Chor und Orchester (O Haupt voll Blut und Wunden) und ein Ave Maria für 8 Stimmigen Chor a capella; die Leute um mich herum waren so schrecklich liederlich und nichtsnutzig, daß mir geistlich zu Muthe wurde, und ich mich, wie ein Theolog unter ihnen ausnahm.«[46]

Notenbeispiel 1: Felix Mendelssohn, »Ave Maria« op. 23/2, T. 1–22 (nur Gesangsstimmen)

Notenbeispiel 2: Felix Mendelssohn, »Aus tiefer Noth schrei' ich zu dir« op. 23/1, No. 1

Auch wenn hier erkennbar Ironie im Spiel ist, scheint Mendelssohn doch versucht zu haben, mit dem »Ave Maria« seiner glaubensschwachen Umgebung etwas prononciert Katholisches entgegenzuhalten – sensibel bemerkte schon der Rezensent der *Neuen Zeitschrift für Musik* dieses Anliegen: »Die Musik kömmt durchaus aus dem Gemüthe, und singt so klar von Maria's Heiligkeit, daß sie einen Nichtkatholiken zu ihr führen könnte.«[47] Die konfessionelle Eindeutigkeit des Stückes gründet dabei nicht allein in dem vollständigen lateinischen Text des römisch-katholischen Grundgebets einschließlich der Bitte »ora pro nobis«, sondern macht sich auch in der Musik bemerkbar. Darin herrscht eine responsoriale Struktur vor, bei der ein Chor einem Vorsänger antwortet (vgl. Notenbeispiel 1).

Mendelssohn beschrieb dies in einem Brief an die Familie vom 30. November 1830 folgendermaßen: »Beim Ave, das ein Gruß an die Maria ist, singt nämlich ein Tenor (ich habe mir etwa einen Jünger dabey gedacht) dem Chor immer alles vor und zwar ganz allein«.[48] Doch schwang dabei für den Komponisten nicht allein die Vorstellung eines Jüngers mit, sondern überdies der Gedanke an die katholische Liturgie. Denn im Autograph trägt das »Ave Maria« noch den bezeichnenden Beititel »Offertorium«, der es als Musik während der Gabenbereitung bei der Heiligen Messe ausweist.[49] Diese Verankerung im gottesdienstlichen Ritus markierte für Mendelssohn eine entscheidende Differenz zwischen katholischer und protestantischer Kirchenmusik. In einem viel zitierten Brief an den Pfarrer Albert Baur vom 12. Januar 1850 bekannte er, dass ihm eine »wirkliche Kirchenmusik, d. h. für den evangelischen Gottesdienst, die während der kirchlichen Feier ihren Platz fände«, unmöglich scheine. Er wisse nicht, »wie es zu machen sein sollte, daß bei uns die Musik ein integrirender Theil des Gottesdienstes, und nicht blos ein Concert werde, das mehr oder weniger zur Andacht anrege. So ist auch die Bach'sche Passion gewesen; – sie ist als ein selbstständiges Musikstück zur Erbauung in der Kirche gesungen worden«.[50]

Mit der »Bach'schen Passion«, die Mendelssohn hier als Prototyp einer protestantischen, nicht liturgischen Kirchenmusik anführt, stehen die beiden Rahmenstücke von Opus 23 schon durch die Verwendung des Chorals in Verbindung. Beide beginnen zudem geradezu emblematisch in jenem Kantionalsatz, der sofort die Assoziation an die »Bach'sche Passion« weckt (vgl. Notenbeispiele 2 und 3).

Notenbeispiel 3: Felix Mendelssohn, »Mitten wir im Leben sind« op. 23/3, T. 1–16

Insofern stehen sich mit den beiden Choralbearbeitungen und dem liturgisch gefärbten »Ave Maria« die protestantische und die katholische Kirchenmusik idealtypisch gegenüber. Vor diesem Hintergrund scheint der Titel *Kirchen-Musik* für op. 23 nicht nur mit Bedacht, sondern geradezu programmatisch gewählt. Opus 23 bringt demnach gerade nicht »Mendelssohns Unbefangenheit gegenüber konfessioneller Zugehörigkeit«[51] zum Ausdruck, sondern im Gegenteil seine hohe Sensibilität für eine spezifische Differenz zwischen den Konfessionen, die gezielt auskomponiert wird.

Doch so klar er die Unterschiede herausarbeitete, so gezielt verband Mendelssohn die beiden paradigmatischen Kirchenmusiktypen auch miteinander. Vor allem spannte er sie zusammen, indem er im ersten Stück eine Antizipation des zweiten einflocht. »Aus tiefer Noth« umfasst fünf Abschnitte, in denen Strophen des Luther-Chorals in unterschiedlichen Satztypen bearbeitet werden: Im Kantionalsatz (No. 1 und 5), als Fuge (No. 2) und im motettisch-imitatorischen Satz (No. 4). In der Mitte (No. 3) steht eine Arie mit Chor, die textlich auf den Choralstrophen 2 und 3 basiert, aber im Gegensatz zu den anderen Abschnitten nicht die Choralmelodie verwendet (vgl. Notenbeispiel 4).

Der Satztypus dieses mittleren Abschnitts, der durch die Interaktion zwischen Solist

Notenbeispiel 4: Felix Mendelssohn, »Aus tiefer Noth schrei' zu Dir« op. 23/1, No. 3, T. 1–9

und dem später einsetzenden Chor aus dem Duktus des restlichen Stückes hervorsticht, nimmt unüberhörbar Bezug auf die responsoriale Struktur des zwei Tage zuvor fertig gestellten »Ave Maria«.[52] Die Annahme, dass hier eine bewusste Korrespondenz vorliegt, wird dadurch weiter bestärkt, dass Mendelssohn bei dem »Ave Maria« und bei dem Mittelabschnitt von »Aus tiefer Noth« an denselben Sänger dachte, nämlich den Tenor Eduard Mantius, ein Mitglied der Berliner Sing-Akademie. In dem erwähnten Brief an die Familie nennt er die beiden Stücke in einem Atemzug, als es über über Mantius heißt: »in dem Ave Maria und in dem Choral ›aus tiefer Noth‹ sind Stellen sehr ausdrücklich für ihn gemacht, und er wird sie erquickend singen.«[53] Dieser Passage lassen sich weitere briefliche Äußerungen zur Seite stellen, aus denen klar hervorgeht, dass Mendelssohn bei der Komposition aller drei Stücke die Sing-Akademie im Sinn hatte.[54] Insofern spiegelt sich auch der Geist dieser Institution, in der konfessionelle Grenzen keine Rolle spielten, sondern im gemeinsamen Gesang aufgehoben wurden[55], in der Anlage von op. 23 wider.

❧

Das negative Urteil über Mendelssohns geistliche Musik hat sich, wie dargelegt, auf verschlungenen Wegen von den Tatsachen entfernt. Insofern zeigt sich hier die typische Struktur von Werturteilen im Bereich der Musik, die dazu tendieren, sich von den eigentlich musikalischen Sachverhalten abzu-

koppeln und sich stattdessen mit außerästhetischen Ideologemen aufzuladen.⁵⁶ Vor diesem Hintergrund kann es nicht das Ziel sein, frühere Urteile zu ›korrigieren‹ und damit neue zu fällen. Vielmehr verschafft die Analyse des Verdikts vom unauthentischen »religiösen Kitsch« Einblicke in die Mechanismen des Urteilens über Mendelssohns geistliche Musik, was dabei hilft, sich der Musik selbst anzunähern. Religiöse und ideologische Ausgrenzungen und Vereinnahmungen Felix Mendelssohns haben sein Bild lange genug bestimmt – es wäre an der Zeit, sich der Sichtweise des Komponisten anzuschließen und wie dieser nicht nur das Trennende, sondern vor allem das Verbindende zwischen den Glaubensrichtungen in den Blick zu nehmen.

---

1 Der angenommene Name »Bartholdy« wird hier weggelassen. Dazu gibt vor allem der Brief Fanny Hensels an Felix vom 7. Juli 1829 Anlass, in dem es heißt: »Ich kenne u. billige Deine Absicht, diesen Namen, den wir Alle nicht lieben, einst wieder abzulegen, aber jetzt kannst Du es noch nicht, da Du minorenn bist […] es wird Dir genug seyn, zu wissen, daß Du Vater dadurch betrübst« (Fanny und Felix Mendelssohn: »Die Musik will gar nicht rutschen ohne Dich«. Briefwechsel 1821 bis 1846, hg. von Eva Weissweiler, Berlin 1997, S. 81).

2 Die Bezeichnungen »geistliche Musik« bzw. »geistliches Schaffen« u. ä. werden im Folgenden als Oberbegriff für jegliche religiös konnotierte Musik verwendet, einschließlich der Kirchenmusik im engeren Sinn. Grundlegendes zur geistlichen Musik Mendelssohns bieten die Monographien von Rudolf Werner: *Felix Mendelssohn Bartholdy als Kirchenmusiker*, Frankfurt am Main 1930; Arntrud Kurzhals-Reuter: *Die Oratorien Felix Mendelssohn Bartholdys. Untersuchungen zur Quellenlage, Entstehung, Gestaltung und Überlieferung*, Tutzing 1978; Annemarie Clostermann: *Mendelssohn Bartholdys kirchenmusikalisches Schaffen. Neue Untersuchungen zu Geschichte, Form und Inhalt*, Mainz [u. a.] 1989; Ralf Wehner: *Studien zum geistlichen Chorschaffen des jungen Felix Mendelssohn Bartholdy*, Sinzing 1996; Ulrich Wüster: *Felix Mendelssohn Bartholdys Choralkantaten. Gestalt und Idee. Versuch einer historisch-kritischen Interpretation*, Frankfurt am Main 1996 und Raphael Graf von Hoensbroech: *Felix Mendelssohn Bartholdys unvollendetes Oratorium Christus*, Kassel 2006.

3 *Felix Mendelssohn Bartholdy. Thematisch-systematisches Verzeichnis der musikalischen Werke (MWV)*, Studienausgabe von Ralf Wehner, Wiesbaden [u. a.] 2009 (im Folgenden abgekürzt als *MWV*).

4 Vgl. ebd. A 26, *Erde, Hölle und Himmel* (»Christus«), S. 36f.

5 Im autographen Titelblatt bezeichnete Mendelssohn sie als »Sinfonie zur Feyer der Kirchenreformation«, vgl. ebd. S. 225.

6 Hierzu ausführlich Armin Koch: *Choräle und Choralhaftes im Werk von Felix Mendelssohn Bartholdy*, Göttingen 2003.

7 Hierzu grundlegend William A. Little: *Mendelssohn and the Organ*, Oxford [u. a.] 2010.

8 *Musikalisches Conversations-Lexikon. Eine Encyklopädie der gesammten musikalischen Wissenschaften. Für Gebildete aller Stände*, […] begründet von Hermann Mendel. Fortgesetzt von Dr. August Reissmann, Bd. 7, Berlin 1877, S. 126.

9 Vgl. hierzu Jeffrey S. Sposato: *The Price of Assimilation. Felix Mendelssohn and the Nineteenth-Century Anti-Semitic Tradition*, Oxford [u. a.] 2006, und von Hoensbroech, *Christus* (vgl. Anm. 2).

10 Briefe von Lea Mendelssohn vom 4. Juli 1819 (erstes Zitat) und vom 22. November 1822 (zweites Zitat), zit. nach Martin Staehelin: *Der frühreife Felix Mendelssohn Bartholdy. Bemerkungen zu seinem »Konfirmationsbekenntnis«*, in: *Zum 200. Geburtstag von Felix Mendelssohn Bartholdy*, hg. von Hans-Günter Klein und Christoph Schulte, Hannover 2009, S. 11–49, Zitate S. 19 (Haupttext und Anm. 34). Zu Recht weist Staehelin darauf hin, dass sich damit auch Carl Friedrich Zelters berühmter Brief an Goethe vom 21. Oktober 1821 bestätigt, worin es heißt, Abraham Mendelssohn habe »seine Söhne nicht beschneiden lassen« (*Briefwechsel zwischen Goethe und Zelter 1799–1832*, hg. von Max Hecker, 3 Bde., Frankfurt am Main 1987, Bd. 2, S. 158).

11 Vgl. neuerdings Staehelin, *Der frühreife Felix Mendelssohn Bartholdy* (wie Anm. 10), S. 21f. und Anm. 41. Der Taufpastor Staegemann war zugleich als Besitzer des Mendelssohnschen Wohnhauses an der Markgrafenstraße mit der Familie gut bekannt. Der in der Literatur verbreitete Irrtum, Staegemann sei reformierter Pfarrer gewesen, geht darauf zurück, dass seine Kirche *auch* eine reformierte Gemeinde beherbergte (vgl. ebd.).

12 Das Faksimile ist abgedruckt in: *Das verborgene Band. Felix Mendelssohn Bartholdy und seine Schwester Fanny Hensel*, hg. von Hans-Günter Klein, Wiesbaden 1997, S. 59.

13 Felix Mendelssohn-Bartholdy: *Briefwechsel mit Legationsrat Karl Klingemann in London*, hg. und eingeleitet von Karl Klingemann [jun.], Essen 1909, S. 358–362.

14 Staehelin, *Der frühreife Felix Mendelssohn Bartholdy* (wie Anm. 10).

15 Ebd. S. 41f., die Zitate geben zusammenfassende Formulierungen Staehelins wieder.

16 Ebd., S. 48f.

17 Grundlegend hierzu Albrecht Riethmüller: *Das »Problem Mendelssohn«*, in: *Archiv für Musikwissenschaft* 59 (2002), S. 210–221. Vgl. auch Jens Malte Fischer: *Richard Wagners »Das Judentum in der Musik«*, Frankfurt am Main und Leipzig 2000; Sposato, *The Price of Assimilation* (wie Anm. 9); Annkatrin Dahm: *Der Topos der Juden. Studien zur Geschichte des Antisemitismus im deutschsprachigen Musikschrifttum*, Göttingen 2007.

18 Die Zitate stammen vom Anfang und Schluss des Artikels *Mendels-*

19 Vgl. hierzu mehrere Beiträge in dem von Rainer Erb und Werner Bergmann herausgegebenen Band *Die Nachtseite der Judenemanzipation. Der Widerstand gegen die Integration der Juden in Deutschland 1780–1860*, Berlin 1989, insbesondere den Aufsatz *Die Sprache der Demaskierung* der beiden Herausgeber (S. 195–216).

sohn-Bartholdy, Dr. Felix in der *Encyklopädie der gesammten musikalischen Wissenschaften oder Universal-Lexicon der Tonkunst*, bearbeitet von […] Gustav Schilling, Bd. 4, Stuttgart 1837, S. 654–656.

20 Eduard Krüger: [Rezension von Mendelssohns *Drei Psalmen* op. 78], in: *Neue Berliner Musikzeitung*, Jg. 4 (1850), S. 3–5. Krügers Veriss blieb allerdings nicht unwidersprochen, wie seine Reaktion auf seine Kritiker in einer späteren Ausgabe zeigt (ders.: *Zur Kritik Mendelssohn's*, in: *Neue Berliner Musikzeitung* 4, (1850), S. 81–83.

21 Ausführlich hierzu Thomas Schinköth: *»Es soll hier keine Diskussion über den Wert der Kompositionen angeschnitten werden«. Felix Mendelssohn Bartholdy im NS-Staat*, in: *Mendelssohn-Studien*, hg. von Rudolf Elvers und Hans-Günter Klein, Bd. 11, Berlin 1999, S. 177–205.

22 Zit. nach Joseph Wulf: *Musik im Dritten Reich. Eine Dokumentation*, Gütersloh 1963, S. 447f.

23 Hierzu ausführlich Thomas Schmidt-Beste: *Felix Mendelssohn Bartholdy und Heinrich Heine*, in: *Heine-Jahrbuch 2000*, Stuttgart 2000, S. 111–134 sowie neuerdings Clemens Harasim: *Felix Mendelssohn Bartholdys Religiosität im Spiegel seiner lateinischen Kirchenmusik*, in: *Die Tonkunst* (Oktober 2012), S. 469–479.

24 So etwa bei Hartmut Ruddies: *Felix Mendelssohn Bartholdy als Protestant*, in: *Hamburger Mendelssohn-Vorträge*, Bd. 1, hg. von Joachim Mary, Hamburg 2003, S. 61–80.

25 Heinrich Heine: *Deutschland. Ein Wintermärchen*, in: *Historisch-kritische Gesamtausgabe der Werke*, Bd. 4, bearb. von Winfried Woesler, Hamburg 1985, S. 126.

26 Hierzu z. B. Wolfgang Dinglinger: *Mendelssohn – General-Musik-Direktor für kirchliche und geistliche Musik*, in: *Felix Mendelssohn Bartholdy. Kongreß-Bericht Berlin 1994*, hg. von Christian Martin Schmidt, Wiesbaden [u. a.] 1997, S. 23–36.

27 So Heine in einem Brief an Ferdinand Lassalle vom 11. Februar 1846, in: *Heinrich Heines Briefwechsel*, hg. von Friedrich Hirth, Bd. 2, München und Berlin 1917, S. 582f.

28 Heinrich Heine: *Lutezia. Berichte über Politik, Kunst und Volksleben. Zweiter Theil*, in: *Historisch-kritische Gesamtausgabe der Werke*, Bd. 14/1, bearb. von Volkmar Hansen, Hamburg 1990, S. 13.

29 Drastischer wurde Heine in dem Anm. 25 erwähnten Schreiben an Ferdinand Lassalle vom 11. Februar 1846: »Wenn ich das Glück hätte, eine Enkel von Moses Mendelssohn zu seyn, so würde ich wahrlich mein Talent nicht dazu hergeben, die Pisse des Lämmleins in Musik zu setzen.«

30 Zit. nach der deutschen Ausgabe: Eric Werner: *Mendelssohn. Leben und Werk in neuer Sicht*, Zürich und Freiburg i. Br. 1980, S. 235f.

Jeffrey S. Sposato unterzog 2006 in *The Price of Assimilation* (wie Anm. 9, S. 24–34) Werners »overstatement of Mendelssohn's Jewish identity« einer fundamentalen Kritik. Laut Sposato basiert sie zu einem nicht geringen Teil auf Werners »tendency to mistranscribe and misinterpret these documents«, die Mendelssohns »strong, positive attachment to his Jewish heritage« belegen sollen; Sposato weist Werner hier gravierende philologische Fehler nach.

31 Rainer Riehn: *Das Eigene und das Fremde. Religion und Gesellschaft im Komponieren Mendelssohns*, in: *Musik-Konzepte. Felix Mendelssohn-Bartholdy*, Heft 14–15, hg. von Heinz-Klaus Metzger und Rainer Riehn, 1980, S. 123–46, Zitat S. 137.

32 Charles Rosen: *Musik der Romantik*, Salzburg und Wien 2000, S. 659–664. Zwar bezieht Rosen sich hier nicht im engeren Sinn auf die geistliche Musik Mendelssohns, sondern auf seine Instrumentalmusik – entscheidend ist jedoch die Überzeugung, Mendelssohns Religiosität sei gehaltlos, die implizit die geistliche Musik in noch viel höherem Maße trifft.

33 Es mag die Hartnäckigkeit dieser Denkfigur verdeutlichen, dass selbst ein kritischer Geist wie Uwe Schweikert sie 1984 in einem Gedenkartikel über Mendelssohn unreflektiert einfließen ließ: Seiner »doxologischen Indifferenz, mit der er sowohl für die protestantische wie für die katholische Kirche, ja selbst für die Synagoge komponierte, entspricht die eklektische Stilmischung und Unsicherheit seiner geistlichen Musik« (*»Der schöne Zwischenfall der deutschen Musik«? Rückblick auf Felix Mendelssohn-Bartholdy*, in: *Frankfurter Rundschau* Nr. 30 vom 4. Februar 1984).

34 Über sein persönliches Verhältnis zu Schleiermacher, als dessen »Anhänger« er sich 1830 bezeichnete, gab Mendelssohn am ausführlichsten in einem Brief an seine Eltern vom 19. Februar 1834 (Nr. 863) Auskunft, nachdem der Theologe kurz zuvor verstorben war. Der Komponist bekannte, dass ihn »die Nachricht von Schleiermachers Verlust sehr niederschlug […] Ich denke bei jeder Gelegenheit von neuem drüber nach, wenn ich mir dann seine ganze Persönlichkeit und namentlich die große Freundlichkeit zurückrufe, mit der er voriges Jahr an mir und meiner Musik Theil nahm, und wie seine Bekanntschaft mir eine der liebsten neuen Ereignisse des vorigen Jahres war, und wie ich sie nur gar zu wenig habe genießen können, so macht michs immer von neuem betrübt, daß das nun nicht mehr geht« (*Briefe 3*, S. 350f. Die Selbstbeschreibung »Anhänger von Schleiermacher« findet sich in einem Brief an Julius Schubring aus Rom vom 18. November 1830, Nr. 369, in: *Briefe 2*, S. 133.)

35 Vgl. hierzu Wilhelm Seidel: *Mendelssohn und das Judentum*, in: *Die Musikforschung* 64 (2011), S. 6–23, hier S. 19–21.

36 Ebd., S. 20.

37 Ebd.

38 In einem Brief an Simrock vom 28. Februar 1832 (Nr. 509, in: *Briefe 2*, S. 492) schlägt Mendelssohn noch »Drei Kirchenmusiken für Chor«

39 Bereits in einem Brief vom 9. Juni 1837 an Simrock machte sich Mendelssohn diesbezüglich Gedanken: »Ein vollständiges Verzeichniß meiner Compositionen hätte ich sehr gern; […] und wo soll ich denn eine Zahl für die 3 Kirchenmusiken herkriegen, da sie keine bekommen haben? Mit a und b, oder wie macht sich's am besten?« (Nr. 1654, in: *Briefe 5*, S. 286.)

40 Das Autograph des letztgenannten Stückes ist in diesem Band auf S. 108f. abgebildet.

41 Siehe den erwähnten Brief an Simrock vom 28. Februar 1832 (Nr. 509, in: *Briefe 2*, S. 492).

42 Ulrich Wüster: »*Aber dann ist es schon durch die innerste Wahrheit und durch den Gegenstand, den es vorstellt, Kirchenmusik…« Beobachtungen an Mendelssohns Kirchen-Musik op. 23*, in: *Felix Mendelssohn Bartholdy. Kongreß-Bericht Berlin 1994*, hg. von Christian Martin Schmidt, Wiesbaden [u. a.] 1997, S. 187–208, Zitat S. 189. Denen von Wüster selbst in Anm. 13 und 86 angebotenen Erklärungsversuchen soll mit der folgenden Interpretation nicht widersprochen werden, sie schließen sich gegenseitig nicht aus und stützen in jedem Fall die Überzeugung von einem inneren Zusammenhang der drei Stücke.

43 Werkdaten nach *MWV*, S. 48–50.

44 Ulrich Wüster hat nachgewiesen, dass es sich bei dieser Sammlung um Karl Grells Textsammlung *Luthers geistliche Lieder* aus dem Jahr 1817 handelte (*Felix Mendelssohn Bartholdys Choralkantaten* [wie Anm. 2], S. 477–480).

45 An Franz Hauser in Wien, Rom, 6. und 9. Dezember 1830 (Nr. 379), in: *Briefe 2*, S. 155–159, Zitate S. 156f.

46 An Carl Friedrich Zelter in Berlin, Venedig, 16. Oktober 1830 (Nr. 355), in: ebd., S. 108–111, Zitat S. 110f. (Zeichensetzung original).

47 K–g.: *Ernste Gesangsmusik*, in: *Neue Zeitschrift für Musik* Jg. 3, Bd. 5 (1836), S. 180f. Dass es sich bei dem Kürzel um Heinrich Dorn handele, wie zuerst 1930 Rudolf Werner, *Mendelssohn als Kirchenmusiker* (wie Anm. 2), S. 47f. schrieb, ließ sich nicht verifizieren.

48 Rom, 18. November 1830 (Nr. 374), in: *Briefe 1*, S. 145–148, Zitat S. 147.

49 Dazu passt auch der gehende Charakter, den Mendelssohn in den Außenteilen des »Ave Maria« durch die Bezeichnung »Andante«, im Mittelteil durch die Bezeichnung »Con moto« und die motorische Basslinie festschrieb.

50 Brief vom 12. Januar 1835 (Nr. 1070) an Ernst Friedrich Albert Baur, in: *Briefe 4*, S. 140f.

51 Zu Recht widerspricht Wüster dieser Einschätzung Clostermanns nachdrücklich (*Beobachtungen an Mendelssohns Kirchen-Musik op. 23* [wie Anm. 42], S. 189).

52 Darauf weist auch Wüster ebd. in Anm. 13 hin und nennt zugleich weitere Korrespondenzen: »Die Arie in op. 23/1 ist stilistisch dem Ave Maria nahestehend. Die ›Ora pro nobis‹-Formel aus op. 23/2 ähnelt dem Einwurf ›Das bist du Herr alleine‹ in op. 23/3, analog sind auch die polyphonen Passagen ›Sancta Maria‹ in op. 23/2 und ›Kyrie eleison‹ in op. 23/3.«

53 Rom, 18. November 1830 (Nr. 374), in: *Briefe 1*, S. 145–148, Zitat S. 147.

54 Für »Aus tiefer Noth«: Brief an Zelter aus Rom, 18. Dezember 1830 (Nr. 383), in: *Briefe 2*, S. 171f. Für »Ave Maria«: Brief aus Wien vom 21. August 1830 (Nr. 333, ebd., S. 69): (»Ein neues Stück für die Sing-Akademie«). Brief aus Wien vom 22./23. August 1830 (Nr. 334, ebd., S. 334): »Ferner habe ich auch eine kleine lateinische Musik vor, die ich an die Sing-Akad. schicken will«; Brief aus Wien vom 5. September 1830 (Nr. 350, ebd., S. 94): »und dann fange ich ein kleines Ave Maria für Singstimmen allein an, das ich schon ganz im Kopfe trage.« Für »Mitten wir im Leben sind«: »ich habe wieder einen neuen Choral für die SingAkademie: ›mitten wir im Leben sind von dem Tod umfangen, wen suchen wir der Hülfe thu, in der Noth uns Armen? [sic]‹ Das sagen die Männerstimmen, und nun kommen alle Frauenstimmen piano: ›das thust Du Herr alleine.‹ Dann gibt es bösen Lärm und am Ende: Kyrie eleison. Das Ding macht auch ein Cantorgesicht« (Brief aus Florenz, 23./24. Oktober 1830, Nr. 360, ebd., S. 115f.)

55 Vgl. zum Kontext der Sing-Akademie z. B. Ullrich Scheideler: *Komponieren im Angesicht der Musikgeschichte. Studien zur geistlichen a-cappella-Musik in der ersten Hälfte des 19. Jahrhunderts im Umkreis der Sing-Akademie zu Berlin*, Berlin 2010, I. Teil: Voraussetzungen und Kontexte, S. 18–142.

56 Vgl. exemplarisch für den Musikdiskurs innerhalb der Belletristik und der Philosophie: Michael Custodis: *Musik im Prisma der Gesellschaft. Wertungen in literarischen und ästhetischen Texten*, Münster 2009.

Leipzig als geistige Lebensform – Felix Mendelssohn Bartholdy im Kreise seiner Freunde

Irmelin Schwalb (Bonn)

Am 4. November 1847 war Felix Mendelssohn Bartholdy gestorben; zwei Tage später traf Robert Schumann in Leipzig ein, um an der Totenfeier teilzunehmen.

Seine Eindrücke notierte er stichwortartig: »Sonnabend den 6. Um 3 1/2 Uhr Ankunft in Leipzig – in Mendelssohns Haus – seine Kinder unten mit Puppen spielend – oben Schleinitz – das Publikum – der edle Tote – die Stirn – der Mund – das Lächeln darum – wie ein glorreicher Kämpfer sah er aus, wie ein Sieger … Eduard Devrient und Professor Hensel … Sonntag den 7. Milder Tag, wie im Frühling – Erinnerungen, überströmende an Mendelssohn – um 3 Uhr nachmittags nach der Königstraße – große Menschenmasse – der geschmückte Sarg – seine Freunde alle – Moscheles, Gade und ich zur rechten, Hauptmann, David und Rietz zur linken des Sarges, außerdem Joachim und viele andere dahinter.«[1] In diesen Erinnerungen von Robert Schumann spiegelt sich an beiden Tagen eine charakteristische Konstellation wider, in die Mendelssohn auch zu Lebzeiten gestellt war: Neben einem unsteten, weltläufigen Leben in der Öffentlichkeit, umgeben stets vom anonymen ›Publikum‹, einer großen ›Menschenmasse‹, boten ihm Familie und ein eng umrissener Freundeskreis Rückzugsmöglichkeiten ins Private, schirmten ihn in einem geschützten Mikrokosmos vor dem Zugriff der großen Masse ab.

Abb. 1: Felix Mendelssohn Bartholdy auf dem Totenbett, gezeichnet von Wilhelm Hensel, 5. November 1847 (Staatsbibliothek zu Berlin – Preußischer Kulturbesitz)

Von Kindheit an hatte Mendelssohn Geborgenheit und Schutz im sicheren Hort einer großen Familie erfahren, behütet gegen eine wenn nicht feindlich gesinnte, so doch andersgeartete und ihm nicht a priori gewogene Außenwelt. Durch den Ruhm des Großvaters, den Aufklärer und Freund Lessings, Moses Mendelssohn, genoss der Name Mendelssohn in Berlin großes Ansehen. Moses' weltoffener zweiter Sohn Abraham hat auch als Bankier viel daran gesetzt, sich und seine Familie weiter in die christliche, bürgerliche Gesellschaft zu integrieren. Dennoch wurde ihnen allen die jüdische Herkunft immer wieder mehr oder weniger offen vorgehalten. Felix Mendelssohn musste es sich 1819 gefallen lassen, dass ein Hohenzollern-Prinz in Berlin vor ihm ausspuckte, und selbst sein Lehrer und väterlicher Mentor Carl Friedrich Zelter war nicht frei von antisemitischen Vorurteilen. »Er ist zwar ein Judensohn, aber kein Jude. Der Vater hat mit bedeutender Aufopferung seine Söhne nicht beschneiden lassen und erzieht sie, wie sich's gehört. Es wäre wirklich einmal eppes Rores, wenn aus einem Judensohn ein Künstler würde.« Mit diesen herabwürdigenden Worten kündigte Zelter den ersten Besuch mit seinem Lieblingsschüler bei seinem Freund Goethe am 26. Oktober 1821[2] an.

So tolerant und aufgeklärt war Preußen zu Beginn des 19. Jahrhunderts also doch nicht: Judensteuer, Kennzeichnung von Juden als Fremde – immer wieder kamen neue diskriminierende Vorschläge auf. Vollständige Integration, gar Inklusion, um es zeitgeistig auszudrücken, gab es mitnichten. Daran mochten weder die protestantische Taufe, der christliche Namenszusatz Bartholdy, noch universale und gleichzeitig moderne Erziehung und Bildung etwas ändern. Abraham Mendelssohn legte darauf großen Wert und so wurde Felix vielfältig unterrichtet: »Er verstand vollkommen Griechisch, Lateinisch, Spanisch, schrieb und sprach Französisch, Englisch und Italienisch. Er malte sehr gut, und skizzirte mit sicherer Hand nach der Natur. In allen körperlichen Uebungen excellirte er, als Schwimmer, Reiter, Turner, graziöser Tänzer«[3] – so pries der zeitgenössischer Komponist und Musiktheoretiker Johann Christian Lobe Mendelssohns Talente und Fähigkeiten jenseits der Musik. So heimisch sich Felix Mendelssohn im evangelischen Glauben auch fühlen mochte, seine jüdischen Wurzeln blieben ihm immer gegenwärtig und bedeutsam. Damit verknüpft war auch die Haltung, wirklich sicher, geborgen, aufgenommen und verstanden nur im Schoß der Familie, im Kreis enger vertrauter, vertrauenswürdiger Freunde zu sein.

Der innere Zirkel des Elternhauses und die in ihn integrierten Freunde blieben so für Mendelssohn zeitlebens Pol einträchtiger Geselligkeit und ungezwungener Solidarität: »Das Leben hier in der Familie war gar zu angenehm […]. Wir kamen so jeden Abend zusammen, kannegießerten, stritten, machten Musik, da wars sehr angenehm und wohlig.«[4] Wo immer er sich längere Zeit aufhielt, suchte er sich solch einen Kreis sozialen Aufgehobenseins zu schaffen, sonst war er unglücklich, wie ein Brief an seine Tante Henriette von Pereira-Arnstein aus Rom im November 1830 zeigt: »Denn so vielen und manichfachen Umgang ich hier auch habe, so fehlen mir Menschen, denen ich so ganz mittheilen kann, wie mir es ums Herz ist und die auch wohl einmal ein halbes Wort verstehen und an denen ich mich so ganz vollkommen erfreue.«[5]

Im Kreis seiner Freunde war Mendelssohn sicher vor Misstrauen, Taktieren und Indiskretion. Man kann das aus einem Brief an die Familie in Berlin während des England-Aufenthaltes 1832 heraushören, in dem er das Zusammensein mit Carl Klingemann und Ignaz Moscheles pries: »Ich wollte

Abb. 2: Der Freundschaftszirkel der Mendelssohn-Geschwister: Das Rad, Zeichnung von Wilhelm Hensel, 1829 (Kupferstichkabinett, Staatliche Museen zu Berlin)

ich könnte beschreiben, […] wie ich über die Freundlichkeit aller alten Freunde vergnügt bin. […] Die bilden den Kern meines hiesigen Aufenthalts […]; wir sehen uns alle Tage, es ist mir gar zu wohl wieder unter wahren Freunde [sic], vor denen ich mich weder in Acht zu nehmen noch Sie zu beobachten brauche, und unter guten, ernsthaften Menschen zu sein«.[6] Dieses lebenslange Verhaltensmuster von Mendelssohn gründete schon in Jugendtagen im elterlichen Haus: Die vier Mendelssohn-Kinder hatten damals mit ihren Freunden einen eingeschworenen, geselligen Kreis gebildet, der über eine eigene Geheimsprache verfügte und zeitweise eine Privatzeitung herausgab. Dieser Zusammenhalt, durchaus auch mit bewusster Abgrenzung nach außen, nicht nur als Großfamilie, sondern auch auf Geschwisterebene, sollte lebenslang Bestand haben, trotz aller Schwankungen, Krisen und Autonomie-Bestrebungen einzelner Mitglieder des Bundes.

Der Maler Wilhelm Hensel, verlobt mit Fanny Mendelssohn, war 1829 offiziell in diesen Kreis aufgenommen worden und bedankte sich mit einem bildnerischen Geschenk, einer Zeichnung, betitelt *Das Rad*. Er stellte dort den Kern dieser geschlossenen Gesellschaft als ein Rad dar, dessen Nabe der damals in England und Schottland weilende Felix ist. Deshalb ist er als mythischer Sänger Arion dargestellt, bekleidet mit einem Schottenrock, der mit seiner Musik Delphine anlockt. Die einzelnen Speichen werden von den Geschwistern und Freunden gebildet, die alle mit codierten Attributen versehen sind oder in anspielungsreichen Konstellationen abgebildet sind, ganz im Sinne der jugendlichen Geheimgesellschaft. So stehen ganz oben die Schwestern Fanny und Rebecka mit Otterschwänzen versehen, die auf ihre Bezeichnung im Familienkreis als »die Ottern« Bezug nimmt. Der Bruder Paul Mendelssohn findet sich rechts unten, verbandelt mit zwei Freundinnen, seine zukünftige Frau Albertine allerdings tanzt als übernächste Figur mit dem Schatten des abwesenden Felix. Dessen Lieblingsspeise, einen Mohrenkopf, wiederum bietet sein Freund und Hauslehrer Johann Gustav Droysen einer weiteren Freundin an. Mendelssohn selbst ist allgegenwärtig, das Zentrum des Ganzen.[7] Die Peripherie des Rades ist von der Außenwelt strikt abgeschlossen – es dreht sich nur um sich selbst. Hensel selbst hat sich aufs Rad geflochten dargestellt, nicht ins Rad integriert, mit einer goldenen Kette an Fanny gefesselt – da schwingt seine Eifersucht auf die enge Geschwisterbindung mit.

Mit Fanny war und blieb Mendelssohn zeitlebens durch die gemeinsame musikalische Begabung trotz aller gegensätzlichen Auffassungen, Verletztheiten und Krisen intensiv verbunden. Sie war ihm eine unverzichtbare Beraterin, Kritikerin und Helferin. Auch zu den Eltern und den beiden anderen Geschwistern, Paul und Rebecka, bestanden stets enge Bande: etwa 800 seiner etwa 5000 Briefe allein gingen an die Familie. Daneben allerdings nahmen die Freundschaften Mendelssohns einen eigenständigen Rang ein. Diese Freunde hatte sich Mendelssohn *selbst* ausgesucht, die Beziehungen zu ihnen pflegte er autonom und unabhängig von der Familie. Auch seine Lebensgefährtin, seine Frau Cécile Jeanrenaud, war allein seine Wahl – entgegen aller Familien-Erwartungen ging er 1836 fern von Berlin, fern von Leipzig, wo er sich als Gewandhauskapellmeister niedergelassen hatte, in Frankfurt auf Brautschau und wurde auch fündig. Bei aller Herzlichkeit seinen Freunden und später auch Cécile gegenüber scheint es doch untergründige Besitzansprüche seitens seiner Berliner Herkunftsfamilie auf ihn gegeben zu haben, die Mendelssohn wiederum veranlasst haben, parallel einen selbst gewählten und selbst gestalteten Lebenskreis in Leipzig aufzubauen.

Als er in den Jahren zwischen 1841 und 1844 in den aufreibenden Diensten von König Friedrich Wilhelm IV. in Berlin immer wieder ganz eng bei und mit seiner alten Familie wohnte, waren es nicht nur die ungeklärten Dienstverhältnisse und die Mentalität der Berliner, die der dortigen Musikszene im Besonderen, die ihm die Arbeit sauer werden ließen, sondern mitunter auch die allzu große Nähe der Familie mit ihren Erwartungen und Einengungen.

Entscheidend bei der Metapher vom Rad ist die zirkuläre Abgeschlossenheit, die Mendelssohn für seinen Freundeskreis immer zu wahren suchte, nicht zuletzt um der Enttäuschung einer neuen unsicheren Bindung vorzubeugen. Sie ist Ausdruck einer lebenslangen Suche und Sehnsucht Mendelssohns nach Harmonie in Leben und Kunst – nicht zuletzt in der Selbsterkenntnis eigener Unausgeglichenheit und Reizbarkeit. So stimmte er einmal einem Freund zu, der »meinte, es läge viel an mir, der ich die Menschen genau so haben wollte, wie ich sie mir dächte, und der ich zu parteiisch gegen und für wäre.«[8] Und Ignaz Moscheles gestand er: »Wär ich ein bischen milder, und ein bischen gerechter, und ein bischen gescheuter, und noch viele andre Dinge ein bischen mehr, so könnte ich auch solch ein Urtheil haben; aber ich ärgre mich immer gleich so sehr, und werde unbillig.«[9] Der Wunsch nach einer Versöhnung der Gegensätze fing bei der eigenen Person, dem eigenen Wesen an und erstreckte sich dann auf die gesellschaftliche Stellung eines getauften Juden. Schließlich durchdrang er auch die eigene Kunst, in der Mendelssohn immer wieder versuchte, aus dem musikalischen Humus der Vergangenheit organisch Neues zu entwickeln im Sinne eines verantwortlichen »*Weiter*arbeiten nach Kräften« und eben nicht als »ein todtes Wiederholen des schon Vorhandnen«.[10]

Mendelssohn war – bei aller realistischen Lebensauffassung – auf der ganzen Linie ein Synthetiker im Sinne der Romantik, der alle Gegensätze zu verschmelzen trachtete, sowohl im wirklichen Leben als auch im Bereich seiner Kompositionen, um beides so in gewissem Sinne zu einem Gesamtkunstwerk zu machen, allerdings in einem anderen Verständnis als sein neidischer Denunziant Richard Wagner. Robert Schumanns berühmte Charakterisierung wird damit – entgegen ihrer üblichen Funktionalisierung als Beweis eines vermeintlichen Mendelssohnschen Epigonentums – zum erhellenden Motto für dessen Leben und Werk: »Er ist der Mozart des 19. Jahrhunderts, der hellste Musiker, der die Widersprüche der Zeit am klarsten durchschaut und zuerst versöhnt.«[11]

Die Versöhnung, die Integration mag ihm in seiner Musik oftmals geglückt sein, im Leben blieb ein Ungenügen an der Realität: »So ist weder hier noch dort viel erfreuliches Leben, und da kann man Gott doppelt danken, daß es ein Leben in der Kunst gibt, in dem es so entfernt von allem andren, so einsam und doch lebendig zugeht, in das man sich flüchten, und bei dem man sich wohl befinden kann.«[12] Das utopische, romantische Modell der Einheit von Kunst und Leben gelang dem vermeintlichen Glückskind und Götterliebling eben nur in Momenten.

Dieser melancholische, enttäuschte Rückzug vom Leben in die Kunst, vom Öffentlichen ins Private, verstärkte sich immer mehr. Umso dringender wurde das Bedürfnis Mendelssohns nach vertrauten, fürsorgenden Freunden, die er möglichst in seine Nähe ziehen wollte oder doch wenigstens die Beziehung zu ihnen durch einen intensiven Briefaustausch so lebendig halten wie bei einer Plauderei auf dem Sofa, um sich menschlicher Wärme und innigen Einvernehmens zu versichern. Dies vor allem, wenn man betrachtet, wie enorm das Arbeitspensum anwuchs mit den Jahren: Er war der Herr über alle Musik in Leipzig mit allen damit verbundenen gesellschaftlichen Pflichten. Außer den Dirigaten der Gewandhauskonzerte und deren dramaturgischen Gestaltung kamen solistische Auftritte als Pianist und als Klavierbegleiter bei Gastkonzerten anderer Künstler und Kammermusikveranstaltungen hinzu. Seinem Orchester war er ein fürsorglicher Leiter in sozialen Belangen und er konzipierte das von ihm denn auch gegründete Conservatorium der Musik. Durchreisenden Musikern, Virtuosen und Solisten wie Liszt und Berlioz stand er selbstlos zur Seite bei der Organisation von deren Auftritten, und bei allem arbeitete unablässig an seinen eigenen Werken.

Seine Freundschaften, die keineswegs so zahlreich waren, wie man bei seiner Weltläufigkeit und Popularität vermuten könnte, waren Fluchten ins Private, ins Unbeschwerte-Gesellige. Sie lassen sich im Grunde in zwei Kategorien fassen, die mit ihren wesentlichsten Vertretern in Schumanns Beschreibung des Totenzuges zu finden sind: Zum einen ist da der Kreis der Vertrauten schon aus Kinder- und Jugendtagen, zum Rad gehörig: dazu zählen der dichterisch begabte Diplomat Carl Klingemann (der in London Mendelssohns dortiger Stützpunkt wurde und zeitlebens wohl sein engster Freund war), der Sänger Eduard Devrient, der Geiger Ferdinand David, die Pianisten Ignaz Moscheles und Ferdinand Hiller. Zum anderen sind aus einigen Berufskollegen wie Niels Vilhem Gade oder Robert Schumann Freunde geworden. Und schließlich gehörte auch Heinrich Conrad Schleinitz dazu, der als musikalisch begabter Advokat im Verwaltungsrat des Leipziger Gewandhauses saß. Er hatte Mendelssohn maßgeblich als Kapellmeister nach Leipzig geholt und wurde dort zu einem getreuen Freund. Aus deren Erinnerungen und den diversen Briefwechseln geht hervor, wie Mendelssohn diesen selbstgewählten Mikrokosmos schätzte, in dessen innerstem Kreis zuallererst der Versuch eines möglichst idyllischen Lebens mit Cécile und den Kindern stand. In dieser Atmosphäre geistreicher, harmonischer Kultiviertheit konnte sich er von den Strapazen seines umtriebigen Alltags erholen. »Wir leben ein angenehmes Leben«[13], teilte Mendelssohn einmal seiner Schwester Rebecka aus Leipzig mit. Und Klingemann schilderte er einen biedermeierlich beschaulichen Moment des Familienlebens: »Neben mir spielt mein Junge mit seinem Baukasten, und baut einen großen Thurm um einen Mops aus Chocolade, Cecile geht ab und zu, und die Kleine schläft – das giebt nun einen stillen, frohen Morgen […].«[14]

Aufgeschlossen war Felix Mendelssohn allen Arten von geselligen Vergnügungen gegenüber, in denen freilich die Musik meist die wesentliche Rolle hatte. Er spielte gemeinsam mit Ignaz Moscheles ihrer beider neuesten Klavierwerke durch, was durchaus in einen improvisierten Wettstreit ausarten konnte, wo einer den anderen in vertrackte Harmonien lockte oder zu gewagten Modulationen verführte, aus denen sich kaum mehr sinnvolle Auswege finden ließen. Im abendlichen Kreise von Freunden und Gästen der Familie unterlegte man aus reinem Vergnügen und dabei doch höchst gebildet den Mendelssohnschen *Liedern ohne Worte* Verse bekannter Dichter oder untermalte umgekehrt Gedichte ad hoc auf dem Klavier, wie es Ferdinand Hiller berichtet hat: »Als das gesellige Leben etwas stiller geworden war und wir oft die Abende zu Hause zubrachten, schlug Mendelssohn vor, zu Gedichten zu fantasieren. Wir lasen und spielten abwechselnd, indem Jeder dem Andern als Declamator diente, und fanden viel Freude und Anregung an dieser Übung. Der Himmel weiß, wie viele Schiller'sche, Goethe'sche,

Uhland'sche Gedichte uns zu musikalischer Illustration herhalten mußten.«[15]

Hiller erinnerte sich auch an eine andere launige musikalische Unternehmung, ein kompositorisches Ratespiel vom Dezember 1839 im Kreis der Leipziger Liedertafel: »Ein Dutzend sehr musicalischer Männer vereinigten sich von Zeit zu Zeit und machten dem Namen ihrer Vereinigung alle Ehre, denn ihre Tafel war nicht minder vortrefflich als ihre Lieder. Mendelssohn hatte nun den drolligen Einfall, wir sollten dasselbe Gedicht in Musik setzen und die Sänger errathen lassen, von wem von uns Beiden die eine und die andere Composition herrühre. Gesagt, gethan. Einige Bände Lyrik wurden durchforscht und bald vereinigten wir uns in der Wahl eines Eichendorff'schen Gedichts. Ich sehe uns noch einander schweigend gegenüber sitzend, aus dem selben Dintenfasse den nöthigen Stoff holen … Der Abend kam heran und das Unternehmen gelang vollkommen. Die Stücke wurden vortrefflich vom Blatt gesungen und nur einer der Männer, Dr. Schleinitz, freilich einer der gebildetsten Dilettanten, die es gibt, gab seine Meinung, es war die richtige, mit voller Ueberzeugung ab. Bei allen Anderen blieb es beim Hin- und Herrathen. Wir lachten und – schwiegen.«[16] (Hiller hat sich da vertan, es handelte sich nicht um ein Gedicht von Eichendorff, sondern um Julius Mosens »Liebe und Wein«. Vielleicht war ihm in der Rückschau für die Publikation Mosen denn doch nicht repräsentativ genug. Das Chorlied in der Mendelssohnschen Fassung ist als Nr. 5 der *6 Lieder* op. 50 eingegangen.)

Mendelssohn fühlte sich bei solchen Gelegenheiten häuslicher ausgelassener Heiterkeit und geselliger Geborgenheit ganz bei sich. Die vielfältigen Verpflichtungen, die kräftezehrende Hektik zwischen Konzerten, Korrespondenzen, Verlagsverhandlungen, Unterricht am Konservatorium und Reisen war in solchen Momenten vergessen, die auch dazu beitrugen, über wiederkehrende Phasen von Verstimmungen, Niedergeschlagenheit und Erschöpfung hinwegzukommen.

Im Austausch mit den Freunden wird offenbar, wie häufig und tief Mendelssohn von depressiven Krisen heimgesucht wurde: »Doch ists sonderbar, wie wenig Beruhigung mir in der vergangnen Zeit der Gedanke an meine Kunst gab; tagelang war er mir verhaßt, und auch jetzt habe ich nur Augenblicke, wo ich sie wieder ganz lieb habe.«[17] Elf Jahre später gestand er Klingemann seinen Überdruss und Resignation noch deutlicher: »Endlich klage ich auch mich selbst an, weil mir das Dirigieren, und gar das Spielen (eigentlich alles und jedes amtliches öffentliches Erscheinen) geradezu zuwider geworden ist, so dass ich mich jedesmal nur mit Abneigung und Widerwillen dazu entschliessen kann. Ich glaube, die Zeit naht heran, oder ist vielleicht schon da, wo ich diese ganze Art öffentlichen, regelmässigen Musikmachens an den Nagel hängen werde, um zu Hause Musik zu machen, Noten zu schreiben, und das Wesen draussen gehen zu lassen, wie es kann und mag …«[18] Das »Wesen draußen« wird einem selbstbestimmten privaten Innenraum gegenübergestellt, in dem Mendelssohn den Dingen nachgehen konnte, die ihm wirklich wichtig waren. Zu diesem Lebensraum sollten nur verlässliche Menschen Einlass haben. Einer, der die ganze Leipziger Zeit an Mendelssohns Seite war, war Ferdinand David, Freund aus Jugendtagen, als Konzertmeister des Gewandhauses eine zuverlässige berufliche Stütze, aber auch im privaten Umgang, wie ihm Mendelssohn bestätigte: »Ich habe mirs die Zeit über, hier ausgedacht, daß es doch eigentlich gar zu schön ist, daß wir beide zusammengekommen sind, und nicht der eine hier der andre dort sein Wesen treiben müssen, ohne von einander viel zu erfahren, wie es gewiß manchem guten Kerls in unserm lieben, und etwas abscheulichen Vaterlande geht […].«[19]

Immer wieder versuchte er auch andere »gute Kerls« nach Leipzig zu locken, um sein Modell einer Lebensform aus professioneller Arbeit und musikalischem Freundeskreis weiter zu verwirklichen und auszubauen. Bevor Eduard Devrient 1844 von Berlin als Dramaturg nach Dresden wechselte, machte sich Mendelssohn große Hoffnungen, mit ihm einen der ganz alten Berliner Gefährten in den Leipziger Horizont ziehen zu können. Als Ignaz Moscheles 1846 den Ruf für die erste Klavierprofessur am Konservatorium annahm und mit seiner Familie nach 20 Jahren in London nach Leipzig übersiedelte, jubelte Mendelssohn: »Und von meiner persönlichen Freude sage ich gar nichts, ich kann sie auch gar nicht genügend aussprechen! Es ist mir ganz eigen zu Muthe, wenn ich denke, dass Du wirklich kommen, wirklich hier wohnen willst, und dass dies Luftschloß, mit Dir und den Deinigen zusammenzuleben und zu bleiben, nicht blos eine Saison zu verjubeln, sondern so recht von Grund aus miteinander umzugehen, nun wirklich in Erfüllung gehen soll! Ich werde einige Häuser rosenfarb anstreichen lassen, wenn Ihr erst wirklich da seid!«[20]

Robert Schumann hat seine vielen Erinnerungen an Mendelssohn in einem Notizheft festgehalten, sie aber leider nie ausgearbeitet. Dort findet sich eine Eintragung, die sowohl die Freude über das Kommen Moscheles ausdrückt, wie auch Mendelssohns Wunsch nach einer Leipziger Lebens- und Arbeitsgemeinschaft unter Gleichgesinnten verrät: »Dankbarkeit gegen Moscheles. Seine Wünsche wären ihm bis auf alle erfüllt – Moscheles, Gade, Rietz nach Leipzig.«[21] Was Schumann zu seinem Verschreiber gebracht hat, »bis auf alle« statt »bis auf einen« zu notieren, muss dunkel bleiben; Moscheles konnte vom Herbst 1846 bis zu Mendelssohns Tod den Freund gerade einmal ein gutes Jahr mit seiner Gegenwart im Leipziger Freundeskosmos erfreuen. Niels V. Gade, dessen *1. Sinfonie* c-moll op. 5 Mendelssohn am 2. März 1843 im Gewandhaus uraufgeführt und damit Gades Ruf als Komponist in Deutschland begründet hatte, war zur Vollendung seiner Komponistenausbildung nach Leipzig gekommen und blieb dann – auch auf Mendelssohns Wunsch hin. Als Dirigent des Gewandhausorchesters bewährte er sich ebenso wie als Stütze in Mendelssohns Freundeskreis, erst recht, als er sich ab Winter 1844/45 während Mendelssohns Abwesenheiten in Berlin als dessen Stellvertreter unentbehrlich machte, mit ihm gemeinschaftlich oder alternierend die Orchesterleitung innehatte und schließlich gänzlich die Leitung des Orchesters zu Mendelssohns Entlastung übernahm. Julius Rietz, Bruder von Mendelssohns geliebtem und früh verstorbenem Jugendfreund Eduard, war in Leipzig als Theaterkapellmeister tätig, nachdem er zehn Jahre in Düsseldorf als Mendelssohns Nachfolger gewirkt hatte.

Es erscheint ironisch und gleichzeitig unfreiwillig treffend, dass Robert Schumann in dieser Bemerkung mit einem flüchtigen Verschreiber das immer wieder berufene Glückskind Mendelssohn dementiert als einen, dem kein einziger Wunsch erfüllt gewesen sein soll. Gemeint sein könnte bei dem »einen«, den Mendelssohn liebend gern bei sich in Leipzig gehabt hätte, Carl Klingemann, dem er sich von allen Freunden zeitlebens am tiefsten verbunden fühlte. Mehr als einmal schwärmte er ihm vor, wie ihr gemeinsames Leben in Leipzig aussehen könnte: »Als Orgie wird mit David auf dem Kaffeehause Billard gespielt, oder einmal spazieren geschlendert – das wäre so etwas für Euch Grossstädter!... Dich weihten wir in die Billardgeheimnisse ein, Du gingst mit spazieren und wenn wir Dir solche Herrlichkeiten versprechen können, dann wird es Dich am Ende doch wohl locken und Du wirst herkommen?«[22]

Der Wunsch musste unerfüllt bleiben; was Klingemann hätte in Leipzig erleben können, ein familiäres, ausgelassenes Zusammensein im Geiste der Musik, davon zeugt die Schilderung von Mendelssohns letztem Geburtstag am 3. Februar 1847 im Salon der Königstraße 3 (heute Goldschmidtstraße 12 und Mendelssohn-Museum). Zu Gast waren unter anderen der 15-jährige Joseph Joachim, den Mendelssohn als geigerisches Wunderkind seit seinem Eintritt ins Leipziger Konservatorium 1843 unter seine väterlichen Fittiche genommen hatte, Familie Moscheles und die Familie von Céciles Schwester Julie Schunck. Mendelssohns Patensohn, Felix Moscheles, war der Chronist dieses Festes. Er beschreibt, dass der Geburtstagskuchen mit 38 Kerzen geschmückt war. Der Jubilar saß in der Mitte und wurde zunächst durch eine Szene in Frankfurter Dialekt erheitert, die Cécile und ihre Schwester zum Besten gaben. Dann wurde das Wort ›Gewandhaus‹ als Charade aufgeführt. Für die erste Silbe »Ge« spielte Joachim, mit einer fantastischen Perücke à la Paganini verkleidet, ein geniales Impromptus auf der G-Saite. Die Szene aus dem *Sommernachtstraum* zwischen Pyramus und Thisbe lieferte die »Wand«. Für die Silbe »Haus« hatte Frau Moscheles eine kleine häusliche Szene gedichtet, und als darin Ignaz Moscheles, als Köchin verkleidet, auftrat, brach Mendelssohn auf seinem Rohrsessel in ein derart homerisches Gelächter aus, dass alle um die Balance und Tragkraft des Sessels fürchteten. Am Ende spielten die versammelten Kinder für das ganze Wort ›Gewandhaus‹ auf den verschiedensten Instrumenten wild durcheinander, angeführt von Felix Moscheles, der den Dirigierstil seines berühmten Paten so trefflich zu imitieren versuchte, dass der Sessel abermals in Gefahr geriet.[23]

Dass diese Verwirklichung von Mendelssohns Wunschszenario einer Zusammenführung von Leben und Kunst gerade einmal ein gutes halbes Jahr vor seinem Tod stattfand, zeigt, wie utopisch als Ganzes diese Vorstellung bleiben musste.

In den unzähligen, ebenso anschaulichen wie literarisch glänzenden Briefen Mendelssohns finden sich etliche Schilderungen ähnlicher Ereignisse. Sie sind eine wahre Fundgrube für alle Facetten des Mendelssohn'schen Lebens und Schaffens. Sie bieten nicht nur Zeugnisse kunstvollster literarischer Briefkultur, sondern auch Einblicke in das kulturelle Leben in der ersten Hälfte des 19. Jahrhunderts, zeigen die Entwicklung Leipzigs zum Muster einer bürgerlich geprägten Musikstadt in der Dekade von Mendelssohns Wirken dort und sie sind vor allem Beleg einer bedeutsamen Freundschaftskultur, die für Mendelssohn einen wesentlichen Teil seines Lebensbildes bildete. So waren die Briefe Mendelssohn Gesprächsersatz mit den Menschen, die ihm nahestanden und Kompensation des unmittelbaren Miteinanders, das als solches nicht möglich war, weil sich das Mendelssohn'sche Lebensmodell im Kreise befreundeter, kunstsinniger und lebenskluger Menschen im Geist der Musik nur zu einem kleinen Teil verwirklichen ließ. Das briefliche Gespräch ersetzte ihm auch auf seinen unermüdlichen musikalischen Streifzügen durch ganz Europa menschliche Wärme, vertrautes Einvernehmen, Geborgenheit und Harmonie, die er am liebsten tagtäglich erfahren hätte.

In seltener, unverblümter Offenheit sprach er Carl Klingemann gegenüber aus, wie wesentlich ihm die Verbundenheit war, so sehr, dass sie selbst das Getrenntsein geistig zu überwinden vermochte: »[e]s hat sich wohl das ganze Leben ins Ernsthafte gewendet seitdem; aber der bloße Gedanke an Dich, Du Freund, ruft mir alle Heiterkeit wieder hervor, als erlebte ich sie wieder und wäre Dir nah. – Wenn Du einmal Dich in einem trüben Augenblick allein fühlst, so bitte ich Dich, denke einmal an mich und der Gedanke einen Menschen so ganz zu eigen zu haben, ist ein froher; so oft ich seitdem ein Glück genoß oder entbehrte, warst Du bei mir. Das klingt fast sentimental und wir lieben beide so was nicht; wenn es aber nur nicht so wahr wäre.–«[24]

---

1 Robert Schumann: Tagebucheintrag von Clara Schumann nach Robert Schumanns Aufzeichnungen. In: Berthold Litzmann: *Clara Schumann. Ein Künstlerleben nach Tagebüchern und Briefen*. Bd 2: *Ehejahre*, Leipzig 1905, S. 171.
2 *Briefwechsel zwischen Goethe und Zelter in den Jahren 1796 bis 1832*, Bd. 3, hg. v. Friedrich Wilhelm Riemer, Berlin 1834, S. 211.
3 Johann Christian Lobe: *Aus dem Leben eines Musikers*, Leipzig 1859, S. 221.
4 Brief von Felix Mendelssohn Bartholdy an Ferdinand Hiller vom 17. August 1838 (*Briefe 6*, S. 189). Alle Briefe Mendelssohns werden im Folgenden zitiert nach: Mendelssohn Bartholdy, Felix: *Sämtliche Briefe*, Band 1–8, Kassel 2008–2013.
5 Brief an Henriette von Pereira-Arnstein vom 29. November 1830 (*Briefe 2*, S. 144).
6 Brief an die Familie vom 27. April 1832 (*Briefe 2*, S. 527).
7 Eine Erklärung der einzelnen Figuren und ›Dechiffrierung‹ von Requisiten etc. findet sich in: Cécile Lowenthal-Hensel: *Mit Orgelton und Bim. Hochzeit im Hause Mendelssohn*, in: *Berlinische Monatsschrift* 10/1999, S. 4–11. Eine weitere Erläuterung auch in: Cécile Lowenthal-Hensel: *Wilhelm Hensel. Maler und Porträtist 1794–1861*, Berlin 2004, S. 160–163.
8 Brief an Ernst Friedrich Albert Baur vom 6. April 1833 (*Briefe 3*, S. 155).
9 Brief an Ignaz Moscheles vom 28. Oktober 1838 (*Briefe 6*, S. 218).
10 Brief an Carl Friedrich Zelter vom 18. Dezember 1830 (*Briefe 2*, S. 172).
11 Robert Schumann: *Gesammelte Schriften über Musik und Musiker*, Band 3, Berlin 1854, S. 273.
12 Brief an Ignaz Moscheles vom 30. November 1839 (*Briefe 7*, S. 89).
13 Brief an Rebecka Lejeune Dirichlet vom 10. April 1839 (*Briefe 6*, S. 366).
14 Brief an Carl Klingemann vom 26. Oktober 1840, *Briefe 7*, S. 309.
15 Ferdinand Hiller: *Briefe und Erinnerungen*, Köln 1874, S. 153.
16 Hiller, *Briefe und Erinnerungen* (wie Anm. 15, Eintragung vom 7. Dezember 1839), S.134f.
17 Brief an Carl Klingemann vom 14. Dezember 1835 (*Briefe 4*, S. 366).
18 Brief an Carl Klingemann vom 6. Dezember 1846, in: Carl Klingemann: *Briefwechsel mit Felix Mendelssohn Bartholdy*, Essen 1909, S. 316.
19 Brief an Ferdinand David vom 30. Juli 1838 (*Briefe 6*, S. 177).
20 Brief an Ignaz Moscheles vom 11. Februar 1846, in: *Briefe von Felix Mendelssohn-Bartholdy an Ignaz und Charlotte Moscheles*, hg. v. Felix Moscheles, 2 Bde, Bd. 2, Leipzig 1888, S. 257.
21 Robert Schumann: *Erinnerungen an Felix Mendelssohn Bartholdy*, hg. v. Gerd Nauhaus u. Ingrid Bodsch, Bonn 2012, S. 36.
22 Brief an Carl Klingemann vom 12. Juni 1843, in: Klingemann, *Briefwechsel mit Mendelssohn* (wie Anm. 18), S. 282.
23 Felix Moscheles: *Fragments of an autobiography*, New York 1899, S. 103ff.
24 Brief an Carl Klingemann vom 26. Dezember 1830 (*Briefe 2*, S. 183).

Felix Mendelssohn Bartholdy als Bildkünstler

Alexander Bastek (Lübeck)

Die Frage, ob Felix Mendelssohn Bartholdy auch Bildkünstler war, ist nicht bereits durch die Feststellung beantwortet, dass er gezeichnet und später auch Aquarelle gemalt hat. Eine Reihe von Beiträgen hat sich mit den Zeichnungen und Aquarellen Mendelssohns beschäftigt. Hans-Günter Klein hat sich eingehend mit den späten Aquarellen der Reise in die Schweiz von 1847 auseinandergesetzt[1], Reinhard Göltl beschrieb Mendelssohn neben Goethe, Nietzsche, Schönberg und Grass als Doppelbegabung[2] und Claudia Sedlarz konstatierte zuletzt, Mendelssohn böte in seinen Zeichnungen nicht mehr als das, was die meisten gebildeten Laien der Zeit leisten konnten.[3] Ohne dem vehement widersprechen zu können, lohnt ein Blick auf Mendelssohns bildkünstlerische Arbeiten – seine Landschaftszeichnungen und -aquarelle – im Spannungsfeld seiner brieflichen Landschaftsschilderungen und seiner freundschaftlichen Verbindungen zu namhaften Malern seiner Zeit. Dies soll im Folgenden an einzelnen Beispielen versucht werden.

Ab 1819 erhielt Mendelssohn Zeichenunterricht bei dem Berliner Landschaftsmaler Johann Gottlob Samuel Rösel (1768 oder 1769–1843). Zum 15. Geburtstag schenkte Rösel seinem Schüler ein Album mit 17 Landschaftszeichnungen und der Widmung: »Doppeltes Leben ist's, in der Erinnerung leben.«[4] Erinnerungsstücke, vor allem Reiseskizzen, sind es daher auch, mit denen Mendelssohn als Bildkünstler in Erscheinung tritt. Es sind in der Landschaft gefertigte Bleistiftskizzen, solche, die aus der Erinnerung entstanden und Aquarelle, die ebenfalls vor dem Motiv oder rückblickend unter Zuhilfenahme der Skizzenbücher gefertigt wurden.

Zeichenunterricht war Teil der bürgerlichen Ausbildung einer wohlhabenden, gebildeten Familie – ein anderer Teil war die Bildungsreise: Mendelssohn führten solche nach Paris, in die Schweiz, nach Italien, nach England und Schottland. Mendelssohns bildkünstlerisches Schaffen verbindet also zwei bildungsbürgerliche Aspekte: das Reise- also Landschaftserlebnis und dessen bildkünstlerische Verarbeitung.

An Carl Friedrich Zelter schrieb Fanny Mendelssohn im Juli 1822 von einer gemeinsam mit ihrem Bruder unternommenen Reise durch die Landschaften im Harz und in Hessen-Kassel und vermerkte: »Felix hat brav gezeichnet, brav komponiert.«[5] Hinzuzufügen wäre: brav geschrieben – und zwar Briefe, oftmals mit anschaulichen Landschaftsbeschreibungen. Mendelssohns Reflexion über die auf Reisen erlebte Landschaft bestand also – neben der musikalischen Verarbeitung – in der Literarisierung und dem bildkünstlerischen Skizzieren der Natur. Für Mendelssohns Zeichnungen stellt sich die Frage, ob sie bloße Skizzen sind oder ein höheres Bildverständnis offenbaren. Wir werden darauf zurückkommen.

Im Sommer 1822 führte Mendelssohns Vater seine Kinder auf eine Bildungsreise für etwa sieben Wochen in die Schweiz.[6] Schon auf dieser Reise benannte Felix Mendelssohn als Dreizehnjähriger die Unmöglichkeit, das Landschaftserlebnis in Worte zu fassen – sprich den Eindruck der Landschaft zu literarisieren. Am 22. August 1822 schrieb er an Zelter: »Da sind wir denn in Interlaken, so recht in der Mitte der Schweiz, deren Schönheit mit Worten gar nicht auszudrücken ist, wie es denn alle möglichen Reisebeschreiber auch schon gesagt haben.«[7] Mendelssohn greift hier einen Topos auf, der jedem Künstler – Maler, Schriftsteller oder Musiker – die Grenzen aber auch die Möglichkeiten der künstlerischen Verarbeitung von Naturerlebnissen aufzeigt. Den Beschreibungen und wohl auch den Zeichnungen kommt damit auch in Mendelssohns Selbstverständnis zunächst lediglich die Bedeutung von Erinnerungsstücken zu. Der Unterschied zwischen Natur und ihrer konventionierten Darstellung war dem jungen Mendelssohn bereits vertraut, wie aus einem Brief an Johann Ludwig Casper vom 27. August 1822 hervorgeht, in dem er den Bodensee beschreibt: »Die helle Farbe dieses Sees ist bewundernswerth; Farben-Mischungen, die kein Maler wagen würde sieht man in der Natur neben einander, und freut sich darüber […]«.[8] Und am Schluss fügt er hinzu: »Schon 35 Zeichnungen habe ich beisammen, und denke noch mehr zu bekommen.«

Abb. 1: Felix Mendelssohn, Grindelwaldgletscher, *Zeichnung August 1822 (Mendelssohn-Archiv der Staatsbibliothek zu Berlin – Preußischer Kulturbesitz).*

Farben, die ein Maler nie wagen würde zu kombinieren, sind in der im August 1822 entstandenen Zeichnung des Grindelwaldgletschers ausgeklammert. Mendelssohn notierte auch keine Farbangaben, wie dies bei anderen Landschaftszeichnern der Zeit durchaus üblich war. Er hielt summarisch und skizzenhaft die Berglandschaft fest, nutzte horizontale Schraffuren für die Darstellung der Felsen, wellenartige Linien für die Wiesen und nur entfernt an die gängige Baumschlagmanier erinnernde Häkchen für Bäume und Büsche. Deutlich wird das Gespür für die plastische Darstellung durch Hell-Dunkel-Kontraste. Zwei Skizzenbücher füllte Mendelssohn während der Schweizreise. Auf den leer gebliebene Seiten skizzierte er 1823 und 1824 Ansichten von Reisen nach Schlesien und an die Ostsee.[9] Man würde die Zeichnung der Stubbenkammer (vgl. Abb. 2) ebenfalls zu den einfachen Landschaftsskizzen zählen, wenn dieses 1824 gezeichnete Blatt durch das Motiv nicht auf ein Epochenbild der Romantik verweisen würde: Caspar David Friedrichs um 1818 entstandenes Gemälde »Kreidefelsen auf Rügen«. Friedrich hatte die Ansicht der Stubbenkammer durch Steigerung der Felsspitzen, durch das Bildpersonal, durch Bildgründe, Durchsicht und Perspektive zum allegorischen Landschaftsbild erhoben. Mendelssohn gibt in seiner Naturskizze einen Eindruck der tatsächlichen Ansicht der Stubbenkammer: weniger steil aufragende Felsen, weniger Rahmung des Blicks durch die Bäume. Der Blick in die Tiefe reicht allerdings aus

– und Mendelssohn steigert diesen durch Weglassen des Vordergrundes – um die von Friedrich thematisierte Gefährdung des Menschen auch in der einfachen Skizze zu verspüren. So wird auch in Mendelssohns Zeichnung aus einer einfachen Studie ein »Sinnbild«, wenn die Wahl des Motivs bereits eine höhere Sinnebene mit sich führt.

Ein drittes Beispiel für Mendelssohns frühe Landschaftsskizzen ist die Zeichnung der Zisterzienserkirche in Bad Doberan (vgl. Abb. 3).

Hier offenbart Mendelssohn ein über das bloße laienhafte Skizzieren hinausgehendes Bildverständnis: Der inzwischen 15-Jährige baute seine Zeichnung mit Bildgründen auf, schafft einen Vordergrund mit innerbildlicher Rahmung durch den Baum rechts, inszenierte so die Kirche als Hauptmotiv und fügte mit Staffagefiguren den Menschen als Referenzgröße ein. »Gezeichnet hab' ich bis dato nur 2 Blättchen von der Kirche zu Doberan;«[10] schrieb er am 6. Juli 1824 den Geschwistern. Am 9. Juli 1824 berichtete er Carl Friedrich

Abb. 2: Felix Mendelssohn, Stubbenkammer, *Zeichnung 1824 (The University of Oxford, Bodleian Library).*

Abb. 3: Felix Mendelssohn, Bad Doberan, *Zeichnung 1824 (The University of Oxford, Bodleian Library).*

Zelter: »Die Kirche ist ein ganz außerordentlich schönes Gebäude aus dem 12ten Jahrhundert. Sie ist von lauter Backsteinen gebaut, und liegt mitten in einem ziemlich großen Park, zwischen Bäumen. Sie ist einfach und grandios.«[11] Bild und Text bewegen sich bei solchen Reiseskizzen und -briefen auf derselben beschreibenden und doch wertenden Ebene.

1829 reiste Mendelssohn nach England und Schottland und führte wiederum Skizzenbücher bei sich. Am 28. Juli schrieb er an die Familie: »Es sieht alles so ernsthaft und kräftig hier aus, und liegt alles halb im Duft, oder Rauch, oder Nebel.«[12]

Abb. 4: Felix Mendelssohn, Ein Blick auf die Hebriden, *Zeichnung, 1829 (The University of Oxford, Bodleian Library).*

Gezeichnet hat er dies in einem Landschaftspanorama »Ein Blick auf die Hebriden«, einem Blick in die Weite auf die vor der Küste liegenden Inseln.

Er wählte einen erhöhten Standpunkt, positionierte sich nah am Abgrund und schuf so ein Bild eines klassischen erhabenen Landschaftserlebnisses. Die Gefährdung des Betrachters durch den Standpunkt nah am Abgrund ist durch das Medium der Bildkunst relativiert: Der Landschaftsbetrachter ist sicherer Bildbetrachter. Der Baum am rechten Bildrand dient gestalterisch als Rahmung des innerbildlichen Landschaftsblicks und zugleich zur »Sicherung« des Betrachterstandpunktes. Durch die rechts im Mittelgrund nochmals erhöht gesehene Burgruine und Festung thematisierte Mendelssohn ein historisches Moment – Landschaft als historische Kulturlandschaft – und entwickelte seine Skizze damit ganz bildmäßig. Einige solcher Skizzen führte er später als Aquarell aus. Eine Ansicht der Kathedrale von Durham (vgl. Abb. 5) schenkte er seiner Schwester Fanny.[13] Über seine Eindrücke vor Ort schrieb er dazu: »Durham könnte Mollham heißen so weich und romantisch ists – hohe Cathedrale, tiefer Fluß, weite Gegend, enge Haine ringsum.«[14]

Und tatsächlich nahm Mendelssohn in seinem Aquarell eine Romantisierung vor: Er scheidet Vorder-, Mittel- und Hintergrund, nutzt den Vordergrund für einen »romantischen Durchblick«, eine Art Fensterblick, er nutzt also Felsen und Bäume als innere Rahmung für seinen Blick auf die Kathedrale: Diese ist sogar in den Hintergrund gerückt, um sie als Erscheinung in der Ferne, jenseits eines unüberwindlich tiefen Grabens zu überhöhen: Bild und Text liefern dasselbe Landschaftserlebnis: »hohe Cathedrale, tiefer Fluß, weite Gegend, enge Haine ringsum«.

In den folgenden Jahren 1830/31 brach Mendelssohn dann zu seiner »Grand Tour« durch Italien, die Schweiz, nach Paris und London auf. Mitte Mai ging es von Berlin über Dresden und Leipzig nach Weimar, dann München und Wien, Graz und Venedig, schließlich Florenz. Am 23. Oktober 1830 schrieb er den Schwestern: »Der Fuhrmann zeigte auf eine Stelle zwischen den Hügeln, wo blauer Nebel lag und sagte: Ecco Firenze, und ich kuckte geschwind hin und sah den runden Dom im Duft vor mir, und das breite weite Thal in dem die Stadt sich lagert.«[15] Auch hier scheinen der schriftlich übermittelte erste Eindruck der toskanischen Stadt und dessen spätere Übertragung in ein Aquarell (vgl. Abb. 6) derselben Konvention zu folgen.

Der romantische Italienreisende bewegte sich bereits in einer Kultur der Reisebeschreibung und ihrer bildlichen Überlieferung, durch welche das eigene Erleben vorgeprägt war: Das Hauptmotiv – hier der Dom – wird inszeniert. Vorder-, Mittel- und Hintergrund sorgen für das Einbinden von Stadt und Dom in die Landschaft: *Ecco Firenze.* Der Vordergrund liefert zugleich die Rahmung – hier durch das Rankenmotiv noch gesteigert.

In Florenz traf Mendelssohn mit Wilhelm von Schadow zusammen, von dem er berichtet: »Er geht in 8 Tagen nach Rom, wo er den Winter zubringen wird, und erwartet täglich und stündlich hier Ed. Bendemann, Sohn und Hildebrandt, die mit ihm dahinreisen.«[16] Schadow, inzwischen Akademiedirektor in Düsseldorf, hatte bereits zwischen 1810 und 1819 im Kreise der Nazarener in Rom gewirkt und war unter an-

Abb. 6: Felix Mendelssohn, Blick auf Florenz, *Aquarell, Oktober 1830 (Mendelssohn-Archiv der Staatsbibliothek zu Berlin – Preußischer Kulturbesitz).*

derem an der Ausmalung der sogenannten »Casa Bartholdy« beteiligt. Mendelssohn erreichte am 1. November 1830 Rom, wo er neben den genannten Malern der Düsseldorfer Schule auch auf die in Rom verbliebenen Nazarener – Friedrich Overbeck, Peter Cornelius und Johannes Veit, Mendelssohns Vetter – den dänischen Bildhauer Berthel Thorwaldsen und den französischen Maler Horace Vernet, um nur einige zu nennen, traf. Seiner Familie in Berlin schrieb er über seine Unterkunft: »Denkt Euch ein kleines, zweifenstriges Haus am spanischen Platz no. 5 das den ganzen Tag die warme Sonne hat, und die Zimmer im ersten Stock […] wenn ich des Morgens aus dem Fenster über den Platz sehe, und sich alles so scharf im Sonnenschein vom blauen Himmel abhebt.«[17] Der brieflichen Beschreibung folgt auch hier wieder die bildliche Skizze (vgl. Abb. 7).

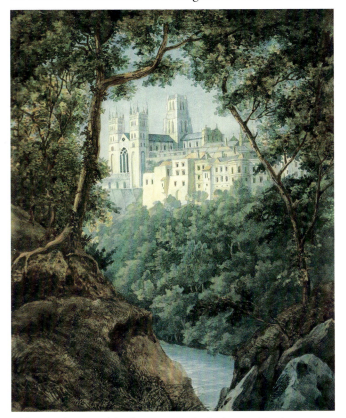

Abb. 5: Felix Mendelssohn, Die Kathedrale von Durham, *Aquarell, 1829 (Mendelssohn-Archiv der Staatsbibliothek zu Berlin – Preußischer Kulturbesitz).*

Der Kreis der Bildkünstler, mit denen Mendelssohn in Rom verkehrte, ist – vorsichtig ausgedrückt – facettenreich: verschiedene Nationen, verschiedene Generationen, unterschiedliche Bildkünste (Malerei und Bildhauerei) – hinzu kommt das immense Kunsterbe der Stadt selbst. Der Kontakt mit der ersten Generation der Nazarener einerseits und Schadows Schülern andererseits unterscheidet sich deutlich. Den Geschwistern schrieb Mendelssohn: »Mit Bendemanns u. Hübners u. den jungen Malern lebe ich lustig u. froh, es ist eine muntere Nation, (Herr Gott, eben kommen sie alle angerückt, Schadows an der Spitze u. fordern mich auf, zu Comuccini mit ihnen zu gehen, und in ½ Stunde geht die Post.).«[18] Zwei Wochen zuvor berichtete er bereits: »die

Abb. 7: Felix Mendelssohn, Spanische Treppe, *Zeichnung, 1831 (Mendelssohn-Archiv der Staatsbibliothek zu Berlin – Preußischer Kulturbesitz).*

Monate später verdeutlichte Mendelssohn hingegen sein Unverständnis für die vor allem von den Konvertiten unter den Nazarenern praktizierte Frömmigkeit: »Mit Veit und seiner Frau ist nichts anzufangen, sie sind zu langweilig; wenn sie noch dreimal so katholisch wären und nur ein bischen kurzweiliger, so sollte mir es recht sein, aber nun sprechen sie immer ganz leise und sanft und wiegen jedes Wort erst lange auf der Zunge ehe es herauskommt; die Frau, so ruppig und hängend angezogen, wie keine Magd bei uns, oder in einem langen Schafpelz, gebückt gehend, langsam schwach sprechend, wie ein steinaltes Mütterchen; die Suppe mit drei Kreuzen erst einsegnend, sich während der Abwesenheit ihres Mannes in ein Nonnenkloster einschließend, ›um noch zu lernen‹ im Zimmer auf einem Tisch ein kleiner Altar gebaut, mit Blumen und Bilderchen verziert, ein Betschemel davor, und nun die Furcht zu lachen, laut zu sprechen, unbefangen zu sein – mich ennüjiert es entsetzlich.«[20]

Abende war ich meist mit Bendemanns u. Hübners, wo die Deutschen Künstler sich versammeln, auch zu Schadows gehe ich zuweilen. […] Joh. Veit [Johann Veit, Enkel von Moses Mendelssohn, also Felix Vetter] hat mich sehr freundlich empfangen, ich habe bei ihm gegessen u. finde ihn gar nicht so finster, wie ich dachte; eher noch seine Frau.«[19] Zwei

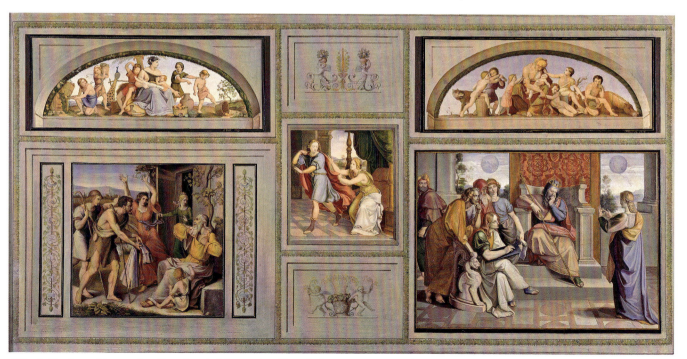

Abb. 8: Freskenzyklus in der Casa Bartholdy, 1816/17 (Staatliche Museen zu Berlin, Nationalgalerie).

Die Religion spielte für die Bildkünstler, mit denen Mendelssohn in Rom zusammentrifft, eine wichtige Rolle – wenn auch mit durchaus unterschiedlicher Gewichtung oder Wichtigkeit. Am Beispiel der Bilder der Casa Bartholdy, die Mendelssohn gemeinsam mit Schadow besuchte, lässt sich dies verdeutlichen.

Am 1. Februar 1831 schrieb er der Familie in Berlin: »Vorgestern habe ich zum Erstenmale die Fresken in Bartholdys Hause gesehen, da mir die Engländerinnen die dort wohnen und die aus dem gemalten Saal ihre Schlafstube mit Himmelbett machen, den Eintritt erst nicht erlauben wollten, so daß ich sie deshalb so lange bei all meinen Bekannten blamieren mußte, bis es ihnen zu Ohren kam, und sie mir ein höfliches Einladebillet mit apologies schickten, so kam ich dann zum erstenmal ins Haus des Onkels, und sah die Bilder, und seine Aussicht auf die Stadt, es war eine großartige und königliche Idee, die mit den Freskobildern und dies Ausführen eines schönen Gedankens, trotz aller möglichen Hindernisse und Verdrießlichkeiten, blos des Gedankens wegen, ist mir immer das Liebste gewesen.«[21] Der preußische Generalkonsul Jakob Ludwig Salomon Bartholdy, Felix' Onkel, hatte 1816 die Lukasbrüder Peter Cornelius, Friedrich Overbeck, Wilhelm Schadow und Philipp Veit beauftragt, ein Zimmer seiner Wohnung im Palazzo Zuccari – der dann sogenannten Casa Bartholdy – mit Wandbildern auszumalen. Für die Lukasbrüder war es der Auftakt ihrer Wiederbelebung der monumentalen Wandmalerei – für Preußen ein wichtiges Stück patriotischer Kunstausübung, weshalb die Fresken 1887 nach Berlin transportiert wurden, wo sie sich bis heute in der Alten Nationalgalerie befinden. Bereits 1816/17 entstand eine kleinformatige Wiederholung als Tafelbild. Cornelius malte *Joseph legt die Träume des Pharaos aus,* Schadow *Die Überbringung des blutigen Rocks,* Veit *Joseph und Potiphars Weib* und *Die sieben fetten Jahre,* Overbeck *Die sieben mageren Jahre.* Das elaborierte Bildprogramm dieser nazarenischen Figurenmalerei – Szenen aus der Josephslegende – verdeutlicht, was die Bildkunst jenseits der Landschaftsmalerei des frühen 19. Jahrhunderts zu leisten im Stande war. Die Entwicklungslinie dieses allegorischen, emotionalen Bildkonzeptes reicht zurück zu Overbecks wohl 1812 gezeichnetem Karton *Sulamith und Maria*[22] und sie wird unter anderem fortgeführt in den Bildprogrammen der Düsseldorfer Schüler Schadows – vor allem von Eduard Bendemann, mit dem sich Mendelssohn in Rom befreundete. Während der Musiker Men-

Abb. 9: Eduard Bendemann, Trauernde Juden an den Wassern Babylons, *1832 (Wallraf-Richartz-Museum, Köln).*

delssohn die Ausführung des schönen Gedankens trotz aller Hindernisse lobte, entwickelte Eduard Bendemann beim Anblick der Fresken seine Bildidee der *Trauernden Juden an den Wassern Babylons,* das er schließlich 1832 in Düsseldorf vollendet (vgl. Abb. 9).

Bendemann griff die Bogenform der Lünettenfelder, Overbecks *Sieben magere Jahre* und Veits *Sieben fetten Jahre,* ebenso auf wie das Bildkonzept einer zentralen, vor einem Baum sitzenden Figur, die als Ausgangspunkt für die Bilderzählung bzw. das Bildverständnis dient: Die Figur des in Ketten gelegten jüdischen Harfners in Babylonischer Gefangenschaft ist nach links gerichtet und blickt auf die Mutter mit Kind. Sie erscheint als Marienfigur mit Christuskind. Das symbolreiche Bildkonzept – das den Baum umrankende Weinlaub und die Beschriftung der Rahmenzwickel wären hier etwa zu nennen – lässt sich kurz zu folgender Bildaussage zusammenfassen: Der Ausweg aus der hier symbolisch zu verstehenden jüdischen Gefangenschaft ist die Konversion zum christlichen Glauben – von Mendelssohns Eltern vollzogen –, von Heinrich Heine als »Entreebillet zur europäischen Kultur« bezeichnet.[23] Im Januar 1832 schrieb Mendelssohn aus Paris an Eduard Bendemann: »schreib mir also gleich, aber diesmal nicht ganz kurz, sondern sage mir nun auch, wie Ihr alle lebt, was Ihr malt, beschreibe mir Sohns Diana und Deinen Graubart oder Weißbart mit seiner Harfe.«[24] Inwieweit Mendelssohn Bendemanns Bildkonzept, das grundlegende historische, religiöse und politische Fragen der Zeit umfasst, verstand oder würdigte, geht aus diesem Brief nicht hervor.

Abb. 10: Johann Martin Rohden, Blick auf den Nemisee, *Gemälde (Museum Behnhaus Drägerhaus, Lübeck, Leihgabe aus Privatbesitz).*

Mit Schadow besuchte Mendelssohn die Casa Bartholdy, gemeinsam mit den jungen Malern erwanderte er zeichnend die Gegend südlich von Rom. In den Albaner Bergen richtete er einen ganz eigenen Blick auf die Bildwirkung des Landes: »alle die Gegenden sind, wie mein erster Eindruck in Italien; keineswegs schlagend oder so auffallend schön, wie man sie sich denkt, auch weiter nicht sehr out of the way, aber so wohlthuend, u. befriedigend, alle Linien so sanft malerisch, u. ein so vollkommenes Ganzes mit Staffage u. Beleuchtung u. allem. Hier muß ich meinen Mönchen eine Lobrede halten; die machen immer gleich ein Bild fertig, u. geben dem Ganzen Stimmung u. Farbe mit ihren mannigfaltigen Kleidern u. dem andächtigen stillen Gang u. der dunklen Miene.«25

Wenn man diese Beschreibung mit Johann Martin Rohdens Gemälde *Blick auf den Nemisee* illustriert (vgl. Abb. 10), fragt man sich, ob Mendelssohn in seinem Brief eine Landschaft oder schon ein Landschaftsgemälde beschrieb. Er sprach von Staffage und Beleuchtung und einem Bild mit Stimmung und Farbe. Dass er diese Formulierungen für eine Landschaftsbeschreibung wählte, zeugt von seinem Gespür für das Pittoreske einer Landschaft und ebenso für seine Kenntnis der Gestaltungskonventionen der Malerei.

Im April und Mai reisten Wilhelm Schadow, Eduard Bendemann, Carl Ferdinand Sohn, Theodor Hildebrandt und Felix Mendelssohn Bartholdy nach Neapel. Sie waren vom 10. bis zum 15. Mai 1831 in Sorrent, Amalfi, Salerno und Paestum und besuchten anschließend ohne Schadow Capri und Ischia.26 In der Landschaftszeichnung erreichte Mendelssohn in diesem Umkreis bemerkenswerte Ergebnisse. Theodor Hildebrandt notierte in sein Tagebuch: »Felix zeichnet meisterhaft, besonders Altrani ist schön.«27 Auf einer Doppelseite hielt Mendelssohn in seinem Skizzenbuch den sich in Buchten schlängelnden Küstenverlauf, die hoch aufragenden Berge und die in die Landschaft gebaute Stadt fest (vgl.

Abb. 11: Felix Mendelssohn, Ansicht von Altrani, *Zeichnung, 1831 (Mendelssohn-Archiv der Staatsbibliothek zu Berlin – Preußischer Kulturbesitz).*

Abb. 12: Felix Mendelssohn, Blick auf Interlaken, Zeichnung im Brief an die Schwestern, August 1831.

Abb. 11). Mit spitzem Bleistift war er ganz darauf konzentriert die Bogenlinien des Ufers, die schroffen Formen der Berge und dazwischen die gleichmäßig eckigen der Architektur zu scheiden und doch alles als harmonisches Ganzes zu präsentieren. So erschließt sich Mendelssohn die fremde Natur und Kulturlandschaft mit Detailstudien und dem Blick für das Ganze einer Landschaft.28

Im Anschluss an die Italienreise wanderte Felix Mendelssohn vom 27. Juli bis zum 4. September 1831 zu Fuß durch die Schweiz. Er zeichnete weiter in sein Skizzenbuch und schrieb der Familie lange Briefe mit Landschaftsschilderungen. Hin und wieder kombinierte er in diesen Briefen Text und Bild. Er ist wieder ganz Reisechronist und zeichnete, was er sah und auch, was er nicht sah. Den Schwestern schrieb er im August 1831: »Hu, die Berge sind mir total mißraten, aber ich mußte sie halb errathen, weil sie fast von Wolken bedeckt sind; Ihr müßt Euch erinnern, daß a der große Eiger ist, b der kleine Abendberg, c die Jungfrau, d die Silberhörner, e der große Abendberg u. f der Anfang des Schwalmern.«29 Dazu zeichnete er einen Blick auf Interlaken (vgl. Abb. 12). Solche Skizzen funktionieren also als Gedankenstütze – man muss sich erinnern, etwas hinzudenken, um das Landschaftserlebnis wieder wachzurufen.

In seinen Aquarellen nutzte Mendelssohn hingegen die künstlerischen Bildmittel, um Landschaft bildmäßig zu vergegenwärtigen, wie in einer Ansicht von Engelberg vom August 1831 (vgl. Abb. 13): Die Bildgründe, die Staffelung der Hügel und Häuser und Berge vermitteln den Eindruck der Weite und Größe der Landschaft und das Figurenpaar im Vordergrund gibt den Blick in die Landschaft und das Reflektieren über die Natur vor. Nicht zufällig ist es ein ganz bildmäßiger Mönch, den Mendelssohn hier als pittoreske Staffage einfügte.

In der Schweiz trat die Natur Mendelssohn »so klar in all ihrer Macht vor die Augen« wie sonst nirgends, wie er den Eltern schrieb.30 Das Skizzenbuch wurde ihm zu klein, um die Größe der Natur festzuhalten. Und dennoch gelangen ihm auch auf den weiteren Reisen immer wieder einfache Zeichnungen, die einen Eindruck der faszinierenden Bergwelt vermitteln.

Auf seiner letzten Reise in die Schweiz 1847 schuf Mendelssohn dann eine bemerkenswerte Serie von 13 Aquarellen (Abb. 97 und 98 des Katalogteils).31 Die Reise plante er wohl Anfang des Jahres, trat sie nach dem Tod der Schwester Fanny im Mai jedoch zunächst nicht an. Vom Kuraufenthalt in Baden-Baden brach er dann um den 20. Juni herum nach Schaffhausen auf. Mendelssohn aquarellierte wohl direkt vor der Natur über eine Bleistiftvorzeichnung. Sicherlich vollendete er einige Blätter später im Hotel.

Abb. 13: Felix Mendelssohn, Ansicht vom Engelberg, Aquarell, August 1831 (Mendelssohn-Archiv der Staatsbibliothek zu Berlin – Preußischer Kulturbesitz).

Hans-Günter Klein hat über die Aquarellserie ausführlich geschrieben, hat die letzte Schweizreise Mendelssohn nachvollzogen und die dargestellten Orte besucht und verglichen. Dabei stellte er unter anderem fest, dass Mendelssohn die Berge in viel höheren Formen erfasst habe, sie stärker voneinander isoliert habe und sie dramatischer wirken lasse. Mendelssohn hat in einem Brief an seine Eltern schon 1831 darauf geantwortet: »Sie hatten mir einreden wollen, die Formen der Berge hätten sich in meiner Einbildungskraft vergrößert, aber gestern ging ich bei Sonnenuntergang hier vor dem Hause auf und ab, suchte jedesmal, wenn ich den Bergen den Rücken kehrte, die Massen mir recht lebhaft zu denken, und jedesmal wenn ich mich wieder umdrehte waren sie weit über meine Vorstellung. Da sind alle Worte und Bilder und Gedanken zu klein, nur wenn man es mit dem Auge sieht, kann man sichs vorstellen. […]«.[32]

Als Künstler – auch als Bildkünstler – sah Mendelssohn die Landschaft wohl immer schon in Bildern und im Bewusstsein, der eigentlichen Unmöglichkeit ihrer Abbildung. Landschaftsbilder sind auch als Skizzen in der Natur Kompositionen und Interpretationen. So bergen Mendelssohns Bilder als Erinnerungsstücke mehr Erinnerungen als in ihnen sichtbar ist. In Verbindung mit seinen Briefen wird dies deutlich: »Doppeltes Leben ist's, in der Erinnerung leben.«

---

1   *Felix Mendelssohn Bartholdys Reise in die Schweiz 1847 in seinen Aquarellen und in Bildern von heute*, hg. im Auftrag des Mendelssohn-Hauses in Leipzig von Hans-Günter Klein, Leipzig 2009; Felix Mendelssohn Bartholdy: *Ansichten aus der Schweiz 1847*, Faksimile-Ausgabe der 13 Aquarelle aus dem Besitz der Staatsbibliothek zu Berlin – Preußischer Kulturbesitz, hg. vom Mendelssohn-Haus e. V. mit einer Einleitung von Hans-Günter Klein, Leipzig 2005.
2   Reinhard Göltl: *Künstlerische Doppelbegabungen. Dichtung, Musik, Malerei, Philosophie. Goethe, Mendelssohn, Nietzsche, Schönberg, Grass*, Hamburg 2002.
3   Claudia Sedlarz: »Italienische Impressionen«. Mendelssohns Italienreise in der Tradition preußischer Italienwahrnehmung, in: *Mendelssohns Welten, Zürcher Festspiel-Symposium 2009*, hg. von Laurenz Lütteken (= Zürcher Festspiel-Symposien 2), Kassel [u. a] 2010, S. 48–67.
4   Zit. nach: Göltl, *Künstlerische Doppelbegabungen* (wie Anm. 2), S. 91.
5   *Briefe 1*, S. 89.
6   Klein, *Mendelssohn Bartholdys Reise in die Schweiz 1847* (wie Anm. 1), S. 7.
7   *Briefe 1*, S. 92.
8   *Briefe 1*, S. 95.
9   Klein, *Mendelssohn Bartholdys Reise in die Schweiz 1847* (wie Anm. 1), S. 9.
10 *Briefe 1*, S. 122.
11 *Briefe 1*, S. 125.
12 *Briefe 1*, S. 346.
13 Klein, *Mendelssohn Bartholdys Reise in die Schweiz 1847* (wie Anm. 1), S. 10.
14 Brief vom 28. Juli 1829, *Briefe 1*, S. 348f.
15 *Briefe 2*, S. 113.
16 *Briefe 2*, S. 118.
17 *Briefe 2*, S. 126.
18 Brief vom 22. November 1830, *Briefe 2*, S. 174.
19 Brief vom 8. November 1830, *Briefe 2*, S. 127.
20 Brief vom 1. Februar 1831, *Briefe 2*, S. 201.
21 *Briefe 2*, S. 200.
22 Friedrich Overbeck: *Sulamith und Maria*, wohl 1812, schwarze Kreide und Kohle auf Karton, Museum Behnhaus Drägerhaus Lübeck.
23 Siehe hierzu: »An den Wassern Babylons saßen wir«. *Figurationen der Sehnsucht in der Malerei der Romantik. Ferdinand Olivier und Eduard Bendemann*, Katalog zur Ausstellung im Museum Behnhaus Drägerhaus Lübeck, 11. Oktober 2009 bis 10. Januar 2010, hg. von Alexander Bastek und Michael Thimann, Petersberg 2009.
24 Brief vom 12. Januar 1832, *Briefe 2*, S. 459f.
25 *Briefe 2*, S. 141.
26 Saskia Steil: Eduard Julius Friedrich Bendemann. Biographie, in: *Vor den Gemälden. Eduard Bendemann zeichnet. Bestandskatalog der Zeichnungen und Skizzenbücher eines Hauptvertreters der Düsseldorfer Malerschule in der Göttinger Universitätssammlung*, hg. von Christian Scholl und Anne-Katrin Sors, Göttingen 2012, S. 9–16, hier S. 10.
27 Zitiert nach Sedlarz, »Italienische Impressionen« (wie Anm. 3), S. 56.
28 In anderen Zeichnungen fertigt er Detailstudien exotischer Pflanzen an (Kakteen in einer Zeichnung des Hauses des Don Tommaso auf Ischia vom 21. Mai 1831) oder er malt später weite Ausblicke entlang der sich schlängelnden Küstenlinie (Amalfi, Aquarell vom November 1836).
29 *Briefe 3*, S. 351.
30 31. Juli 1831 an die Eltern, à l'Union, Prieuré de Charmounix, *Briefe 2*, S. 334.
31 Bestens ediert und kommentiert in: Mendelssohn, *Ansichten aus der Schweiz 1847* (wie Anm. 1).
32 31. Juli 1831 an die Eltern, à l'Union, Prieuré de Charmounix, *Briefe 2*, S. 334.

Die Loreley: Felix Mendelssohn Bartholdy und Emanuel Geibel auf der Suche nach dem »ächt deutsch opernhaften guten« Stoff

Inga Mai Groote (Fribourg)

Ein Leser der *Lübecker Nachrichten* im Jahr 1852 konnte am 2. Dezember dort die folgende Ankündigung vorfinden, die auf ein außergewöhnliches Konzertereignis hinwies: »Das Programm des zweiten Abonnementsconcerts am Sonnabend 4. December verspricht mancherlei Interessantes und Schönes. Nicht nur einige ältere gediegene Werke, wie die Ouvertüre zur Iphigenie von Gluck und die C moll-Sinfonie von Beethoven, sollen in dem für Concertaufführungen so ausgezeichneten Locale, wie unsere Börse ist, hören[!], sondern auch drei ganz neue Werke sollen uns vorgeführt werden […] das Finale der unvollendeten Oper ›Loreley‹ von Mendelssohn-Bartholdy. Wie man bei Lebzeiten Mendelssohn's gespannt war, ihn auch in dieser Gattung der Musik kennen zu lernen, so ist es gewiß von Interesse, wenigstens dieses Bruchstück, welches vielleicht einen der Hauptmomente der Oper darstellt, zu hören, und dürfte wohl Manchen anlocken, das Concert zu besuchen. Wie der vor uns liegende Text lehrt, ist der Inhalt des Finales folgender: Leonore, Pflegekind eines Schiffers zu Bacharach am Rhein, ist auserkoren, an der Spitze ihrer Gespielinnen bei der Vermählung des Pfalzgrafen vom Rhein das fürstliche Paar zu beglückwünschen. Sie erkennt im Pfalzgrafen ihren eigenen Geliebten, der ihr früher nur als Jäger verkleidet genaht war. Verzweifelnd und um Rache schreiend irrt sie in der Nacht am Ufer des Rheins umher, wo sie von Luft- und Wassergeistern belauscht wird, welche ihr um den Preis, sich ihnen immer zu weihen, Rache geloben. Dieser letzte Moment ist im Finale dargestellt.«[1]

Mendelssohns Komposition der *Loreley*, die er bei seinem Tod 1847 unvollendet hinterließ, ist unter mehreren Gesichtspunkten von Interesse: Zunächst handelt es sich um eines seiner wenigen Bühnenwerke, steht also für einen wenig präsenten und immer wieder auch kritisierten Bereich seines Schaffens (»ihn in dieser Gattung kennenzulernen, ist gewiss von Interesse«, wie es schon in der Ankündigung heißt). Das Werk hat zudem eine besonders enge Beziehung zu Lübeck, da das Textbuch von einem Lübecker, dem Dichter Emanuel Geibel (1815–1884), stammt. Das Sujet schließlich, die Loreley-Sage, gehört zumindest in der populären Imagination und anderen musikalischen Bearbeitungen sicherlich zu einem ideellen ›Kernrepertoire‹ des deutschen Musiklebens.[2] Das Werk kann uns also Hinweise auf Mendelssohns Umgang mit einem seinerzeit für die deutsche Musikkultur wichtigen Stoff geben.

Dies sollen daher auch die drei Aspekte sein, die die folgenden Überlegungen leiten. Allerdings kommt als erschwerendes Moment hinzu, dass Mendelssohns *Loreley* Fragment blieb[3] und auch deshalb nur ein Schattendasein in der Musikgeschichte führen konnte. Dennoch ist gerade Lübeck einer der Orte, an denen sich für diese Fragmente im 19. Jahrhundert eine gewisse Aufführungstradition etablieren konnte: Nach dem erwähnten Konzert von 1852, das direkt auf die Publikation und erste Aufführung der drei zugänglichen Nummern im Rahmen eines Benefizkonzerts für den Dombau in Köln folgte[4], fanden in Musikvereins-Konzerten in den Jahren 1858, 1863, 1878, 1881 und 1889 erneute Aufführungen zumindest des 1.-Akt-Finales statt; von den Aufführungen des Musik-Vereins existiert darüber hinaus noch Notenmaterial.[5] Die Beschränkung erklärt sich praktisch daraus, dass zunächst nur das Finale zum 1. Akt veröffentlicht worden war, *Winzerchor* und »Ave Maria« folgten erst 1868.

Mendelssohn hatte seit früher Jugend, seit dem Alter von elf Jahren, immer wieder Opernprojekte und andere Bühnenwerke in Angriff genommen und einige davon auch abgeschlossen.[6] Unter ihnen ist besonders die *Hochzeit des Camacho* wichtig, die 1827 fertiggestellt wurde und auch zur öffentlichen Aufführung kam – als einzige seiner Opern: die anderen wurden gar nicht oder nur im privaten Rahmen aufgeführt, und in den folgenden zwei Jahrzehnten prägte vor allem eine langwierige und immer wieder neue Stoffe in Erwägung ziehende Suche nach einem geignetn Libretto Mendelssohns musikdramatisches Interesse. Der Loreleystoff taucht bereits 1829 in der Familie Mendelssohn als Projekt für ein Liederspiel auf, wie Fanny Hensel in einem Brief an Felix vom 21. August 1829 erwähnt, mit Johann Gustav Droysen als Textautor: »Joh. Gust. Droysen sagte mir mal vor einiger Zeit, er fände es gar nicht übel, wenn die Lieder, die man so machte, einen gewissen innerlichen Zusammenhang hätten, so einen Faden, u. ob ich wol erlaubte, daß er so 'nen Faden suchte, u. da Lieder dran aufzöge. Ich erlaubte. Da kam er wieder nach einiger Zeit u. frug, ob mir nicht die Sage von der Loreley gefiele? Ich genehmigte, da brachte er mir seinen Plan. Aber das Ding war zu undramatisch für ein Stück, zu dramatisiert für eine Sage, kurz, nicht Fisch u. Fleisch.«[7]

1844 bekam Mendelssohn zumindest ein Loreley-Libretto von Hofrat Jean Baptiste Rousseau aus Berlin zugeschickt, und er soll mit Eduard Devrient ebenfalls 1844 über den Stoff diskutiert haben – allerdings, so interessanterweise laut Devrients Aussagen, ohne »die Brentano'schen Romanzen« zu kennen[8], also einen literarischen Strang, auf den noch einmal zurückkommen ist. Ab 1845 begann die konkrete Arbeit an der *Loreley*, zunächst in engem Austausch mit Geibel am Textbuch, und, nachdem der Dichter im Frühjahr/Sommer endgültigere Textfassungen geschickt hatte, an der Vertonung.[9] Die erhaltenen komponierten Nummern Mendelssohns für den ersten Akt – es gibt neben den drei postum veröffentlichten noch skizzierte Musik für weitere Ausschnitte – dürften damit aus dem Sommer 1847 stimmen.

Interessant ist indessen, welche Fassung der Loreley-Sage in diesem Stück erzählt wird. Allgemein bekannt ist die Geschichte in ihren groben Umrissen: Die Loreley ist eine Stelle am Rhein bei Stromkilometer 554, an der sich ein Schiffbrüche verursachender Felsen befindet und ein Echo zu hören war; dies wurde mit einer Sage in Verbindung gebracht, wonach dort eine ihr blondes Haar kämmende Nixe die Schiffer mit Gesang ablenkt und ins Verderben stürzt.[10] Dass diese Geschichte, wie sie die Sage erzählt, ›uralt‹ sei, hat der Musikliebhaber indes wohl erst seit Friedrich Silchers Vertonung (1837) von Heinrich Heines zweiter Gedichtzeile im Ohr: »ein Märchen aus uralten Zeiten«. Allerdings schrieb auch Heine diese Zeile erst 1824, als eine schon auf etliche Jahre der ›Loreleypflege‹ zurückblicken könnende Reaktion auf literarische Behandlungen des Stoffes durch Dichter und Schriftsteller der Romantik.[11] Unter ihnen war zunächst eine Ballade von Clemens Brentano wichtig, die als Einlage für seinen Roman *Godwi oder das steinerne Bild der Mutter* (1801/02) entstand:[12]

»Zu Bacharach am Rheine
Wohnt eine Zauberin,
Die war so schön und feine
Und riß viel Herzen hin.

Und machte viel zuschanden
Der Männer rings umher,
Aus ihren Liebesbanden
War keine Rettung mehr.«[13]

Bei Brentano steht damit noch nicht so sehr die Erklärung der Rheinsage im Zentrum, sondern die Loreley ist eine Frauengestalt, die wegen ihrer Schönheit, die auf alle Männer ihre Wirkung ausübt, als Zauberin gilt, und denen, die sich in sie verlieben, Unglück bringt. Sie soll ins Kloster verbannt werden und begeht auf dem Weg dorthin aus Kummer Selbstmord, indem sie sich in den Rhein stürzt, weshalb dann der Felsen den Namen angenommen hätte. Ein wichtiges Element, auch für Geibels Fassung, von dem bei Heine keine Rede ist, erscheint bei Brentano: Loreley beklagt dort die Untreue ihres einstigen Geliebten, weshalb sie selbst lebensmüde geworden sei:

»Ich darf nicht länger leben,
Ich liebe keinen mehr –
Den Tod sollt Ihr mir geben,
Drum kam ich zu Euch her.

Mein Schatz hat mich betrogen,
Hat sich von mir gewandt,
Ist fort von mir gezogen,
Fort in ein fremdes Land.«[14]

Brentano sollte später noch einmal auf den Stoff zurückkommen, in seinen *Rheinmärchen*, die allerdings erst postum

1846/47 erschienen und in denen dreimal die Geschichte aufgegriffen wird. Möglicherweise gab dies einen zusätzlichen Impuls dafür, dass gerade 1846/47 noch andere Loreley-Opern entstanden, besonders diejenige von Franz Lachner 1846 für München.[15] Die von Brentano in *Godwi* dargestellte Sagenfassung war ab den 1810er-Jahren zudem auch Rheinreisenden bequem zugänglich, da sie in Prosa in zeitgenössische Reiseführer Aufnahme fand.[16] In diesen Fassungen ist jedenfalls eine zweite Figur als Antagonist auszumachen, die dem Pfalzgrafen in Geibels Opernlibretto entspricht und an deren Untreue sich die Entscheidung der Loreley zur Rache entzündet – weshalb sie erst den verderbenbringenden Bund mit den Rheingeistern eingeht. Ebenfalls mit dieser Version sind Gedichte von Otto von Loeben (*Der Lurleyfels*, 1821[17]) und Joseph von Eichendorff 1815 in Verbindung zu bringen (bei ihm wird im kurzen Zwiegespräch im Wald die Loreley mit Erschrecken erkannt: »Jetzt kenn ich dich – Gott steh mir bei! Du bist die Hexe Loreley«, und das Gedicht schließt mit der Drohung: »kommst nimmermehr aus diesem Wald!«[18]). Es ist damit auf jeden Fall festzuhalten, dass neben Heines ironischem Text in Silchers wohl oft viel zu affirmativ gehörter Vertonung eine elaboriertere Fassung des Stoffes im weiteren Verlauf des Jahrhunderts präsent blieb, in der die Rache der verlassenen Frau im Mittelpunkt steht, und diese war auch die für Geibel und Mendelssohn ausschlaggebende. Heines Text hingegen war eher in Liedern präsent, etwa von Franz Liszt oder Clara Schumann (WoO 19), wobei gerade die Schumann'sche Vertonung mit ihrer erlkönighaften, unruhigen Klavierbegleitung keinerlei verträumt-›romantische‹ Stimmung aufkommen lässt.

Mendelssohns Zusammenarbeit mit Geibel an der *Loreley* ist phasenweise durch eine ausführliche Korrespondenz belegt.[19] Geibel hatte während seiner Studienzeit in Bonn und danach in Berlin Kontakt zur literarischen Welt geknüpft, er hatte Griechenland bereist und verdiente seinen Lebensunterhalt als Hauslehrer, bis ihm der König Friedrich Wilhelm IV. schließlich eine Pension aussetzte, von der er leben und sich auf das Dichten konzentrieren konnte. Seine Werke charakterisieren ihn als Nachromantiker, der sich politisch patriotisch gab. Dass Mendelssohn für dieses Projekt mit dem Dichter zusammenarbeiten und eine sehr intensive Diskussion über die Gestaltung des Textbuches führen konnte, musste eine besonders positive Situation darstellen, angesichts eines eigentlich seine ganze Karriere

hindurch zu beobachtenden Phänomens in seinen musikdramatischen Interessen: Besonders die Wahl eines Librettos stellte sich bei verschiedenen Opernprojekten als Hindernis dar, denn Mendelssohn betrachtete Libretti offenbar nicht pragmatisch als Gebrauchstexte, sondern erwartete literarische Qualitäten, die ihn entsprechend inspirieren könnten. Das führte dazu, dass er zeitlebens heikel in der Wahl von potenziellen Libretti war (der Vater sprach sogar von Felixens ›Mäkelei‹, die es verhindern würde, dass er je einen Operntext bekäme[20]) – das zeigte sich bereits 1820, in einem Singspiel, in dem eine Diskussion zwischen seinem Vater und seinem Onkel über Gaspare Spontinis *Olimpie* als aktuelles Stück dargestellt wird.[21] Mitte der 1820er Jahre arbeitete er an der *Hochzeit des Camacho* nach Cervantes (also wieder einer hochstehenden literarischen Vorlage), die eindeutig mit der seinerzeit virulenten Debatte darum zu tun hat, wie eine deutsche Oper beschaffen sein sollte. (Auch hier korrespondierte Mendelssohn durchaus als Gesprächspartner auf Augenhöhe mit dem Textdichter und äußerte deutlich seine Meinung, etwa indem er sich möglichst wenig ›normale‹ Strophendichtung wünscht.[22]) Die gleiche literarische Orientierung manifestiert sich auch 1831, als Felix keinerlei Neigung hatte, sich ein französisches Libretto übersetzen zu lassen und stattdessen sich um eine Shakespeare-Adaptation bemüht hatte.[23]

Auch in den Jahren direkt vor der *Loreley*, in denen Mendelssohn eine Vielzahl von Stoffen erwog und wieder verwarf, ist diese Suche manifest. Wir wissen davon besonders aus Mendelssohns Korrespondenz mit engen Freunden wie Carl Klingemann und Eduard Devrient; gerade auf Devrient, der ja selbst Sänger und Theatermann war, gehen besonders viele Vorschläge oder vorgelegte Libretti zurück: »Und welche Bedingungen stellte er überhaupt an den Opernstoff! Ich hatte keine Aussicht, sie zu erfüllen. Hatte ich ihm doch nach und nach, außer dem Heiling, die Sagen von Blaubart, vom Drosselbart, vom Bisamapfel, von der Lurley, […] den Kohlhas, den Andreas Hofer und einen Vorgang im Bauernkriege vorgeschlagen […] und keiner hatte seinen vollen Antheil gewinnen können.«[24] Das Entscheidende an Mendelssohns *Loreley* – verglichen mit seinen andern Opernprojekten – ist demnach, dass er hier tatsächlich auf ein literarisch anspruchsvolles Textbuch zurückgreifen konnte. Dabei erscheint auch in den Jahren zuvor schon vereinzelt das Sujet, so wie auch andere bekannte Sagenstoffe in Erwägung gezogen wurden – allerdings hielt zumindest Devrient nachträglich fest, ihnen bzw. Mendelssohn sei zunächst die Brentano-Fassung nicht bekannt gewesen: Wenn das stimmt, müssen wir davon ausgehen, dass tatsächlich nur der ausführlichere Stoff, in dem die Titelheldin die Verwandlung vom Menschenmädchen zur rächenden Zauberin bewusst wählt, dramaturgisch überzeugend genug erschien, um die Handlung einer ganzen Oper tragen zu können. In Geibels Libretto spielt die Handlung in Bacharach; die Konstellation des ersten Aktes ist auch in der eingangs zitierten Lübecker Kritik treffend umrissen. Als Lenore am Rhein die Geister um Unterstützung für ihre Rache anruft, erbittet sie unwiderstehliche Schönheit zum Verderben der Männer und verspricht sich als Gegengabe dem Fluss (»Braut des Rheines sollst du werden […] Dir, o Strom, verlob ich mich an.«). Während der Hochzeitsfeierlichkeiten wird dann ihre unheimliche Anziehungskraft auf alle Männer bemerkbar, weshalb sie wegen Zauberei angeklagt, aber vom Gericht haltenden Bischof, der ihr ebenfalls verfällt, zur Verbannung ins Kloster begnadigt wird. Otto versucht sie zu befreien, nachdem seine verstoßene Braut Berta vor Gram gestorben und er vom Hof verbannt worden ist, aber Lenore flieht vor ihm zu den Rheinfelsen; dort stürzt er sich aus Verzweiflung in den Fluss, und Lenore hält ihren Schwur und tritt durch eine sich im Felsen öffnende Kristallpforte in das Geisterreich, wodurch sie sich in die Loreley verwandelt; der Geisterchor huldigt ihr zum Abschluss als »Königin vom Rhein«.[25]

Retrospektiv betont Geibel selbst, dass die Rheinlandschaft ihm zwar die Figur nahelegte, allerdings als menschliches und in der Handlung überzeugendes Drama: »meine Seele war noch erfüllt von den Eindrücken des Rhein und seiner lieblichen und wilden Ufer. Aus diesen Erinnerungen stiegt mir nun die Gestalt der Loreley auf; aber nicht als Fee, sondern als einfaches Menschenkind […], das von Liebe, Schmerz und Rachegefühl betört, durch eigne That und Schuld den dämonischen Gestalten verfällt u. erst allmählich sich in die verderbliche Zauberjungfrau der Sage verwandelt. Damit war die Möglichkeit einer dramat. Entwicklung für den Charakter gegeben […].«[26] Auch in Äußerungen gegenüber anderen Korrespondenzpartnern hob Geibel die im Laufe der Arbeiten zunehmend stringenter werdende Dramaturgie immer wieder hervor.[27]

Mendelssohns Behandlung des Textes zeigt nun – soweit der fragmentarische Zustand des Werkes Rückschlüsse erlaubt – seine besondere Aufmerksamkeit für ebendiese dramaturgische Gestaltung. Es zeigt sich, dass Mendelssohn durchaus gängige Gestaltungsmittel verwendete (was aber für Bühnenwerke letztlich Bedingung ist, damit sie vor dem Publikum funktionieren können), es ist aber auch zu erkennen, dass er in der Disposition um eine wirkungsvolle Formgestaltung bemüht ist und darüber hinaus auch bewusst mit einer differenzierten Verwendung der Vokal- und Orchesterressourcen und vor allem einem planvollen Gebrauch der Tonarten arbeitet (was sich übrigens ebenfalls schon in der *Hochzeit des Camacho* beobachten lässt). Dies zeigt sich gut am Beginn des Finales des 1. Aktes: Es nähern sich zunächst zwei Züge von Nixen (die Frauenchorgruppen), die die Rheingeister in der Tiefe (Männerchor) aufwecken; im Zwiegespräch beschreiben sie dann, wie sie sich zum unheilbringenden Toben des Flusses vereinen, das die Schiffer ins Verderben reißt (aber, so heißt es, bei Nacht eben auch gemeinsam einen Reigen tanzen). Dies sind also die bösen Kräfte, mit denen sich die Protagonistin in der Folge zu ihrer Rache verbinden muss. Abgesehen von der dramaturgisch schlüssigen Behandlung der Stimmgruppen sind hier tonartliche Bereiche und Instrumentation deutlich zugeordnet: Die Nixen erscheinen in Verbindung mit e-Moll, mit Flöten, Oboen und Violinen über einem tiefliegenden Tremoloteppich, während den Rheingeistern zunächst C-Dur zugeordnet ist, mit den tiefen Holzbläsern und Posaunen. Insgesamt wird die ganze Szene dann noch durch klangliche Höhepunkte gegliedert, in denen die volle Orchesterbesetzung inklusive Blech verwendet wird, die zugleich die dramaturgisch wichtigen Punkte hervorheben: die Vereinigung von Nixen und Rheingeistern (wenngleich diese Instrumentation für einen nächtlichen Reigen recht schwer klingt), die Manifestation der Geister gegenüber Lenore, und schließlich der eigentliche Racheschwur. Auch im Detail lässt sich, wie Larry Todd und Rebecca Rosenthal analysiert haben, die Tonartenzuordnung weiterverfolgen, die dadurch eine grundlegende strukturierende Funktion bekommt:[28] Die Welt der Geister ist in der Regel mit e-Moll verknüpft; das gilt interessanterweise auch für die Schauspielmusik zum *Sommernachtstraum*, wo zudem weitere musikalische Topoi für Verzauberung, nämlich aufsteigende Linien auszumachen sind, die ebenfalls im Finale des 1. Aktes der *Loreley*, direkt zu Beginn als rasche chromatische Aufwärtsbewegungen zu hören sind.

Die Charakterisierung mittels Tonarten lässt sich auch in Details weiterverfolgen: D-Dur steht für die ›heile Welt‹ und auch für Lenores positive Äußerungen (etwa, wenn sie ihre Liebe zu Otto bekräftigt), wohingegen fis-Moll erscheint, wenn sie sich zur Rache, zum Bösen wendet (das gilt auch für andere Momente, in denen sich das drohende Unheil abzeichnet oder auf ihren Schwur angespielt wird).[29] Der Höhepunkt der Handlung, Lenores bzw. Loreleys unheilbringender Gesang, der den dritten Akt eröffnet – nun auch in der gängigen Szenerie: »Die Klippe über dem Strome, von der untergehenden Sonne rot beschienen. Auf der Höhe des Felsvorsprungs sitzt Lenore, ihr langes Haar ordnend und schmückend. […] ›Ich habe mein Herz verloren, / Das liegt im tiefen Rhein‹«[30] –, ist nicht ausgeführt und es bleibt daher offen, welche Gestaltungsweise Mendelssohn für die Darstellung dieser übernatürlichen Musik gewählt hätte. Wenn, wie Eduard Devrient beschreibt, es gerade der Einfluss der Bekanntschaft mit der bewunderten Jenny Lind war, der in dieser Zeit Mendelssohns Opernplänen noch einmal Auftrieb verlieh, stellt dies sicher noch einen weiteren Moment dar, der den Loreley-Stoff für Mendelssohn attraktiv machte.[31] Zumindest schrieb Mendelssohn über diese Szene und ihren außergewöhnlichen Gesang als möglichen Höhepunkt des Werkes: »wie er im Boot kommt, von ihrem Gesange hingezogen wird, u. nun dem Gesange nachgeht (nicht wie im 2. Act in einem wilden begehrlichen Wahnsinn, sondern in einem stillen, innerlichen, selbstzerstörenden) und wie solche Scene damit schließt, daß er sich in den Rhein stürzt (so halb wie im Goetheschen Fischer, aber doch anders) – und wie sie nun am Ende durch das Reinaldsche Wort vertrieben werden, verschwinden, sich im Ungewissen, Sagenhaften verlieren, oder in den Rhein vor jenem Ausrufe stürzen, oder nach dem Tod des Pfalzgrafen ohne jede andere Veranlassung als diesen Tod ihm in den Rhein folgen. U. Vater u. Reinald u. alles zurücklassen kann, – alles das scheint mir so lebendig und so natürlich … […] Die Scene wo sie ihn mit ihrem Gesange ins Verderben lockt, die Verlaßne Geliebte des Ungetreuen, und wie sie da so ganz eigne süß-saure Weisen u. Worte singen könnte – die dächte ich mir fast als den Culminationspunkt des Ganzen.«[32]

Interessant ist dabei, dass trotz der weithin zu beobachtenden Neigung romantischer Opernstoffe zum Zauberischen gerade diese Elemente für Mendelssohn keine hinreichende Bedingung für ein gutes Opernlibretto waren: So verwarf er auch das Märchen-Singspiel *Die Insel der Glückseligkeit* des schwedischen Dichters Atterbom mit diesem Argument.[33] Selbst wenn Mendelssohn in den vorangegangenen Opernprojekten mittelalterliche oder spätmittelalterliche Stoffe erwog, scheint doch die Suche nach einem ›allgemein-menschlichen‹ Drama die eigentlich treibende Kraft gewesen zu sein; das kann auch der Grund für das Interesse Mendelssohns an Shakespeare gewesen sein, der im 19. Jahrhundert gerade die Reputation hatte, eine humane Perspektive einzunehmen und dadurch universelle Dramen geschaffen zu haben. Diese Haltung lässt sich nun auch für die *Loreley* beobachten. Liest man die Korrespondenz zwischen Komponist und Librettist unter diesem Blickwinkel, fällt das große Gewicht auf, das auf die dramaturgische Kohärenz gelegt wird und letztlich gegenüber einem Interesse an explizit deutschen Elementen überwiegt. Bereit in einer relativ frühen Phase, im Dezember 1845, schrieb Mendelssohn an Geibel: »ich glaube darin mich gewiß nicht zu irren, wenn ich den Stoff für einen ächt deutsch opernhaften guten halte, wenn ich die einzelnen Schönheiten Ihres Entwurfes wie ich sie auf meinem Bogen aufzähle für eben so viele <u>fertige</u> Stellen, die gar nicht besser werden können, anerkenne; wenn ich aber auch andrerseits immer darauf zurückkomme, daß der eigentliche dramatische Faden (le sujet, der plot der Engländer) noch nicht da ist, daß also die eigentliche Verbindung der Charaktere u. Situationen, das Hervortreten des Einen durch den Andern etc. noch fehlt, und daß ohne denselben das Werk nicht vorwärts schreiten u. lebendig werden kann.«[34] Ähnlich hieß es auch gegenüber Devrient: »Die Arbeit des Textes, wie gesagt, will ich mir verschaffen, oder mir selbst machen, aber die Grundlinien! das ist's! Deutsch müßte es sein, und edel und heiter: sei es eine rheinische Volkssage oder sonst ein ächt nationales Ereigniß oder Mährchen, oder ein rechter Grundcharakter (wie im ›Fidelio‹). Es ist nicht Kohlhas und nicht Blaubart, oder Andreas Hofer oder die Lore Ley – aber etwas von alle dem könnte dabei sein! Kannst Du mir daraus einen Vers machen?«[35]

Dass Mendelssohn hier von einem ›echt deutschen‹ Stoff spricht, ist einer der ganz wenigen Momente, an denen sich überhaupt eine erkennbare Beziehung zu nationalen Momenten oder Sujets der Romantik feststellen lässt: Sie wird aber nicht besonders in den Vordergrund gerückt. Besonders die Exposition der *Loreley* erwies sich als schwierig, um dem Zuschauer sowohl die idyllisch-friedliche Ausgangslage, die

Die Loreley: Mendelssohn und Geibel

Situierung am Rhein als auch die böse Vorgeschichte nahezubringen. Auch die Personenkonstellation insgesamt wurde immer wieder aus genau dieser Perspektive kritisiert, und die Reihenfolge der Szenen umgestellt. So plädierte Mendelssohn für die Streichung des begleitenden Ritters Gerhard: »Noch dazu sehe ich keine Nothwendigkeit für ihn, sondern er ist (musikalisch angesehen) eine Schwierigkeit [weil er die eigentlichen Hauptfiguren konkurrenziert]; schon, daß Lenore selbst die Oper mit ihrem Streit eröffnet, daß sie die ganze Aventüre mit Gerhard überhaupt gleich haben soll, daß die Chöre erst bei der Verlobung auftreten – alles das scheint mir nicht ganz glücklich, nicht ganz frisch zum Anfang – und da war mir der erste Anfang Ihres ersten Entwurfs mit den Winzern und der Weinlese viel lieber.«[36] Geibel seinerseits reagierte am 14. Februar 1846[37] – einerseits stimmte er zu, dass der Beginn mit Winzerchören und Festvorbereitungen dargestellt würde, bevor sich die unheilvollen Elemente einmischten; aber im Hinblick auf den Tod des Pfalzgrafen widersprach er mit dramaturgischen und theaterpraktischen Argumenten: Ein zu frühes Abtreten der männlichen Hauptfigur würde zu sehr das Ende des Stückes suggerieren, der Rest müsse schlimmstenfalls vor im Aufbruch befindlichen Publikum gesungen werden, Schiffbruch und Ertrinken der Hauptfigur könne man nicht nur als Teichoskopie darstellen, und auf der offenen Bühne sei die Gefahr von Lächerlichkeit oder Peinlichkeit zu groß. Schließlich endete die Handlung damit, dass Ottos eigentliche Braut über ihrer Verstoßung stirbt; Otto versucht Lenore aus dem Kloster, wohin sie verbannt ist, zu entführen, aber sie entflieht ihm und weist ihn weiterhin zurück, er stürzt sich aus Verzweiflung darüber vom Felsen in den Rhein, und Lenore tritt, wie in ihrem Racheschwur gelobt, ins Geisterreich ein. Für die Exposition bestätigte Geibel dann im März 1847 die gestraffte Fassung: »Mein Vorschlag ginge nun dahin, von der ersten Scene nur die kleinere Hälfte beizubehalten, d. h. nur die Weinverpackung, bei der sich auf das allernatürlichste die bevorstehende Hochzeit des Pfalzgrafen ausspricht. [...] Reinalds stille Neigung für Lenoren wäre in den drei Zeilen: Ihr Lob aus dieser Burschen Munde etc. genugsam angedeutet; und wir hätten durch den so umgestalteten Auftritt außer der <u>durchaus nothwendigen</u> Exposition, ein farbiges lebendiges Bild Rheinischer Lebenslust; <u>den Rhein von seiner heiteren Seite</u>. – [...] die dritte Scene folgt, ebenfalls stark gekürzt; alles, was in der vierten ausgesprochen wird, braucht hier nur eben angedeutet zu sein; nur scheint es mir jetzt besser und bühnengemäßer, den Abschied für den folgenden Auftritt nicht allein auf das Abend<u>läuten</u> (das doch nur ein Schall ist) zu basieren, wenn es die höchste Zeit ist, zum Brautzuge zu kommen. [...] Dann das Ave Maria hinter der Scene, und, wenn Sie wollen, <u>hier</u> ein Lied Lenores, die noch ganz in ihrer Liebe lebt.«[38]

Für die Frage nach deutschen Elementen im Projekt von Geibel und Mendelssohn bestätigt sich hier noch einmal die bereits angesprochene Distanz zu patriotisch-ideologischen Lesarten. Die Idylle am Rhein wird zwar als typisches Kolorit evoziert, indem ein Winzerchor für Bacharach gewählt wird, aber es geht doch offenbar um einen gänzlich ›unideologischen‹ Rhein – die charakteristische Szenerie soll als Kontrast die glücklich-friedliche Existenz als Gegenbild zu den folgenden bedrohlichen Entwicklungen darstellen. Er ist in seiner Einfachheit, mit volkstümlich sich gebender Bordunbegleitung, tatsächlich in erster Linie ein pittoreskes Element. Mendelssohn verwendet allerdings auch hier, wie in anderen Schauspielchören, einen geteilten Chor, der für Bewegung des Chores auf der Bühne sicherlich günstig ist; die Nummer ist auch in ihrer Tonartenwahl (G-Dur) eindeutig der heiteren Sphäre innerhalb der *Loreley* zugeordnet.

Die Diskussionen zwischen Geibel und Mendelssohn konzentrieren sich, wie an den zitierten Passagen deutlich wird, damit insgesamt stark auf die dramaturgischen Aspekte und gehen nicht detailliert auf Formulierungen im Textbuch und deren literarische Qualität ein, ebenso wenig wie hier grundsätzlichere opernästhetische Überlegungen zu finden sind. Dennoch lässt sich über eine mögliche Positionierung dieses Werkes in der Entwicklung der deutschen Oper um die Mitte des 19. Jahrhunderts reflektieren. Eine der ›Schwachstellen‹ (zumindest aus der Innensicht) der deutschen Musikkultur in der ersten Hälfte des 19. Jahrhunderts war bekanntlich das Fehlen einer eigenständigen, distinkten Operntradition – auch in Mendelssohns sonstiger Bühnenproduktion tritt dies zutage, so in den Adaptionen nach französischen Operacomiques in den frühen Werken und dem Vorschlag seines Vaters, mit Übersetzungen französischer Libretti zu arbeiten.[39] Im deutschsprachigen Bereich gab es zwar seit dem Ende des 18. Jahrhunderts das Singspiel als eigene Gattung, aber es fehlte eine Tradition größerer durchkomponierter Opern. Nach und um ein zentrales Werk wie Webers 1821 uraufgeführten *Freischütz*, der mit seinem romantischen Stoff, mit zauber- und geisterhaften Elementen als typisch deutsche Oper empfunden wurde, entstand als Versuch, diese Lücke zu schließen, eine ganze Reihe von Werken. Einen wichtigen Impuls markierte der 1823 von Spohr veröffentlichte Aufruf an die deutschen Komponisten zur Emporbringung einer nationalen Oper; Mendelssohn war mit diesen Diskussionen ebenso wie mit den einschlägigen deutschen Werken bekannt.[40] In den 1830er Jahren bestand dennoch das Gefühl einer Krise fort, man stehe in der deutschen Musik zwischen der französischen und der italienischen Tradition zurück, die überdies ja im tatsächlich gespielten Repertoire in Deutschland stark präsent waren: Das ist besonders deutlich etwa beim frühen Wagner, der sich in seinen ersten Opern erkennbar durch Aneignung und Abwandlung produktiv mit den zeitgenössischen Operntraditionen der anderen Ländern auseinandersetzte – wobei eine Art Vermischung der Stile als eine vielversprechende Lösung erschien.[41] Mendelssohns gesamte ›Opernkarriere‹ verlief damit in einer Krisenzeit, und diese Situation mag einer der Gründe dafür gewesen sein – neben wohl nicht von der Hand zu weisenden persönlichen Vorlieben –, dass er immer wieder große literarische Werke als Stoff- und Librettovorlagen in Erwägung zog: wohl im Bemühen, ›librettotypische‹ Dichtung (wie sie in den oft verspotteten italienischen oder französischen Texten zu finden war) durch dramaturgisch kohärentere Stoffe zu ersetzen, die aus sich selbst heraus genügend Interesse am Konflikt ihrer Figuren aufbrachten – und es damit erlaubten, ›charakteristische‹ Figuren (so ein wichtiges ästhetisches Schlagwort in den deutschen Debatten) auf der Bühne darzustellen.

Geibels Libretto, das 1861 zum Andenken an Mendelssohn veröffentlich worden war[42] und anderen Komponisten nicht zur Verfügung gestellt werden sollte, wurde in der Folge dennoch noch mehrfach vertont: von Max Bruch, dessen Oper 1863 herauskam, nachdem er Geibel zur Freigabe des Textes überredet hatte, und später von dem überwiegend in Finnland tätigen Fredrik Pacius (1886). Bei Bruch ist Geibels Text in vier Akte aufgebrochen, um aus der Schwurszene einen eigenen Akt mache zu können – also erkennbar in der Absicht, die handlungsreicheren, dramatischen Elemente des Stoffes stärker in den Vordergrund zu bringen. Man könnte aber auch noch an andere, unabhängige Versionen ähnlicher Stoffe denken, in denen Elemente der Loreley-Sage erscheinen, darunter nicht zuletzt an die *Rheinnixen* beziehungsweise *Les Fées du Rhin* von Jacques Offenbach, der darin – wohlgemerkt ursprünglich in einer französischen, für Paris bestimmten Fassung – eine deutsche romantische Oper projektiert hatte, in der er die Handlung in die nachreformatorischen Wirren des Jahres 1522 legte und dabei das deutsche Vaterland feiert.[43] Auch dort haben die Nixen oder Feen (die französische Fassung ist hier genauer, da sie keine reinen Wasserwesen sind), deren verlockendem Gesang dieselbe Musik zugeordnet ist, die in den *Contes d'Hoffmann* zur Barcarolle »Nuit d'amour« werden sollte, die Funktion von Rächerinnen. Es ist also davon auszugehen, dass die Traditionslinie seit Brentano, neben der Heine-Silcherschen Momentaufnahme der sich kämmenden Schönen, durchaus präsent blieb. Ebenso ist aber auch festzuhalten, dass Mendelssohns *Loreley* offenbar wenig oder gar nichts mit oberflächlicher Rheinromantik oder einer politisch grundierten Rheinbegeisterung zu tun hat (man müsste wohl auch annehmen, dass ihm in Heines Gedicht die Ironie zu deutlich aufgefallen wäre). Die ausführlichen Diskussionen mit Emanuel Geibel um die Gestaltung des Librettos belegen hingegen, dass ihn in erster Linie dramaturgisches Potenzial des Plots und Überzeugungskraft der Charaktere interessierten. Damit allerdings ist, auf abstrakterer Ebene, das Werk dann doch wieder eine signifikante Auseinandersetzung mit einem zentralen Bereich der deutschen Musikkultur, nämlich der Suche nach Formen für die deutsche Oper.

---

1 *Lübecker Nachrichten*, 2. Dezember 1852 (Nr. 282). Der ungenannt bleibende Autor schreibt tatsächlich durchgängig ›Leonore‹, obwohl die Figur Lenore heißt.

2 Vgl. für einen Überblick über die politisch-künstlerische Wahrnehmung des Rheins und besonders das Repertoire der Rheinlieder Cecilia Hopkins Porter: *The Rhine as musical metaphor: cultural identity in German romantic music*, Boston 1996; zum Loreley-Stoff besonders S. 108–113.

3 Ausgabe: Felix Mendelssohn Bartholdy: *Loreley. Unvollendete Oper* op. 98 (= Felix Mendelssohn-Bartholdys Werke. Kritisch durchgesehene Ausgabe von Julius Rietz, Ser. 15, Nr. 123), Leipzig [1877]. Neben den drei vollständigen Nummern existieren Skizzen zu Szene 7 und 8 (Finale), s. Ralf Wehner: *Felix Mendelssohn Bartholdy. Thematisch-systematisches Verzeichnis der musikalischen Werke (MWV). Studien-Ausgabe*, Wiesbaden [u. a.] 2009, S. 196–197.

4 Vgl. Silja Geisler-Baum: *Die Loreley in Finnland. Zur Entstehung, Aufführung und Rezeption der Oper von Fredrik Pacius und Emanuel*

Geibel (= Schriften zur Musikwissenschaft 11), Mainz 2004, S. 52 (das Konzert fand am 21. November 1851 in Berlin statt).

5 Vgl. Carl Stiehl: *Chronologisches Verzeichniß der öffentlichen Musikaufführungen in Lübeck von 1671 bis 1908, angefertigt von Professor Carl Stiehl in den Jahren 1882 bis 1908*, Lübeck Stadtbibliothek Ms. Lub. 2° 959a/I–II: 13. März 1858, 12. Dezember 1863, 16. Februar 1878 und 10. Dezember 1889. Das Material (Orchesterstimmen, Klavier- und Chorauszüge) findet sich ebenfalls in der Stadtbibliothek Lübeck (*Finale:* Signatur Q 83, »Ave Maria« und *Winzerchor:* Q 84), die handschriftlichen Eintragungen (überwiegend die Dynamik und Orientierung betreffend) konnten allerdings nicht einzelnen Aufführungen zugeordnet werden.

6 Zum Überblick vgl. Monika Hennemann: *Felix Mendelssohn's dramatic compositions: from Liederspiel to* Lorelei, in: *The Cambridge Companion to Mendelssohn*, hg. von Peter Mercer-Taylor, Cambridge 2004, S. 206–230.

7 *The letters of Fanny Hensel to Felix Mendelssohn*, hg. von Marcia Citron, [New York] 1987, S. 420 (danach sollte Fannys zukünftiger Mann Wilhelm Hensel noch einen zweiten Teil beitragen, letztlich wuchs sich das Projekt aus und wurde wieder aufgegeben).

8 Eduard Devrient: *Erinnerungen an F. Mendelssohn Bartholdy [Zweite Auflage]* (= Dramatische und dramaturgische Schriften 10), Leipzig ²1872, S. 248.

9 Für eine gründliche Darstellung der Entstehungsgeschichte s. Geisler-Baum, *Die Loreley in Finnland* (wie Anm. 4), S. 43–51.

10 Vgl. zur Tradition zwischen Kunst- und Volkssage und ihrer politisch-gesellschaftlichen Rezeption bis ins 20. Jh. Katja Czarnowski: *Die Loreley*, in: *Deutsche Erinnerungsorte*, hg. von Etienne François und Hagen Schulze, Bd. 3, München 2002, S. 488–503. Vgl. außerdem Robert Minder: *La Loreley et le bateau à vapeur*, in: *Revue d'Allemagne* 9 (1977), S. 619–629, sowie ausführlicher zur literarischen Rezeption Erika Tunner: *The Lore Lay – a fairy tale from ancient times?*, in: *European romanticism: literary cross-currents, modes, and models*, hg. von Gerhart Hoffmeister, Detroit 1990, S. 269–286.

11 Heines Ballade erschien zuerst in *Der Gesellschafter* vom 26. März 1824.

12 Vgl. zu dieser Verbindung auch R. Larry Todd: *On Mendelssohn's operatic destiny: Die Lorelei reconsidered*, in: *Felix Mendelssohn Bartholdy. Kongreß-Bericht Berlin 1994*, hg. von Christian Martin Schmidt, Wiesbaden [u. a.] 1997, S. 113–140, hier S. 121–122.

13 Clemens Brentano: *Godwi oder Das steinerne Bild der Mutter*, Bd. 2, Kap. 36; s. Clemens Brentano: *Werke*, hg. von Friedhelm Kemp, Bd. 2, München 1963, S. 425.

14 Ebd., S. 426.

15 Vgl. Reinhold Sietz: *Die musikalische Gestaltung der Loreleysage bei Max Bruch, Felix Mendelssohn und Ferdinand Hiller*, in: *Max Bruch Studien. Zum 50. Todestag des Komponisten*, hg. von Dietrich Kämper, Köln 1970, S. 16.

16 Tunner, *The Lore Lay* (wie Anm. 10), S. 279f.

17 Erschienen in *Urania. Taschenbuch auf das Jahr 1821* (vgl. bereits Allen W. Porterfield: *Graf von Loeben and the Legend of Lorelei*, in: *Modern Philology* 13 [1915], S. 305–332).

18 Joseph von Eichendorff: *Sämtliche Werke. Historisch-kritische Ausgabe*, hg. von Hermann Kunisch u. Helmut Koopmann, Bd. 1, T. 1, Stuttgart [u. a.] 1993, S. 366–367.

19 Die Texte sind publiziert in Sietz, *Die musikalische Gestaltung* (wie Anm. 15), S. 14–45, sowie in Arndt Schnoor: *Briefe von Felix Mendelssohn Bartholdy in der Stadtbibliothek zu Lübeck. Ein Beitrag zu seinem 150. Todesjahr*, in: *Der Wagen* 1997/98, S. 111–137. An dieser Stelle sei Herrn Arndt Schnoor, Stadtbibliothek Lübeck, herzlich gedankt, der mir auch seine eigenen Brief-Transkriptionen zur Verfügung gestellt hat.

20 Devrient, *Erinnerungen* (wie Anm. 8), S. 189; vgl. auch Clive Brown: *Mendelssohn's Die Hochzeit des Camacho. An unfulfilled vision for German opera*, in: *Art and ideology in European opera. Essays in Honour of Julian Rushton*, hg. von Rachel Cowgill, David Cooper und Clive Brown, Woodhill 2010, S. 40–66, hier S. 41.

21 *Ich J. Mendelssohn – Ich A. Mendelssohn*, vgl. Hennemann, *Mendelssohn's dramatic compositions* (wie Anm. 6), S. 207–208.

22 Vgl. Brown, *Mendelssohn's Die Hochzeit des Camacho* (wie Anm. 20), v.a. S. 52.

23 Vgl. Todd, *On Mendelssohn's operatic destiny* (wie Anm. 12), S. 116.

24 Devrient, *Erinnerungen* (wie Anm. 8), S. 254.

25 Rebecca Rosenthal weist zudem auf Berührungspunkte zu den Handlungen von Albert Lortzings *Undine* und Adolphe Adams *Giselle* (die möglicherweise über Heine mit Brentanos *Godwi* in Verbindung zu bringen ist) hin, s. Rebecca Rosenthal: *Felix Mendelssohn Bartholdys Schauspielmusiken. Untersuchungen zu Form und Funktion*, Frankfurt a. M. 2009, S. 505.

26 Zit. nach Geisler-Baum, *Die Loreley in Finnland* (wie Anm. 4), S. 45.

27 So am 1. Dezember 1845 an Henriette Nölting (»der Plan ist aber ein ganz neu entworfener, der bedeutender und unendlich viel dramatischer ist, als der frühere«; Emanuel Geibel: *Briefe an Henriette Nölting*, hg. von Hans Reiss, Herbert Wegener und Peter Karstedt [= Veröffentlichungen der Bibliothek der Hansestadt Lübeck, Neue Reihe 6], Lübeck 1963, S. 54) und am 14. Januar 1846 an Karl Goedeke (»[ist] jetzt ein reicher, vollständig dramatisch gegliederter Plan getreten«; *Briefwechsel Emanuel Geibel und Karl Goedeke*, hg. von Gustav Struck [= Veröffentlichungen der Bibliothek der Hansestadt Lübeck, Neue Reihe 1], Lübeck 1939, S. 41).

28 Vgl. hierzu ausführlicher Rosenthal, *Felix Mendelssohn Bartholdys Schauspielmusiken* (wie Anm. 25), S. 506–510, sowie Todd, *On Mendelssohn's operatic destiny* (wie Anm. 12), S. 127–133.

29 Rosenthal, *Felix Mendelssohn Bartholdys Schauspielmusiken* (wie

Anm. 25), S. 506.

30 Emanuel Geibel: *Die Loreley*, Hannover 1861, S. 92.
31 Zur Einordnung vgl. etwa Eric Werner: *Mendelssohn. A new image of the composer and his age*, übers. von Dika Newlin, London 1963, S. 442–445.
32 Mendelssohn an Geibel, 16. Februar 46, zit. nach Schnoor, *Briefe* (wie Anm. 19), S. 116.
33 »Die Nymphe der Poesie, der Musik, der Baukunst&c, der Gott des Zephyr, die Mutter der Winde, Zauberei, Wunderquellen &c &c – das alles macht das Opernhafte, wie ich's mir denke, nicht, und das rein Menschliche, Edle, Alles Belebende, was es macht, habe ich darin nicht sehr gefunden; so schöne dichterische Einzelheiten da sind.«, 28. Juni 1843 an Devrient (vgl. Devrient, *Erinnerungen* [wie Anm. 8], S. 233f.).
34 Zit. nach Sietz, *Die musikalische Gestaltung* (wie Anm. 15), S. 17.
35 Devrient, *Erinnerungen* (wie Anm. 8), S. 251–252.
36 21. Januar 1846, Sietz, *Die musikalische Gestaltung* (wie Anm. 15), S. 18.
37 Sietz, *Die musikalische Gestaltung* (wie Anm. 15), S. 19–21.
38 5. März 1847, Sietz, *Die musikalische Gestaltung* (wie Anm. 15), S. 26.
39 Vgl. Brown, *Mendelssohn's* Die Hochzeit des Camacho (wie Anm. 20), v. a. S. 41–44.
40 Ebd., S. 40.
41 Vgl. hierzu etwa die Beiträge in *Das ungeliebte Frühwerk. Richard Wagners Oper »Das Liebesverbot«. Symposium München, Bayerischer Rundfunk, 2013*, hg. von Laurenz Lütteken (= Wagner in der Diskussion 12), Würzburg 2014. Selbst mit diesem Projekt stand Wagner wohl keineswegs allein, wie Klaus Pietschmann kürzlich am Beispiel Joseph Rastrellis zeigte; vgl. Klaus Pietschmann: *Vermittelte Italienrezeption. Joseph Rastrellis komische Oper* Salvator Rosa *und ihre Spuren im Schaffen Richard Wagners*, in: *Musiktheorie* 28 (2013), S. 126–137.
42 Geibel, *Die Loreley* (wie Anm. 30); mit dem Vermerk »Die Loreley darf ohne Erlaubniß des Verfassers in keiner Weise öffentlich aufgeführt werden.« (S. [8].).
43 Klaus Hortschansky: *Offenbachs ›grosse romantische‹ Oper* Die Rheinnixen *(1864)*, in: *Jacques Offenbach, Komponist und Weltbürger. Ein Symposium in Offenbach*, Mainz 1985, S. 209–241.

Zur Stoffgeschichte von Mendelssohns Konzertouvertüren

Lothar Schmidt (Marburg)

1835 erschien die Partitur dreier Ouvertüren in Leipzig bei Breitkopf & Härtel im Druck.[1] Felix Mendelssohn Bartholdy verwendet hier den Terminus »Concert-Ouverture«. Die Zählung lautet:

No. 1 Der Sommernachtstraum
No. 2 Die Fingals-Höhle
No. 3 Meeresstille und glückliche Fahrt

Der Partiturdruck folgt damit der Chronologie der Erstveröffentlichungen der Ouvertüren als Stimmendrucke, nicht der Entstehungszeit. Die *Ouvertüre* zum *Sommernachtstraum* entstand 1826, *Meeresstille und glückliche Fahrt* geht auf das Jahr 1828 zurück, das erste Notat zur *Fingals-Höhle* – heute allgemein als *Hebriden-Ouvertüre* bekannt – stammt hingegen vom 7. August 1829. 1836 erschien dann die 1833 komponierte *Melusinen-Ouvertüre* separat als Partiturdruck.[2] Diese vier Werke, die ohne äußerliche Veranlassung wie etwa durch einen Kompositionsauftrag entstanden sind, bilden den von Mendelssohn selbst autorisierten Beitrag zum Genre der Konzertouvertüre mit Sujet oder Programm. Mendelssohn hat dieses Genre keineswegs – wie gelegentlich behauptet wird – erfunden, sondern er knüpft an Entwicklungen des Konzertrepertoires in den 10er und 20er Jahren des 19. Jahrhunderts an. Ignaz Moscheles etwa rät Mendelssohn 1829 im Blick auf die erste London-Reise und die dortigen Aufführungschancen ausdrücklich, neben einer Sinfonie und geistlichen Sätzen auch Ouvertüren mitzubringen.[3] Mendelssohn nutzte die Chance, und er hat das Genre dann mit jenen vier Werken, die ganz rasch in den Konzert-Kanon aufgenommen wurden, wesentlich geprägt. Umso erstaunlicher, dass er sich nach der *Melusinen-Ouvertüre* wieder davon abwandte. Sicher: Im Bereich der Orchestermusik drängte die große Sinfonie wieder in den Vordergrund. Vielleicht spielte aber auch eine Rolle, dass Mendelssohn mit den vier Ouvertüren für sich einen Kreis von Möglichkeiten ausgeschritten hatte. Das wäre zum einen an den Kompositionen selbst zu zeigen, zum anderen auch an der Stoffwahl. Sie steht hier im Zentrum.

Für die *Ouvertüre* zum *Sommernachtstraum* gilt, wie gleichfalls für *Meeresstille und glückliche Fahrt* und für die *Hebriden*, dass sie ganz eng gebunden ist an die Lektüre der Mendelssohn-Kinder und die bürgerlichen Bildungswelt jener Zeit. Der zweite Aspekt – die Verankerung der gewählten Stoffe im bürgerlichen Bildungskanon – bildete zugleich eine wesentliche Voraussetzung dafür, dass die programmatischen Aspekte der Ouvertüren überhaupt kommunizierbar waren.

Shakespeare gehörte, das erweisen auch die Briefe, die zwischen den Geschwistern gewechselt wurden, ins Zentrum der gemeinsamen Lektüre.[4] In den Briefen führte sie immer wieder zu teils virtuosen literarischen Anspielungen, ja bisweilen wurde sie auch zu scherzhaften Verballhornungen genutzt. Sebastian Hensel, Mendelssohns Neffe und Fannys Sohn hat die Shakespeare-Lektüre der Geschwister in seiner Familienbiographie so charakterisiert: »[...] die Schlegel-Tiecksche Ueebersetzung war erschienen und in dieser der Shakespeare zum ersten Male in genießbarer Form geboten. Mit dem Englisch der Geschwister war es damals noch nicht so gut bestellt, daß sie den Shakespeare in der Ursprache hätten lesen können. Der Eindruck war ein ungeheurer; die Tragödien, vor allen aber die Lustspiele, und unter diesen ganz besonders der Sommernachtstraum, waren die Wonne der Mendelssohnschen Kinder.«[5] Nur in diesem Kontext der engen familiären Kommunikation ist auch Mendelssohns lapidare Ankündigung in seinem Brief vom 7. Juli 1826 an Fanny an Abraham Mendelssohn Bartholdy zu sehen: »Ferner habe ich mir das Componiren im Garten zugelegt […] und heute oder morgen will ich midsummernightsdream zu träumen anfangen. Es ist aber eine gränzenlose Kühnheit!«[6]

Stoffgeschichtlich ergibt sich übrigens ein weiterer Bezug. In seinem Brief erwähnt Mendelssohn die Aufführung von Carl Maria von Webers *Oberon* im Königstädter Theater, dessen Libretto wiederum auf Wielands Versepos beruht. Und noch im selben Monat spielte Mendelssohn als Geiger in einem Konzert, in dem auch die *Oberon-Ouvertüre* gespielt wurde. Er beschreibt die langsame Einleitung ausführlich unter Einsatz von Notenbeispielen: »Mit heiligem Respect lege ich meine Geige in den Kasten, und gehe zuzuhören auf den Grasplatz, ein bischen gespannt. Mit einem himmlischen Andante beginnts. Es ist der schönste Ouvertüren Anfang von Weber [...] Die Elfen in den Blasinstrumenten spielen gleich mit, der Türkenmarsch klingt auch an, und dann kommt ein Satz in Cello's und Bratschen, wie er ihn oft instrumentirt, aber wohl eine der rührendsten und edelsten Melodien die er je erfunden; lange hat mich nichts so entzückt, wie der Gesang, der dann endlich immer leiser wird, bis er endlich [...] auseinandergeht [...] Nun strömt das Allegro zu«.[7]

Das Sujet zur *Ouvertüre Meeresstille und glückliche Fahrt* ist ebenfalls gebunden an den literarisch-musikalischen Kanon der Familie. Es ist wie im Falle des *Sommernachtstraums* wieder ein bestimmter Text, nun allerdings ein Doppelgedicht Goethes, also des für Mendelssohn auch biographisch mit Abstand wichtigsten Autors. Stoffgeschichtlich gibt es auch hier eine doppelte Anknüpfung, und zwar neben der an Goethe die an Beethoven: also an den Komponisten, den Mendelssohn durch sein Klavierspiel Goethe nahezubringen versuchte. Beethoven komponierte 1812 die Gedichte für Chor und großes Orchester.

Nun ist Mendelssohns *Ouvertüre* alles andere als eine Übertragung von Beethovens Konzeption in den Bereich der Orchestermusik. Gestützt durch den gesungenen Text komponiert Beethoven die Aspekte des Schrecklichen und Erhabenen im ersten Teil durchaus plakativ aus. Darauf verzichtet Mendelssohn. Formal greift er auf das verbreitete Modell einer Ouvertüre in Sonatensatzanlage mit langsamer Einleitung zurück, gibt aber dem langsamen Teil, wie auch bereits Beethoven, in der Komposition schon durch seine Ausdehnung ein eigenes Gewicht. Dieser Abschnitt leitet auch nicht ein, sondern beide Teile verhalten sich wie Bild und Gegenbild. Fanny hat dies in einem Brief vom 28. Juni 1828 an den gemeinsamen Freund Carl Klingemann in London präzise ausgedrückt: »Felix schreibt ein großes Instrumentalstück ›Meeresstille und glückliche Fahrt‹ nach Goethe. Er hat eine Ouverture mit Introduktion vermeiden wollen und das Ganze in zwei nebeneinanderstehenden Bildern gehalten.«[8] Das zweite »Bild«, technisch gesprochen der Sonatensatz mit Exposition, Mittelteil, Reprise und Coda, setzt nach einer Überleitungsphase ein, die wie bei Beethoven die Bewegung des langsamen Teils zum schnellen Tempo hin beschleunigt. Der schnelle Teil ist aber kein in sich ruhendes Tableau, wie das Wort »Bild« nahelegen könnte, sondern ist musikalisch vielmehr eine Ereignis- oder Bildfolge, die an Goethes zweites Gedicht anknüpft, aber auch entschieden darüber hinausgeht. Der Mittelteil bietet statt einer traditionellen Durchführung einen veritablen Meerssturm mit traditionell-topischer Chromatik und Piccoloflöte als charakteristischer Instrumentalfarbe, die Coda schließlich eine fulminante Ankunft mit Pauken, Trompeten und Piccoloflöte als Bootsmannspfeife.

Auf einen Aspekt der Rezeption sei hingewiesen, der die Frage des kanonisierten Stoffes oder – genauer – des Goethe'schen Textes als Rezeptionsvorgabe betrifft. In Deutschland durfte Mendelssohn die Kenntnis von Goethes Doppelgedicht beim gebildeten Konzertpublikum voraussetzen. Anders war offensichtlich die Situation in England: Lea Mendelssohn Bartholdy schrieb dazu am 13. Mai 1829 an ihren Sohn in London: »Vater sagte neulich, in Zukunft würde man der Dampfschiffe wegen, die Meeresstille nicht mehr verstehen. Sollte es, wie wir sehnlich wünschen, zur Aufführung kommen, so hoff ich, fehlt Dir der übersetzende Dichter zur Erläuterung nicht: bei der Analogie der Sprachen ists gar nicht schwer, oder am Ende existirt schon die Uebertragung des dort verehrten Goethe.«[9] In London erhielt Mendelssohn dann von seinem aus politischen Gründen emigrierten Freund Ludwig Mühlenfels, der seit kurzem die erste Professur für Germanistik in England innehatte, eine – wie Mendelssohn schreibt – »trefflich[e]«[10] Übersetzung der Gedichte für den Gebrauch im Konzert.

Beziehen sich Mendelssohns Konzertouvertüren zum *Sommernachtstraum* und zu *Meeresstille und glückliche Fahrt* jeweils auf bestimmte literarische Texte so ist die Lage bei der *Ouvertüre* zum *Märchen von der schönen Melusine* diffiziler. Selbst zwischen den Geschwistern gab es ein Verständigungsproblem über den Titel. Fanny, die ausgezeichnete Pianistin, schrieb am 27. Februar 1834 folgendes an Mendelssohn in Düsseldorf: »Deine schöne Melusine habe ich nun ziemlich in der Gewalt, und große Freude daran. Das Stück plätschert ganz prächtig, u. Du hast den Wellen eine höchst anmuthige Mannigfaltigkeit gegeben. Uebrigens kenne ich das Mährchen gar nicht, was ist denn das für ein Seelöwe, der so bös in f moll angebrummt kommt, u. dann immer wieder durch das freundliche Wellenspiel beschwichtigt wird? Ich werde mir, wie Sir George eine schriftliche Instruction über die Ouvertüre ausbitten, oder doch eine Anweisung, welches [Hervorhebung original] Mährchen ich zu lesen habe?«[11] Der von Fanny erwähnte »Sir George« ist George Smart, der »Director« der Philharmonic Society in London, die die Ouvertüre 1834 aufführen sollte.

Felix Mendelssohn antwortete Fanny am 7. April 1834: »[...] paß auf, ich will wüthen. O Du! frägst mich, welches [Hervorhebung original] Mährchen Du lesen sollst? Wie viele giebt es denn? Und wie viele kenn ich denn? Und weißt Du die Geschichte von der schönen Melusina nicht? Und soll man sich nicht lieber einmummen und verkriechen, in alle mögliche Instrumentalmusik ohne Titel, wenn die eigne Schwester (Du Rabenschwester!) nicht einmal so einen Titel goutirt. Oder hast Du wirklich vom schönen Fisch nie gehört? [...] ich habe diese Ouvertüre zu einer Oper von Conradin Kreuzer geschrieben, welche ich voriges Jahr um diese Zeit im Königstädter Theater hörte. Die Ouvertüre (nämlich die von Kreuzer) wurde da Capo verlangt und misfiel mir ganz apart, nachher auch die ganze Oper [...] da bekam ich Lust auch eine Ouvertüre zu machen, die die Leute nicht da Capo riefen, aber die es mehr inwendig hätte, und was mir am sujet gefiel nahm ich (und das trifft auch gerade mit dem Mährchen zusammen) und kurz die Ouvertüre in fdur kam auf die Welt, und das ist ihre Familiengeschichte.«[12]

Mendelssohns Hinweis: »und was mir am sujet gefiel nahm ich (und das trifft auch gerade mit dem Mährchen zusammen) und kurz die Ouvertüre in fdur kam auf die Welt«, ist bemerkenswert. Das Libretto zu Conradin Kreutzers Oper stammte von Franz Grillparzer und war ursprünglich Beethoven zugedacht.[13] Mendelssohn unterscheidet jedoch explizit zwischen Grillparzers Text und der Melusinen-Fabel, dem »Mährchen«. Welche weiteren literarischen Bearbeitungen des »sujets« er kannte, wissen wir nicht sicher, in Frage kommt in erster Linie Ludwig Tiecks *Sehr wunderbare Historie von der Melusina*, die im Jahr 1800 erstmals erschienen und dann 1829 in Tiecks Werkausgabe unter der Rubrik »Märchen« eingeordnet war.[14] Bekannt dürfte ihm auch Friedrich de la Motte Fouqués literarische Fassung des verwandten Undinen-Stoffes von 1811 gewesen sein.[15] Laut Robert Schumann reduzierte Mendelssohn das Problem nochmals recht lapidar: »Ein Neugieriger frug einmal Mendelssohn, was die Ouverture zur *Melusina* eigentlich bedeute. Mendelssohn antwortete rasch ›Hm – eine Mesalliance.‹«[16] Die von Schumann zitierte Bemerkung Mendelssohns mag auch durch Verdruss über Missverständnisse hinsichtlich der Bedeutung des durch die Werktitel angedeuteten Programms veranlasst sein. Sie ist gewiss ein Sarkasmus, aber sie zielt zugleich auf das zentrale Motiv des Melusinen- und des Undinen-Stoffkreises, die existenzielle Unvereinbarkeit der Nixen- und der Menschenwelt, das sich durch die unterschiedlichen literarischen Bearbeitungen zieht.

Die Titelgebung für die Londoner Erstaufführung in London hatte Mendelssohn bereits im Januar 1834 sorgfältig erwogen. Auch dies hängt damit zusammen, dass nicht wie bei der *Ouvertüre* zum *Sommernachtstraum* oder zu *Meeresstille und glückliche Fahrt* ein konkreter literarischer Text den Bezugspunkt bildete, und hinzu kam die Ungewissheit, inwiefern das »sujet« der *Ouvertüre* in England überhaupt bekannt sei. Mendelssohn schrieb hierzu an Carl Klingemann in London: »Auch wegen des Titels hatte ich Rosen [gemeint ist Friedrich August Rosen, der zusammen mit Ludwig Mühlenfels nach England emigrierte Orientalist] gebeten (glaub' ich) mit Moscheles zu sprechen, da auch mir Melusina für England unverständlich scheint; ich meinte, es müßte ein ähnliches Märchen auch in England geben, und daraus sey der Name dann zu nehmen, denn solche nette Fische gibt es wohl überall, oder ich dachte gar, es wäre dasselbe in England unter andrem Namen volksthümlich, wie Erlkönig a.u. Aber freilich müßte dann der Name auch so schön klingen, wie unserer, nicht aber Bess oder Bell oder so was, und da ich selbst nun zweifle, dass sich so einer findet; da er Euch nicht bekannt war, so ist der Name the Mermaid ganz schön, und erläutert alles. Nur aber um Gotteswillen keine weitere Erklärung auf dem Zettel, Du weisst, wie ich das perhorrescire, und setzt dann in Gottes Namen Overture to the Melusina (the Mermaid) oder auch German mermaid oder fair mermaid, oder the knight and the mermaid, oder the tale of the mermaid, oder the tale of the fair mermaid (&c. wie oben); aber setzt Melusina auf jeden Fall dazu, welches gut klingt.«[17] Angekündigt wurde die Novität in London dann als: »*Melusine*«, or the »*Mermaid and the Knight*«.[18]

Mendelssohns *Melusinen-Ouvertüre* ist nun ihrerseits zu einem Moment in der Geschichte des Melusinen-Stoffes geworden, und zwar bei einem Transfer in die Bildende

Kunst. August Wilhelm Ambros publizierte 1872 einen Aufsatz über Mendelssohns Ouvertüre und einen Bildzyklus von Moritz von Schwind aus der zweiten Hälfte der 1860er Jahre. Auch Ambros äußert sich zum Stoff und seiner Tradition: »Unvergleichlich besser [als Ludwig Tieck] ist Mendelssohn in seiner Ouverture der Sache gerecht geworden; ja, irre ich nicht, <u>so ist die Art, wie Mendelssohn das Märchen musikalisch erzählt, auf die Art, wie es malerisch von Schwind, dem intimen Freunde Franz Schuberts und feinen Musikkenner, erzählt wird, nicht ohne einigen Einfluß geblieben</u> [Hervorhebung von Ambros]. Der Grundgedanke des Märchens (den auch Fouqué in seiner reizenden »Undine« an einem anderen Stoffe entwickelt hat), dass eine verkörperte Naturseele, eine Quellnymphe, aus dem selbstlosen, leidenschaftslosen, träumerischen Leben der Natur sehnsüchtig hinüberstrebt in's Menschenleben mit seinem Empfinden, Lieben und Leiden, und wie sie nach erfahrener Wonne und erfahrenem Leid endlich aus dem fremden Kreise bitter schmerzlich scheidet, aber auch wieder zurückkehrt in jenes selbstlose, träumerische Leben der Natur, wo es kein Glück, aber auch keinen Schmerz gibt – dieser Grundgedanke ist vom Musiker, wie vom Maler in gleich ergreifender Weise ausgedrückt.«[19]

Die Stoffgeschichte der *Hebriden-Ouvertüre* ist sicher die komplexeste von Mendelssohns vier Konzertouvertüren mit Sujet. Mendelssohn hat von seiner Schottlandreise im Sommer 1829 in den Briefen an die Familie von zwei musikalischen Inspirationserlebnissen berichtet. Da ist zum einen der Beginn der *Schottischen Sinfonie* beim Besuch von Holyrood Castle in Edinburgh[20] und zum anderen der Beginn der *Hebriden-Ouvertüre*.[21] Als ein Seestück oder als Landschaftsmalerei wurde die *Hebriden-Ouvertüre* oft, u. a. von Richard Wagner, der die Rezeptionsgeschichte wesentlich beeinflusst hat[22], gehört. Das trifft die Sache jedoch nur zum Teil. Wie der Briefwechsel zeigt, war Schottland bereits vor allen Reiseeindrücken ein in höchstem Grade literarisch präfigurierter Ort. Zwei Epizentren der Lektüre stehen dafür ein: Zum einen die von James Macpherson edierten oder – u. a. nach der Vermutung von Samuel Johnson[23] – fingierten Epen des Barden Ossian, zum anderen die historischen Romane Walter Scotts, die in Mendelssohns Jugend nicht nur in Deutschland zur verbreitetsten Lektüre und zum Gegenstand der Nachahmung wurden. Eine ganze Reihe deutscher Übersetzungen, sowohl der Ossian-Dichtungen wie der Walter Scotts lag vor. Ossian war zudem durch Goethes Textmontage in *Die Leiden des jungen Werthers* für Mendelssohn ein sanktionierter Text[24], und Ossian wie Walter Scott bildeten neben Shakespeare weitere Schwerpunkte der Lektüre der Mendelssohn-Geschwister.

Bereits 1828, also ein Jahr vor der geplanten Reise nach England und Schottland, schrieb Mendelssohn ein dreiteiliges Klavierstück, das in den Familienbriefen als *Sonate écossaise* auftritt und später als *Fantasie* op. 28 veröffentlicht wurde. Fanny spielte es mit Begeisterung. Sie begann dann 1829 nach Mendelssohns Abreise mit der Komposition eines Liederkreises auf Texte der Gedichte des Altphilologen Johann Gustav Droysen, und ein musikalisches Zitat aus Mendelssohns *Fantasie* op. 28 ist dann auch in den Liederkreis eingegangen.[25] Droysen war Hauslehrer der Mendelssohn-Kinder gewesen, aber er gehörte – ungefähr gleichen Alters – auch zu deren engstem Freundeskreis. Nummer 5 dieses Liederkreises heißt *Im Hochland*. Mendelssohn erreichte das Geschenk noch während des Aufenthalts in London. Nach der ersten Reiseetappe durch das schottische Hochland schrieb er dann an die Familie: »Das Land ist breit, weit, dick bewachsen und belaubt, von allen Seiten stürzen reiche Wasser unter den Brücken vor, wenig Korn, viel Haide mit braunen und rothen Blumen, Schluchten, Pässe, Kreuzwege, schönes Grün überall, tiefblaues Wasser, aber alles ist ernst, dunkel, sehr einsam. Was soll ichs beschreiben? Fragt Droysen, der kennt es besser und kann es malen, wir haben uns immer Zeilen seines ›Hochlands‹ hergesagt. Ich rede ihn jetzt an. Lieber Droysen! Woher kennst Du Schottland? Es ist so wie Du sagst.«[26]

> Johann Gustav Droysen: *Im Hochland*[27]
>
> Im Hochland, Bruder, da schweifst du umher,
> Im Hochland voll Meer und Heide.
> Vom verwitterten Fels senkt Wolke sich schwer
> Hinab auf grünende Weide.
> Da oben gewarst du nicht Wandrer, nicht Baum,
> Der Adler fliegt einsam in öden Raum.
>
> Nun schäumt ein Gießbach ins Tal zum See,
> Zum See in des Waldes Mitte.
> Drin spiegelt sich zierlich das trinkende Reh
> Und die Insel im See und die Hütte.

Da blinket ein Lichtlein und ladet dich ein,
Du ruderst hinüber da nachts zu sein.

O könnt ich schweifen und jagen mit dir,
Auf dem See mit dir rudern und treiben.
Auf heimlicher Insel wohnen mit dir,
Und bei dir, Bruder, bleiben.
Nun bist du fern und bleibst noch lang,
Und, Bruder, wie ist mir nach dir so bang!

Eine Reihe von Bildern aus Droysens Gedicht – die »Gießbäche«, der »öde Raum«, die »Heide« und die »Wolke«, die sich »vom verwitterten Fels schwer [...] hinabsenkt«, – kehrt dann auch in den Briefen, die Mendelssohn zusammen mit Klingemann aus Schottland an die Familie in Berlin schrieb, angelegentlich wieder. So auch in dem umfangreichen, über mehrere Tage in Abschnitten abwechselnd von Klingemann und Mendelssohn geschriebenen Brief vom 31. Juli bis 3. August 1829, der von der ersten Etappe der Hochlandsreise berichtet.[28] Das Bild der Insel im See in Droysens Gedicht ist wohl eine Anspielung auf Walter Scotts *The Lady of the Lake* (1810), und Loch Katrine, der Ort der fiktiven Handlung von *The Lady of the Lake*, war selbst eines der Reiseziele Mendelssohns und Klingemanns.[29] Ein durch Moscheles vermittelter Besuch bei Walter Scott auf dessen Landsitz in Abbottsford bildete sogar den programmatischen Auftakt der Reise durch das Hochland.[30] Diese Details machen eines deutlich: Das war keine naive Reise, sondern Schottland war als literarische Prägung die entscheidende Voraussetzung nicht nur für den Entschluss zur Reise, sondern auch für die Aufnahme der Landschaft selbst. Das literarische Schottlandbild präformierte und prägte das Erlebnis entscheidend[31], und dies weit mehr noch als die musikalische Präsenz Schottlands in Mitteleuropa etwa durch Beethovens Bearbeitungen schottischer Lieder.

Der nächste große Brief an die Familie in Berlin vom 7. bis 11. August, den überwiegend Klingemann schrieb, da Mendelssohn unter Seekrankheit litt und deshalb verhindert war, berichtet von der Reise auf die Hebriden. Das war bereits 1829 ein im modernen Sinne touristischer Ausflug auf dem Dampfboot und in sehr gemischter Gesellschaft: Staffa mit der Ossians Vater Fingal zugeordneten Basalthöhle war ein Ziel, vielleicht das Hauptziel. Die Verknüpfung Fingals mit der Basalthöhle auf Staffa war freilich selbst ein Produkt der Ossian-Rezeption im späten 18. Jahrhundert.[32] Mendelssohns oben erwähntes Notat mit dem Beginn der *Hebriden-Ouvertüre* wurde allerdings noch in Tobermory auf der Insel Mull am Vorabend der Dampfschiffsreise nach Staffa geschrieben. Eine weitaus weniger beachtete spätere Passage des oft zitierten Briefes – sie stammt von Klingemann – schildert einen Eindruck von Insel Jona, die man auf der auf der Rückfahrt von Staffa besuchte:

»Jona, eine von den Hebridenschwestern, klingt doch wohl sehr Ossianisch und weichmüthig, und es ist was dran – sitze ich mal in einer tollvollen Assemblée mit Musik und Tanz, und ich habe Lust mich in die ödeste Einsamkeit zu begeben, so denke ich an Jona, woselbst die Ruinen einer Kathedrale, die mal geglänzt hat, die Reste eines Nonnenklosters, und die Gräber der alten Schottischen Könige und älterer Nordischer Seefürsten; auf manchen Denksteinen sind zwischen groben Verzierungen Schiffe ausgehauen. Wohnte ich aber gar auf Jona, und lebte dort von Melankolie wie andere von ihren Renten, so wäre mein dunkelster Augenblick der, wo im weiten Raume, der nichts führt als Klippen und Möwen, mit einem male einen Schnörkel von Dampf sähe, dann das Schiff selber, und zuletzt gar eine bunte Gesellschaft in Schleiern und Fräcken heausträte, sich eine Stunde lang die Ruinen und die Gräber und die drei kleinen Hütten für die Lebendigen ansähe und dann wieder davon zöge, – und dieser [rech]t unmotivirte Spaß sich nun wöchentlich zweimal erneuerte, als das Einzige beinah, woran zu erkennen [d]aß eine Zeit und Uhren in der Welt; – es müßte seyn als zögen die alten Begrabenen in einer possenhaften [Ve]rmummung um.«[33]

Selbst dieser Schilderung der Hebrideninsel Jona verbundenen Einsamkeit ist eine Ossianische Reminiszenz eingeschrieben: Im Epos *Fingal* werden mehrfach die »Söhne der einsamen Insel« genannt, die den Iren im Kampf zu Hilfe eilen – gemeint ist damit Ossians Vater Fingal mit seinen Gefolgsleuten.[34]

Auch die Geschichte des Titels der *Ouvertüre* ist nochmals komplizierter als die der *Ouvertüre* zum *Märchen von der schönen Melusine*: Auf dem Titelblatt des Partitur-Erstdrucks von Mendelssohns *Concert-Ouvertüren* von 1835 lesen wir unter Nr. 2: *Die Fingals-Höhle*. Das zielt auf die Basalthöhle der Insel Staffa, die man besichtigte, und die, wie Klingemann drastisch schildert, ein Touristenziel geworden war, das man mit dem Dampfboot ansteuerte. Am 6. Oktober 1830 schrieb Mendelssohn aus Graz auf der Reise von Wien nach Italien an die Familie: »Ich arbeite stark an meiner Hebriden-Ouvertüre, die ich nennen will: Ouvertüre zu der einsamen Insel«.[35] Das in Rom auf den 16. Dezember 1830 datierte erste Partiturautograph ist überschrieben »Die Hebriden«.[36] Eine bereits auf den 11. Dezember 1830 datierte Abschrift trägt den Titel »Ouvertüre zur einsamen Insel«.[37] Am 18. September 1833 heißt es im Zusammenhang mit der Vorbereitung des Stimmendrucks in einer Anweisung an den Verlag Breitkopf & Härtel: »Der Titel der Ouvertüre ist: Ouvertüre zu den Hebriden für ganzes Orchester«.[38] In London erschien schließlich 1833 eine von Mendelssohn autorisierte Bearbeitung für Klavier zu vier Händen mit dem Titel »Ouverture to the Isles of Fingal«[39], unter dem das Stück in London sonst auch aufgeführt wurde. In Leipzig wurde die *Ouvertüre* seit der Erstaufführung am 13. Februar 1834 bis zu Mendelssohns Tod regelmäßig angekündigt als: *Die Hebriden (Fingals Höhle)*, wobei ab 1836 der Titel häufig nur noch »Die Hebriden« lautet. Eine Besonderheit stellt die Ankündigung zum 7. Abonnementskonzert der Saison 1834/35 am 4. Dezember 1834 dar: »Ossian in Fingalshöhle«[40] (es handelt sich bereits um die vierte Auffführung des Werks in Leipzig). Mendelssohn war zu dieser Zeit noch in Düsseldorf, und es ist nicht bekannt, auf wessen Initiative die Titeländerung zurückgeht. Stets haben wir in der Titelgebung den Verweis auf einen Stoff, der ganz nach dem Kreis der Rezipienten – sei es in Deutschland, sei es in England oder in der Familienkorrespondenz (hier überwiegt, wohl auch aus dem gemeinsamen Wissen um den Entstehungshintergrund, das Titelstichwort »Hebriden«) – schwankend gewählt wurde und bisweilen wohl auch nicht unter Mendelssohns Kontrolle stand.

Nur auf zwei Rezeptionsdokumente sei hier hingewiesen, die die Problematik des Titels als Rezeptionsvorgabe ansprechen. In einer anonymen Rezension des Erstdruck der Orchesterstimmen bei Breitkopf und Härtel in Leipzig 1833 unter dem Titel »Ouverture zu den Hebriden (Fingals Höhle)« lesen wir: »Tonerzeugnisse, die sich an bestimmte Gegenstände knüpfen, deren musikalische Gestaltung vom Anschauen oder Vorbildern dieser Gegenstände Leben gewann, setzen wenigstens eine allgemeine Kenntnis der Anregungserscheinung voraus, wodurch der Hörer in die Stimmung versetzt wird, die einigermaassen derjenigen nahe kommt, in der sich der Tonsetzer beim Abfassen seines Werkes befand. Man verzeihe daher, wenn wir um Einiger willen an Bekanntes kürzlich erinnern. Die prachtvolle, vom Meer durchwogte, mit hohen Basaltsäulen des schon am Eingange 170 Fuss hohen Gewölbes an beyden Seiten grandios geschmückte Fingalshöhle, welche die Hochschotten ihrem alten, ruhmgekröhnten Helden, dem Vater Ossians, von Riesen erbaut glaubten, liegt am westlichen Gestade der kleinen, unbewohnten, baumlosen Insel Staffa, d. i. Stabinsel, von den vielen aus dem Meeresgrunde sich erhebenden Basaltformationen so genannt. Das Oede des berühmten Eilandes, verbunden mit der Säulenpracht und den Nebelerinnerungen einer großartig seltsamen Vorzeit, verstärkt den schauerlich erhabenen Eindruck. – Der Titel ›zu den Hebriden‹ ist daher viel zu weit und wahrscheinlich nur der Besorgnis zuzuschreiben, man möchte des wüsten Eilandes sich kaum erinnern. Dem ist mit Wenigem abzuhelfen und jeder Gebildete kennt es ohnehin. Man hat also beym Anhören dieser Musik an Staffa und die berühmte Höhle zu denken.«[41]

Richard Wagner äußerte sich 1881 laut Cosima Wagners Tagebuch wie folgt: »Dann läßt R. die Hebriden-Ouvertüre spielen und freut sich des schönen Werkes, meint aber, ein Programm sei dazu notwendig, denn wie er es zum ersten Mal gehört habe, in Leipzig, mit dem Titel *Hebriden-Ouvertüre,* mit welchem er nicht wußte was anfangen, habe er gar nichts verstanden.«[42]

Zum Abschluss noch ein Hinweis zum Stoffkreis der *Hebriden-Ouvertüre* in europäischer Perspektive, die bei Mendelssohn selbst und in der Rezeption auch mitschwingt. Ossian, Walter Scott: Da gab es für Mendelssohns Zeitgenossen – zumal in den unterschiedlichen Ländern – einen ganz weiten Assoziationsraum. Ossian, der in der englisch-schottischen Politik der 1820er Jahre als Vermittler zwischen den miteinander sehr konfliktreich verbundenen Völkern aktualisiert wurde: Prominent war hier die von Walter Scott 1822 inszenierte Reise Georges IV. nach Schottland mit der Aktualisierung des Tartans, von der das bekannte Portrait John Wilkies von 1829 zeugt.[43] Daneben die französische Tradition der Barden und der ossianischen Helden, zum Beispiel in Napoleons Lieblings-Oper *Ossian, ou les Bardes* (UA 1804) von Francois Lesueur[44], einem der Lehrer von Hector Berlioz, der selbst – freilich unter den Vorzeichen des

Chateaubrian'schen »mal du siècle« – als Jugendwerk eine Ouvertüre auf den so eng an die hochaktuelle englisch-schottische Versöhnungspolitik gebundenen *Waverley*-Roman von Walter Scott schrieb. Auf Lesueurs Ossian-Oper bezogen sich u. a. Jean Auguste Dominique Ingres in seinem Gemälde *Le songe d'Ossian* (1813), das ursprünglich für Napoleons Appartement im Quirinalspalast in Rom in Auftrag gegeben worden war, und durch den Harfensatz in gewisser Weise auch Ferdinand Ries, ein Schüler Beethovens, mit seiner für die Philharmonic Society in London geschriebenen *Ouverture bardique* (1815).[45]

Erinnert sei nur noch an ein Bild eines Malers, von dem Mendelssohn bereits 1829 in London Arbeiten in der Summer Exhibition der Royal Academy sah[46], und den Mendelssohn, in seinen Zeichnungen und Aquarellen ein Klassizist, überhaupt nicht schätzte: William Turners *Staffa. Fingals Cave* von 1832. Oft wurde das Bild mit Mendelssohn in Verbindung gebracht als Seestück und Landschaftsgemälde und als Vorausdeutung auf den Impressionismus. Vordergründig betrachtet ist es das ebenso wie Mendelssohns *Hebriden-Ouvertüre*. Auf einer anderen Seite stehen die den beiden Werken gemeinsamen Zeichen bzw. Aussparungen, die viele Fragen aufwerfen: Mythologische Personen sind ganz ausgeklammert, neben der literarisch aufgeladenen Landschaft steht ein Dampfboot: Bei Turner im Bild, bei Mendelssohn freilich nur als Subtext, den uns die Briefe geben.[47]

Ein Postskriptum zur *Ouvertüre* zu *Ruy Blas* (1839)
Eine letzte ›selbständige‹ Ouvertüre auf ein literarisches Sujet schrieb Mendelssohn im März 1839. Sie war anders als die vier großen Konzertouvertüren ein Gelegenheitswerk. Es entstand auf Bitten des Leipziger Theater-Pensionsfonds, der zum Wohle seiner Mitglieder und deren Familien eine Benefiz-Vorstellung von Victor Hugos Drama *Ruy Blas* veranstaltete. *Ruy Blas* war in diesem Jahr eine theatralische Novität, Hugo schrieb das Drama im Jahr 1838, 1839 erschien es in Band 17 von *Victor Hugo's Sämmtlichen Werken* in der deutschen Übersetzung von Carl Dräxler-Manfred. Von der ursprünglichen Funktion her handelt es sich bei der *Ouvertüre* zu *Ruy Blas* um eine Schauspielouvertüre, und Mendelssohn schrieb für die Leipziger Theateraufführung auch eine Romanze[48] als Inzidenzmusik. Mendelssohn berichtete darüber am 18. März 1839 an seine Mutter: »[…] vor 6–8 Wochen kam die Bitte an mich für die Vorstellung des Theaterpensionsfonds (einer sehr guten und wohlthätigen Anstalt hier, die zu ihrem Benefiz Victor Hugo's Ruy Blas gab) eine Ouvertüre und die in dem Stück vorkommende Romanze zu componiren, weil man sich davon eine bessere Einnahme versprach wenn mein Name auf dem Titel stände. Ich las das Stück, das so niederträchtig unter jeder Würde ist wie mans gar nicht glauben kann, und sagte zu einer Ouvertüre hätte ich keine Zeit, und componirte ihnen die Romanze. Montag (heut vor 8 Tagen) sollte die Vorstellung sein; Dinstag kommen die Leute nun, bedanken sich höflich für die Romanze, und sagen es wäre so schlimm, daß ich keine Ouvertüre geschrieben hätte, aber sie sähen sehr wohl ein, daß man zu einem solchen Werk Zeit brauche, und im nächsten Jahre, wenn sie dürften wollten sie mirs länger vorher sagen. Dieses wurmte mich; Cécile [Mendelssohn Ehefrau] hatte sich erkältet und lag Abends um 9 und schlief, da überlegte ich mir die Sache, fing meine Partitur an; Mittwoch war den ganzen Morgen Concertprobe, Donnerstag Concert, und Freitag früh war die ganze Ouvertüre beim Abschreiber, wurde Montag erst im Concertsaal 3mal dann einmal im Theater probirt, Abends zu dem infamen Stück gespielt, und hat mir einen so großen Spas gemacht, wie nicht bald eine von meinen Sachen. Im nächsten Concert wiederholen wir sie auf Begehren, da nenne ich sie aber nicht Ouvertüre zu Ruy Blas, sondern zum Theaterpensionsfonds.«[49] Die Umbenennung geschah dann auch alsbald in der Ankündigung des unmittelbar folgenden Gewandhaus-Konzerts.[50]

Dass Mendelssohn seinen Widerwillen, eine Ouvertüre zu dem Drama von Victor Hugo zu schreiben, gerade in einem Brief an seine Mutter so bestimmt äußerte (sich dann auch öffentlich von dem literarischen Vorwurf – und damit von Victor Hugo – durch die Umbenennung in *Ouvertüre zum Theaterpensionsfonds* distanzierte und schließlich das Gelegenheitswerk nie in den Druck gab), hat nun wiederum einen Hintergrund in der literarischen Welt der Mendelssohns, die für die Stoffwahl der Konzertouvertüren so bedeutsam war, und sie hat einen Hintergrund nicht zuletzt in Leas literarischen Neigungen und Abneigungen selbst. Hier hatte die Literatur der »Jeune France«, des romanticisme der Generation, die um 1830 in Frankreich hervortrat, keinen Ort. 1835 berichtete Lea unter Anspielung auf ein Diktum Goethes[51] ihrem Sohn: »Wir 3 Frauen [Lea, Fanny und Rebecka] lesen Vater [Abraham Mendelssohn erblindete in seinen letzten Lebensjahren zunehmend] abwechselnd immer noch viel vor, und um Neues zu haben, auch aus der ›Litteratur der Verzweiflung‹. Die Wahrheit dieses Worts entwickelt sich mit jedem Buch der jeune France, das ich kennen lerne, unter andern wieder an den chouans v. Balzac, eine wahre *Niedertracht* v. Erfindung und Ausführung. Ein überreiches sujet, ganz verhunzt durch schlechte Moral, Unsittlichkeit, verschrobene Charaktere, und was das Schlimmste ist, Langweiligkeit und Widerwärtigkeit. Wie man Voltaires Unanständigkeiten tadelt; so ists doch wenigstens komisch und natürlich: die jetzigen Franzosen zeigen aber geistige Verderbtheit, innerliche Befleckung und das verwerflichste Spiel mit Verhältnißen, Empfindungen, diesen Zuständen.«[52]

---

1 Faksimile des Titelblatts des Partitur-Erstdrucks in: *Leipziger Ausgabe der Werke von Felix Mendelssohn Bartholdy*, Serie 1, Band 8,1, hg. von Christian Martin Schmidt, Wiesbaden 2006, S. 235.

2 Faksimile des Titelblatts des Partitur-Erstdrucks ebenda S. 240. Eine Übersicht über die Entstehungsgeschichte der vier Ouvertüren bietet Christian Martin Schmidt, Einleitung, ebenda, S. XII–XXI.

3 Carl Klingemann aus London an Felix Mendelssohn Bartholdy in Berlin, London 12. Februar 1829: »Moscheles bemerkte noch mündlich, daß Sie doch auf jeden Fall Compositionen mitbringen müßten, eine Sinfonie, einige Ouvertüren, und Ihre letzten Kirchen-Compositionen, wo möglich mit ausgeschriebenen Stimmen – was sämmtlich, meinte er, hier zur Aufführung gebracht werden könnte.« Oxford, Bodleian Library, Music Section, MS. M.D.M. b. 4/35. Die Briefstelle ist in folgender Edition ausgelassen: *Felix Mendelssohn-Bartholdys Briefwechsel mit Legationsrat Karl Klingemann in London*, hg. von Karl Klingemann, Essen 1909, S. 50f. Mendelssohn selbst hatte Moscheles in einem Brief vom 10. Januar 1829, den er durch Klingemann übermittelte, um Rat wegen seiner Reise nach London gebeten; *Briefe 1*, S. 257f.

4 Zu diesem Komplex siehe Sebastian Schmideler: *Von »göttlichen Stücken« und »Lumpenkerls«. Felix Mendelssohn Bartholdys literarische Welt*, in: *Musiktheorie* 24 (2009), S. 23–58, zu Shakespeare besonders S. 46–48, und Anselm Gerhard: *Mendelssohns England – Englands Mendelssohn*, in: *Mendelssohns Welten. Zürcher Festspiel-Symposium 2009*, hg. von Laurenz Lütteken (= Zürcher Festspiel-Symposien 2), Kassel [u. a.] 2010, S. 162–173, besonders 163–166.

5 Sebastian Hensel: *Die Familie Mendelssohn 1729 bis 1847. Nach Briefen und Tagebüchern*, Band 1, 17. Aufl., Berlin und Leipzig 1921, S. 179.

6 *Briefe 1*, S. 179; der Briefteil ist ausdrücklich an Fanny (»Geliebteste Schwester«) gerichtet.

7 *Briefe 1*, S. 183.

8 Zit. nach Hensel, *Die Familie Mendelssohn*, Band 1 (wie Anm. 5), S. 220.

9 Oxford, Bodleian Library, Music Section, MS. M.D.M. b. 4/49.

10 Felix Mendelssohn Bartholdy am 17. Juni 1829 aus London an Eduard Devrient in Berlin: »dies Jahr ist es nun wohl eigentlich mit der Musik hier vorbey, denn die saison ist fast schon aus; doch spiele ich noch, meines Gewissens wegen, in den nächsten Tagen Beethovens großes Concert in es dur, die Musiker halten es für unmöglich, und denken das Publicum werde mich fressen, ich glaube es nicht, und spiele. Auch wird an demselben Tage mein Sommer.N.str. gegeben, mehr als Probe für das künftige Jahr, wo das Philha[rm.] ihn spielen muß; denn ich will diese Ouvert., und die Meeresstille, deren Worte Mühlenfels trefflich übersetzt hat, für die nächsten Winterconcerte hier lassen.« *Briefe 1*, S. 313.

11 *The letters of Fanny Hensel to Felix Mendelssohn*, hg. von Marcia J. Citron, New York 1987, S. 455.

12 *Briefe 3*, S. 388.

13 Franz Grillparzer: *Melusina. Romantische Oper in drei Aufzügen. Musik von Conradin Kreutzer*, Wien 1833.

14 Ludwig Tieck: *Sehr wunderbare Historie von der Melusina. In drei Abtheilungen*, in: Ludwig Tieck, *Romantische Dichtungen*, 2 Bde., Jena 1799/1800, Bd. 2, S. 331–464; Ludwig Tieck: *Schriften*, Bd. 13: *Märchen, dramatische Gedichte, Fragmente*, Berlin 1829, S. 67–170: *Sehr wunderbare Historie von der Melusina. In drei Abtheilungen. 1800*.

15 Friedrich de la Motte Fouqué: *Undine, eine Erzählung*, in: *Die Jahreszeiten. Eine Vierteljahrsschrift für romantische Dichtungen*, Band Frühlings-Heft (1811), S. 1–189 (Erstveröffentlichung; eine erste Buchveröffentlichung erschien bereits im selben Jahr).

16 Robert Schumann: *Ouvertüre zum »Märchen von der schönen Melusina«. Von F. Mendelssohn Bartholdy*, in: Robert Schumann: *Gesammelte Schriften über Musik und Musiker*, hg. von Martin Kreisig, Band 1, 5. Aufl., Leipzig 1914, S. 142–144, hier S. 143. Bei dem zitierten Text handelt es sich um eine Fußnote zu folgender Passage in Schumanns Besprechung der Leipziger Erstaufführung von 1835: »Wir meinen, daß, sie zu verstehen, Niemand die breitgesponnene, obwohl sehr phantasiereiche Erzählung von Tieck zu lesen, sondern höchstens zu wissen braucht: daß die reizende Melusina voll heftiger Liebe entbrannt war zu dem schönen Ritter Lusignan und ihn unter dem Versprechen freite, daß sie ihn gewisse Tage im Jahre allein lassen wolle. Einmal bricht's Lusignan – Melusina war eine Meerjungfrau – halb Fisch, halb Weib. Der Stoff ist mehrfach bearbeitet, in Worten, wie in Tönen. Doch darf man eben so wenig, wie bei der Ouverture zu Shakespeares Sommernachtstraum, in dieser einen so groben historischen Faden fortleiten wollen.«

17 *Briefe 3*, S. 327f., Brief vom 18. Januar 1834.

18 Siehe Myles Birket Forster: *History of the Philharmonic Society of London: 1813–1912. A Record of a Hundred Years' of Work*, London 1912, S. 126. Die Ouvertüre erklang zum Abschluss des 3. Konzerts der

Saison 1834 am 7. April 1834.

19 August Wilhelm Ambros: *Schwind's und Mendelssohn's Melusina*, in: ders.: *Bunte Blätter*, Prag 1872, S. 119–126, hier S. 120f. Siehe hierzu auch Lothar Schmidt: *Zeit und Erzählung in Instrumentalmusik von Felix Mendelssohn Bartholdy*, in: *Mendelssohn und das Rheinland. Bericht über das Internationale Symposium Koblenz 29.–31.10. 2009*, hg. von Petra Weber-Bockholdt, Paderborn 2011, S. 169–202.

20 *Briefe 1*, S. 353, Edinburgh, 30.Juli 1829, an die Familie: »Ich glaube, ich habe heute da den Anfang meiner Schottischen Symphonie gefunden.« Siehe das Skizzenblatt vom 30. Juli 1829 in D-B, Musikabteilung, N. Mus. Ms. III mit den Anfangstakten der Sinfonie; Faksimile des Skizzenblatts in: *Leipziger Ausgabe der Werke von Felix Mendelssohn Bartholdy*, Serie I, Band 5, hg. von Thomas Schmidt-Beste, Wiesbaden 2005, S. 149.

21 *Briefe 1*, S. 370f.: »Auf einer Hebride. D. 7ten August 1824. Um zu verdeutlichen, wie seltsam mit auf den Hebriden zu Muthe geworden ist, fiel mir folgendes bey«, es folgen im Brief die Anfangstakte der *Hebriden-Ouvertüre*; Faksimile in: Felix Mendelssohn Barthody: *Die Hebriden. Konzert-Ouvertüre*, hg. von Christopher Hogwood, Kassel 2004, S. XXV.

22 Siehe den Bericht von Hans von Wolzogen: *Erinnerungen an Richard Wagner*, Wien 1883, S. 36: »Mendelssohn war Landschaftsmaler erster Classe, und die Hebriden-Ouvertüre ist sein Meisterwerk«; zitiert nach Andreas Eichhorn: *Felix Mendelssohn-Bartholdy. Die Hebriden. Ouvertüre für Orchester op. 26* (= Meisterwerke der Musik 66), München 1998, S. 79f. Zu Wagners durchaus zweischneidigem Lob Mendelssohns als musikalischem Landschaftsmaler und zu seiner Bedeutung für eine (auch fehlgeleitete) Rezeptionsgeschichte siehe Thomas Grey: *»Fingal's Cave« and Ossian's Dream. Music, Image, and Phantasmagoric Audition*, in: *The Arts Entwined. Music and Painting in the Nineteenth Century*, hg. von Marsha L. Morton und Peter L. Schmunk, New York 2000, S. 63–99, besonders S. 67–69. Siehe auch Thomas Grey: *»Tableaux vivants«: Landscape, History, Painting, and the Visual Imagination in Mendelssohn's Orchestral Music*, in: *19-Century Music* 21 (1997), S. 38–76, besonders S. 69f.

23 Siehe: *Die ossianische Kontroverse in Großbritannien und Irland*, in: Wolf Gerhard Schmidt: *»Homer des Nordens« und »Mutter der Romantik«. James Macphersons Ossian und seine Rezeption in der deutschsprachigen Literatur*, 4 Bände, Berlin 2003–2004, Bd. 1, S. 207–251.

24 Zur literarischen Ossian-Rezeption in Deutschland siehe Wolf Gerhard Schmidt: *»Homer des Nordens« und »Mutter der Romantik«. James Macphersons Ossian und seine Rezeption in der deutschsprachigen Literatur*, 4 Bände, Berlin 2003–2004.

25 »Liederkreis. An Felix während seiner ersten Anwesenheit in England 1829«, Autograph Oxford MS. MDM c. 22, fol. 22r–25r ediert in: *Fanny Hensel, geb. Mendelssohn. 1805–1847. Liederkreis an Felix*, Kassel 2008. Vgl. Nr. 6 des *Liederkreises* mit dem langsamen Teil der *Fantasie*.

26 *Briefe 1*, S. 359. Es handelt sich um eine von Mendelssohn geschriebene Passage aus dem gemeinsam mit Klingemann an die Familie gerichteten Brief vom 31. Juli bis 3. August 1829. Mendelssohn notierte über dem Briefteil »Abends 3 Aug Hochlandskneipe an der Tummelbrücke«; gemeint ist Tummel Bridge bei Blair Atholl.

27 *Fanny Hensel, geb. Mendelssohn* (wie Anm. 25), S. 12f. Die Groß/Klein-Schreibung ist oben im Text den Usancen des poetischen Zeilenfalls angepasst.

28 *Briefe 1*, S. 355–362.

29 R. Larry Todd: *Mendelssohn. A Life in Music*, Oxford 2003, S. 212.

30 Der mit außerordentlichen Erwartungen verknüpfte Besuch bei Walter Scott ist geschildert in *Briefe 1*, S. 355–362. Er geriet letztlich ernüchternd, da Walter Scott im Begriff war abzureisen und nur wenig Zeit fand.

31 Siehe hierzu Melanie Wald: *Zur musikalischen Poetik zweier (Ideen-) Landschaften. Mendelssohn, die Schweiz und Schottland*, in: *Mendelssohns Welten. Zürcher Festspiel-Symposium 2009*, hg. von Laurenz Lütteken (= Zürcher Festspiel-Symposien 2), Kassel [u. a.] 2010, S. 126–161 und Anselm Gerhard: *Mendelssohns England – Englands Mendelssohn*, in: ebda., S. 162–173.

32 Siehe hierzu Eichhorn, *Mendelssohn. Die Hebriden* (wie Anm. 22), S. 10.

33 *Briefe 1*, S. 367.

34 Siehe *The Poems of Ossian the Son of Fingal*, Translated by James Macpherson, Esq., a new edition, carefully corrected, and greatly improved, Edinburgh 1812, S. 39: »Now on the rising side of Cromla stood Erin's few sad sons; like a grove through which the flame had rushed, hurried on by the winds of the stormy night. Cuchullin stood beside an oak. He rolled his red eye in silence, and heard the wind in his bushy hair; when the scout of ocean came, Moran the son of Fithil. ›The ships,‹ he cried, ›the ships of the lonely isle! There Fingal comes, the first of men, the breaker of the shields. The waves foam before his black prows. His masts with sails are like groves in clouds.‹«; S. 44: »›Welcome,‹ said the dark-brown Starno, ›welcome, king of rocky Morven; and ye his heroes of might; sons of the lonely isle! Three days within my halls shall ye feast; and three days pursue my boars, that your fame may reach the maid that dwells in the secret hall.‹«

35 *Briefe 2*, S. 98.

36 New York, The Pierpont Morgan Library.

37 Oxford, Bodleian Library, Music Section, MS. M.D.M. d. 58.

38 *Briefe 3*, S. 268.

39 Einen prägnanten Überblick zu den unterschiedlichen Versionen des Titels in der Korrespondenz, in Manuskripten, Drucken und den ersten Konzertankündigungen gibt Christopher Hogwood: *Introduction*,

in: *Felix Mendelssohn Barthody, Die Hebriden. Konzert-Ouvertüre*, hg. von Christopher Hogwood, Kassel 2004, S. IV–XI, hier besonders S. IV–VI. Vgl. auch Christian Martin Schmidt: *Einleitung*, in: *Leipziger Ausgabe der Werke von Felix Mendelssohn Bartholdy*, Serie 1, Band 8,1, hg. von Christian Martin Schmidt, Wiesbaden 2006, S. XII–XXI, hier besonders S. XV–XIX. Eine weitere Übersicht über die Werktitel in Manuskripten, frühen Drucken und Arrangements findet sich in Ralf Wehner: *Thematisch-systematisches Verzeichnis der musikalischen Werke von Felix Mendelssohn Bartholdy*, Wiesbaden 2009, S. 244.

40 Bert Hagels: *Konzerte in Leipzig 1779/80 bis 1847/48. Eine Statistik*, Berlin 2009, die eigentliche Konzert-Statistik als pdf-Datei auf der CD-ROM-Beilage des gedruckten Buchs, hier S. 905.

41 *Allgemeine musikalische Zeitung* 36 (1834), Sp. 428f.

42 Cosima Wagner: *Die Tagebücher*, 2 Bände, München 1976–1977, Bd. 2, S. 695f. Um welche Aufführung es sich handelte, ist unklar: Erstmals wurde die Ouvertüre unter dem (verkürzten) Titel »Die Hebriden« in Leipzig am 15. Oktober 1836 in einem Konzert Karol Józef Lipińskys aufgeführt; siehe Hagels, *Konzerte in Leipzig* (wie Anm. 40), S. 948 (vgl. auch oben im Text). Zu dieser Zeit hielt sich Wagner aber in Königsberg auf.

43 Zur Schottlandreise Georges IV. und zu Walter Scotts Mitwirkung daran siehe John Prebble: *The King's Jaunt. George IV in Scotland, August 1822, »one and twenty daft days«*, London 1988, Neuauflage Edinburgh 2000.

44 Zur musikdramatischen Ossian-Rezeption siehe Manuela Jahrmärker: *Ossian. Eine Figur und eine Idee des europäischen Musiktheaters*, Köln 1993; weitere Nachweise zum Ossian als musikalischem Sujet überhaupt finden in Matthias Wessel: *Die Ossian-Dichtung in der musikalischen Komposition*, Laaber 1994.

45 Ferdinand Ries: *Ouverture bardique* WoO 24, hg. von Bert Hagels, Berlin o. J. [2008].

46 Felix Mendelssohn Bartholdy an Fanny, Rebecka, Paul und Abraham in Berlin, London, 25. Juni 1829, Briefteil vom 25. Juni 1829: »Um 10 nach der Gemäldeausstellung im Sommersethouse, wo die gräulichsten Schmierereien mit Achtung angesehen werden, Lawrence, Wilkie, Turner & Co. sind schauderhaftes Volk; Was meinst Du, Hensel?« *Briefe 1*, S. 323.

47 »Wir finden so'n Dampfboot wieder poetisch ›unten durch‹«, schrieb Klingemann in deutlicher Anspielung auf Hegel an die Familie Mendelssohn, »Gegeben in den Hebriden, am 7. Aug. [1829]«, *Briefe 1*, S. 364f.

48 *Chor der Wäscherinnen* für Frauenchor und Orchester; siehe: *MWV* (wie Anm. 39), S. 204: MWV M11.

49 *Briefe 6*, S. 343f.

50 20. Abonnementkonzert am 21. März 1839: »Ouvertüre (für die Vorstellung des Theater-Pensionsfonds komponiert)«, siehe Hagels, *Konzerte in Leipzig* (wie Anm. 40), S. 1014.

51 Es handelt sich um die bekannte Äußerung Goethes über die neue französische »Literatur der Verzweiflung« in einem Brief an Mendelssohns Lehrer Carl Friedrich Zelter vom 18. Juni 1831; vgl. Schmideler, *Von »göttlichen Stücken« und »Lumpenkerls«* (wie Anm. 4), S. 28. Der Briefwechsel Goethes mit Zelter war in sechs Bänden 1833/34 erstmals im Druck erschienen. Die Publikation rief in der Familie u. a. wegen Zelters herabsetzender Bemerkungen zum jüdischen Familienhintergrund Mendelssohns Befremden hervorgerufen.

52 Lea Mendelssohn am 28. Februar 1835 aus Berlin an Felix Mendelssohn Bartholdy in Düsseldorf. Oxford, Bodleian Library, MS. M.D.M. d. 30/18, zitiert nach Schmideler, *Von »göttlichen Stücken« und »Lumpenkerls«* (wie Anm. 4), S. 29. Hier (S. 28f.) auch generell zu diesem – negativen – Aspekt der Mendelssohnschen Lektüre.

»Mendelssohn gewidmet« – Zur kompositorischen Mendelssohn-Rezeption

Andrea Hammes (Lübeck)

»Seinem Freunde Felix Mendelssohn Bartholdy in inniger Verehrung zugeeignet« – mit diesem, auf dem Titelblatt des Erstdrucks abgedruckten Text widmete Robert Schumann 1843 Felix Mendelssohn den Erstdruck seiner *Drei Streichquartette* op. 41. Die freundschaftliche, an den Kollegen gerichtete Geste ist nicht ungewöhnlich: Insgesamt 45 Werke konnten bislang eruiert werden, die Mendelssohn zu Lebzeiten oder unmittelbar nach seinem Tod zugeeignet wurden[1], weitere Funde sind wahrscheinlich. Denn bereits aus der bislang veröffentlichten Korrespondenz Mendelssohns sind geplante Widmungen nicht näher spezifizierter Werke zu erschließen. Diese waren freilich zum Zeitpunkt der Widmungsanfrage oftmals noch gar nicht begonnen, sodass ihr späteres Erscheinen ohne weitere Quellenfunde nicht verbürgt ist – so nahm Mendelssohn 1839 die Dedikation einer Ouvertüre Herman Severin Løvenskiolds zu Schillers *Jungfrau von Orléans* an[2], von der bislang nicht klar ist, ob sie in den Druck gelangte. Die eindeutig verifizierten Zueignungen beziehen sich jedoch immerhin unter anderem auf Werke so renommierter Komponisten wie William Sterndale Bennett, Ignaz Moscheles, Louis Spohr oder Niels Wilhelm Gade. Sie konzentrieren sich vor allem auf Vokalmusik und Klaviermusik – diejenigen Gattungen, die zum einen auf dem hart umkämpften Musikalienmarkt eine große Chance auf Veröffentlichung hatten und die zum anderen auch Mendelssohn bevorzugt und mit großem öffentlichem Erfolg bedient hatte. Die Übereinstimmung ist kein Zufall, denn die Widmung gehört zum Gesamtwerk substantiell dazu und hatte auch eine Relevanz für den Notentext, der zum Adressaten im Idealfall eine Verbindung haben sollte. Demnach spiegelt jedes gewidmete Werk potenziell Aspekte einer differenzierten kompositorischen Mendelssohn-Rezeption seines Komponisten.

Beachtet werden in diesem Kontext allerdings allein Werke mit einem offiziell im Erstdruck veröffentlichten Widmungstext. Warum dagegen handschriftliche Zueignungen

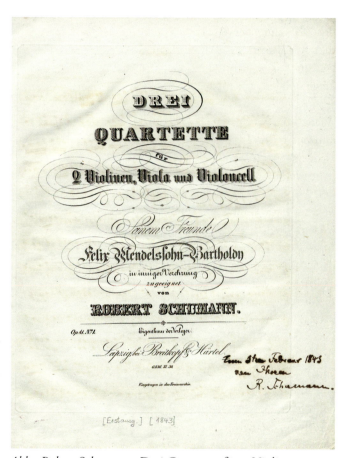

Abb.: Robert Schumann, Drei Quartette für 2 Violinen, Viola und Violoncell, *Titelblatt der Violino-1-Stimme von op. 41/1, Leipzig 1843, Staatsbibliothek Berlin – Preußischer Kulturbesitz*

nicht als vollgültige Widmungen betrachtet werden, wird im Fall einer speziellen »Doppelwidmung« eindrücklich vor Augen geführt: Auf einem Einzelexemplar eines Vorabdrucks der *Quartette* Robert Schumanns[3] findet sich auf dem Titelblatt der Violino-1-Stimme neben der gedruckten Dedikation eine ebenfalls an Mendelssohn gerichtete autographe Eintragung Schumanns: »Zum 3ten Februar 1843 / von Ihrem / R. Schumann.«[4]

Die unterschiedlichen Bedeutungsebenen der Texte sind klar zu umreißen: Der gedruckte Text nimmt auf die Übertragung von ideellen Eigentumsrechten am Werktext in seiner Grundform als immaterielles Geistesprodukt Bezug. Die handschriftliche Notiz bezieht sich dagegen auf das konkrete Exemplar in seiner stofflichen Materialität, das als anlassgebundenes Geschenk diente: Schumann hatte gegenüber dem Verleger Breitkopf & Härtel großen Wert darauf gelegt, dass der Druck mit der Mendelssohn mündlich bereits angekündigten Dedikation[5] rechtzeitig fertig sei, um dem Geburtstagskind am 3. Februar als besondere Überraschung das in Frage stehende Exemplar überreichen zu können.[6]

Wiederholt wurde versucht, die in den beiden Widmungskonzepten implizierte terminologische Unschärfe in den Griff zu bekommen[7] – denn in historischen Quellen und heutigem Sprachgebrauch werden die Spielarten ohne Differenzierung mit den Synonymen Dedikation, Widmung oder Zueignung belegt. Gérard Genette, der Begründer der wissenschaftlichen Beschäftigung mit der Widmung, schlug so in seinem zum Standard gewordenen Werk *Paratexte* die Unterscheidung der handschriftlichen Zueignung von der gedruckten Widmung vor.[8] Doch bereits im Überblick über die bislang bekannten Mendelssohn gewidmeten Werke wird die hauptsächliche Schwäche dieses Ansatzes deutlich. Denn immerhin elf der 45 Widmungswerke – also ein Viertel des Konvoluts – benutzen im Widmungstext eine Form des Verbs »zueignen«. Im Rahmen handschriftlicher Widmungen wird dagegen meist auf ein performatives Verb verzichtet. Um diesen Unterschieden, aber auch den Gemeinsamkeiten gerecht zu werden, müssen neue terminologische Konzepte gefunden werden: Der gedruckten Widmung, Dedikation oder Zueignung könnte so die handschriftliche Übereignung gegenübergestellt werden, um den Aspekt der Übertragung von Eigentumsrechten an materiellen Besitztümern zu unterstreichen.[9] Freilich bleibt auch hier eine gewisse terminologische Unschärfe, gerade in Bezug auf die Benennung in historischen Quellen, bestehen.

Die publizierte Widmung hat jedenfalls eine zwar im Einzelfall mehr oder weniger deutlich ausgeprägte, jedoch substantielle Anbindung an den Notentext und gehört damit zum Gesamtwerk. Tatsächlich ist diese These in ihren Grundzügen nicht neu: In den vor allem aus dem Kontext der Literaturwissenschaft stammenden theoretischen Arbeiten wird die Widmung mit Genette[10] meist als Teil des paratextuellen Gerüsts eingeordnet, das so unterschiedliche Bestandteile wie Titel, Vorwort oder Motti umfasst. All diese Elemente gehören zwar nicht zum Kerntext im engeren Sinn, verweisen aber auf ihn und seine Inhalte, »[d]er Paratext weist in diesem Sinn *über* das bloß Textuelle *hinaus* auf die kommunikative Einbindung des Textes«.[11] Damit wird gerade das Titelblatt zur Schwelle, zum Portal, durch das der Leser auf dem Weg zum Werktext schreitet und von dem er erste Hinweise auf dessen Inhalt geliefert bekommt.

Diese Sichtweise wird durch die wichtige Rolle bestärkt, die Komponisten und rezipierende Öffentlichkeit der Zueignung zuwiesen. Auch Mendelssohn unterstrich wiederholt ihre Bedeutung, empfand sie als »Auszeichnung«, als »ehrenvollstes Geschenk« und betonte, es sei ihm die größte Freude, »eins Ihrer Werke auf diese Weise noch ganz besonders sein eigen nennen zu dürfen«.[12] Diese gegenüber Louis Spohr getroffene Aussage trifft den Kern dessen, was eine Widmung im Verständnis des 19. Jahrhunderts darstellte: Durch sie wechselt das Werk zumindest ideell den Besitzer und geht in die geteilte Verantwortung von Komponist und Adressat über, dieser kann es nun auch als sein Eigentum bezeichnen. Tatsächlich war der potenzielle Gewinn für den widmenden Komponisten allerdings mindestens ebenso groß wie die Ehre für den durch die Dedikation geehrten Adressaten. Denn Mendelssohn hatte jede Widmung im Vorhinein im Rahmen eines komplexen Kommunikationsmodells offiziell anzunehmen – eine Tatsache, für die sich der jeweilige Urheber oft wortreich bedankte. Der schriftlich freilich nie fixierte Ablauf bis zum Druck einer Widmung, der aus einer Zeit stammt, in der die meist an Adlige und reiche Mäzene gerichtete Dedikation noch einen Rechtsakt darstellte, bestand jedenfalls bis weit in das 19. Jahrhundert hinein in der Regel aus fünf zu absolvierenden kommunikativen Schritten: Der offiziellen Bitte um Widmungserlaubnis folgte die Erteilung derselben durch den Adressaten. Nach der Mitteilung an den Verlag und den Druck des Werks wurde es dem Widmungsträger zugesandt, der sich wiederum mit einem Dankbrief im Sinne des reziprozitären Ehraustauschs bedankte. Erst dann war das seit Beginn des Notendrucks gültige Verfahren abgeschlossen.

Der schematische Ablauf stand auch den zeitgenössischen Rezipienten als Regelfall vor Augen – sie leiteten daraus einen gewissen Qualitätsstandard des zugeeigneten Werkes ab. Dies galt besonders, wenn der Adressat eine anerkannte kompositorische Kapazität war. Hatte nämlich beispielsweise Felix Mendelssohn die Widmung eines Werkes angenommen, so musste das dahinter verborgene Werk seinen kompositorischen Ansprüchen genügt haben. Denn auch ihm war bewusst, dass sein Name auf immer mit dieser Komposition verbunden sein und somit auch die Rezeption seiner eigenen Person beeinflusst würde. Freilich waren wegen dieser Implikationen die Komponisten in der Auswahl der zu widmenden Werke bereits so vorsichtig, dass die Ablehnung einer angetragenen Zueignung nur selten dokumentiert und im Falle Mendelssohns noch gar nicht bekannt ist. Die Widmung wird jedenfalls zu einem ersten Indikator für die Bewertung des folgenden Notentextes. Zu dem Mendelssohn gewidmeten *Grand Trio pour le Piano, Violon et Violoncelle Nr. 5 C-Dur op. 129* des Pariser Klaviervirtuosen Johann Peter Pixis heißt es dementsprechend 1837 im *Allgemeinen musikalischen Anzeiger*: »Die Zueignung, an Felix Mendelssohn-Bartholdy, mag für Manche, und das mit Fug und Recht, als eine keineswegs unerhebliche Recommandation gelten.«[13]

Manch ein Komponist kalkulierte sogar mit einem potentiellen Werbeeffekt und scheute sich nicht, dies offen vor dem Adressaten zu thematisieren. Aron Wolff Berlijn teilte so in der Bitte um Widmungserlaubnis mit[14], er erwarte von der Widmung seiner *Ouvertüre triomphale* an Mendelssohn, dass diese ihm als Niederländer die Suche nach einem deutschen Verlag erleichtere und in der Folge auch den Absatz desselben auf den für ihn fremden Markt erhöhe. Andere Komponisten wählten zusätzlich bestimmte Formulierungen für ihren Widmungstext um die Rezeption in die gewünschte Richtung zu lenken. Eine für das 19. Jahrhundert typische Formulierung, die die besondere Verbindung zum Adressaten betonte, stammt vom jungen Eduard Franck: Die *12 Studien für das Pianoforte* op. 1 sind »seinem Lehrer Herrn Felix Mendelssohn-Bartholdy hochachtungsvoll zugeeignet«. Mendelssohn hatte Franck seit 1834 in Düsseldorf und Leipzig privat unterrichtet, das erste, 1837 bei Kistner in Leipzig gedruckte Opus bildet den Abschluss der Studien. Titel und Widmungstext korrespondieren in auffälliger Weise mit dieser Situation, es sind bescheidene Studien, die aber immerhin selbstbewusst dem ehemaligen Lehrer gewidmet werden. Neben dem Dank, der damit für die erwiesene Förderung abgestattet wird, wird somit gleichzeitig ein deutliches Signal an die Öffentlichkeit gesendet: Franck hatte nicht nur bei Mendelssohn Kompositionsunterricht genossen – an sich schon eine Empfehlung seines Könnens –, sondern dies auch so erfolgreich, dass sein Lehrer bereits das Opus 1 für Wert erachtete, mit seinem Namen geschmückt zu werden. Dies schlug sich in der Rezeption nieder: »Der Componist hat diese Studien seinem Lehrer F. Mendelssohn gewidmet; ein solcher Lehrer erweckt schon ein gutes Zutrauen für den Schüler«.[15]

Gleichzeitig macht die in den Rezensionen gespiegelte Erwartungshaltung der Öffentlichkeit deutlich, dass das Widmungswerk nicht nur eine bestimmte Qualität sondern auch eine gewisse musikalische Passgenauigkeit (so ein Begriff von Birgit Lodes) des Notentextes zum Œuvre des Adressaten erkennen lassen sollte. Das hinter der Dedikation verborgene Werk war demnach im Normalfall in einigen Parametern der Tonsprache Mendelssohns angenähert. Denn egal, ob sich die Widmung primär an den Freund, Kollegen oder an das verehrte Vorbild richtete: Meist wird Mendelssohn zuallererst in seiner Rolle als Komponist angesprochen. Eine Sonderstellung nehmen in diesem Umfeld allein die ihm dedizierten Orchesterwerke ein. Der kompositorische Bezugspunkt Mendelssohn rückt hier zugunsten der Fokussierung seiner Tätigkeit als Dirigent zumindest in den Hintergrund. So lassen sich eigentlich alle jene Werke mit Mendelssohns Funktion als Leiter der Gewandhauskonzerte in Verbindung bringen, ihre Dedikationen sind als Dank oder Anreiz für Aufführungen entstanden. Dies schließt freilich Mendelssohn als kompositorischen Bezugspunkt und Inspirator nicht aus – gerade im Fall der Konzertouvertüren. Doch die zeitliche Verortung der Widmung im Kompositionsprozess spricht manchmal gegen die Beeinflussung.

Der 26-jährige Niels W. Gade hatte Mendelssohn so zuerst seine *Sinfonie Nr. 1 c-Moll op. 5* ohne den Gedanken einer Widmung zur Ansicht zugeschickt. Mendelssohn begeisterte die *Sinfonie* jedoch so sehr, dass er sie auf das Programm des Gewandhausorchesters setzte und Gade schon vor der Aufführung enthusiastisch informierte, »wie hoch ich Ihr herrliches Talent stelle, wie mich diese Symphonie, das Einzige, was ich bis jetzt von Ihnen kenne, auf alles Frühere und spätere begierig macht!«[16] Nach dieser Lobeshymne und einer außerordentlich erfolgreichen Aufführung am 2. März 1843 im Leipziger Gewandhaus erhielt der Druck der Komposition aus Dankbarkeit für diesen Einsatz eine Widmung an Mendelssohn. Kompositorische Beeinflussung kann in diesem Fall freilich nicht angezeigt werden – Wolfram Steinbeck hat überzeugend dargestellt, dass zwar im nordischen Ton eine gewisse Nähe zur *Schottischen Sinfonie* von Mendelssohn gesehen werden könnte, dass Gade jedoch zum Zeitpunkt der Komposition keine der Sinfonien von Mendelssohn kannte.[17] Es war aber immerhin der Erfolg dieser ersten *Sinfonie*, der Gade schließlich dazu veranlasste, sich in Leipzig niederzulassen, wo er neben Mendelssohn als Dirigent am Gewandhaus wirkte.

Doch meist lag der Zeitpunkt der Entscheidung für eine Widmung vor der Fertigstellung des entsprechenden Werkes. Und so war für die Rezipienten zumindest sehr wahrscheinlich, dass sich der im Widmungstext gesteckte Bezugsrahmen auf unterschiedlichsten Ebenen in der Faktur des Werks spiegeln konnte. Dies vor allem aus zwei Gründen: Der Name Mendelssohn stand zum einen für eine gewisse kompositorische Ausrichtung. Es war in seinem Interesse, nur solche Widmungen anzunehmen, die dieser Ausrichtung zumindest in Teilen entsprachen, um die Wahrnehmung seiner eigenen Person zu steuern. Außerdem war die Dedikation auch für den Widmenden eine Möglichkeit, dem Rezipienten bereits auf dem Titelblatt im Zusammenspiel mit den anderen paratextuellen Elementen einen ersten Rezeptionsschlüssel an die Hand zu geben. Es war demnach bis auf Ausnahmen gar nicht in seinem Interesse, ein Werk zu wählen, dass diesen geweckten Erwartungen nicht entsprach – dies hätte den Werbeeffekt zunichte gemacht.

Der vom Rezipienten dementsprechend erwartete Anknüpfungspunkt an eine Facette von Person oder Werk des Adressaten berührte je nach Situation freilich sehr unterschiedliche Ebenen, denen im Folgenden an drei Beispielen nachgegangen werden soll.

Schon Robert Schumann bemerkte, dass sich gewisse Anklänge an den Widmungsträger in den bereits erwähnten *Studien* op. 1 von Eduard Franck spiegelten. Er schrieb in der *Neuen Zeitschrift für Musik*: »Das erste gedruckte Werk eines noch sehr jungen Musikers, der sich auf dem Titel als einen Schüler Mendelssohns einführt; das letztere ließe sich sogar erraten und an vielen der Etuden die Quelle bezeichnen, an welcher der Schüler vielleicht ohne sein Wissen und Wollen geschöpft hat, wie es im Umgang mit solch umstrickenden Musikern sogar natürlich erscheinen.«[18] Die Ähnlichkeiten, die Schumann hier entdeckt, erstrecken sich freilich nicht auf direkte Zitate oder bewusste Übernahmen. Dies verbot sich von selbst, sollte das erste gedruckte Opus doch auch zur Emanzipation vom berühmten Lehrer und der Studienzeit dienen und die Fähigkeit zur kompositorischen Eigenständigkeit nachweisen. Schumann jedenfalls hielt im Widmungswerk die letzten beiden *Studien* des ersten Heftes und die letzte des zweiten Heftes für die gelungensten, da sie die eigenständigste Tonsprache aufwiesen.[19] Dennoch konnte Franck sich zu diesem Zeitpunkt nicht ganz vom Tonfall des ehemaligen Lehrers lösen – dies gelang ihm erst in späteren Kompositionen wie den großformatigen Kammermusikwerken aus seiner Zeit als Lehrer an der Rheinischen Musikschule Köln.

Aber auch die eigene Widmung der *Streichquartette* op. 41 des Franck-Rezensenten Schumann ist Abbild einer bewussten Mendelssohn-Rezeption – ohne freilich, dass damit die *Quartette* den Rang als eigenständiges Kunstwerk einbüßen. Schumann selber hatte immerhin gegenüber seiner Braut Clara Wieck bemerkt: »Ich denke mir auch bei meinen Widmungen etwas, die doch stets mit der Entstehung einen Zusammenhang haben sollen.«[20] Der Zusammenhang mit der Entstehung ist tatsächlich für die Widmung der *Quartette* op. 41 leicht ausgemacht: Es ist allgemein bekannt, dass das Opus besonders durch die Quartett-Trias op. 44 von Felix Mendelssohn beeinflusst sind – durch die Widmung gibt Schumann in seinem Quartett-Erstlingswerk (das das einzige bleiben sollte) den kompositorischen Maßstab vor, an dem er gemessen werden will. Ein Hinweis darauf findet sich bereits in der äußeren Form, handelt es sich doch um das einzige Opus, bei dem Schumann – wie Mendelssohn – drei größere Werke unter einer Werknummer zusammenfasste. Doch auch darüber hinaus setzte Schumann bewusst einzelne Akzente, die auf das Œuvre des Widmungsadressaten und auf die Widmung selber verweisen. Insgesamt erkannte jedenfalls bereits die zeitgenössische Presse, dass es das erste *Quartett* sei, das eine besondere Nähe zu Mendelssohn aufweise. Konkret wurde sogar eine »fast Reminiscenzartige«[21] Nähe des Themas des ersten Satzes zu Mendelssohn erkannt, freilich eher eine stilistische Annäherung als wörtliche Übernahme. Dies gilt auch für das Scherzo des *Quartetts* op. 41/1 nach dem Vorbild des dahineilenden Elfen-Scherzo-

Typus, wie es beispielsweise in Mendelssohns op. 44/3 vertreten ist.

Aber auch subtilere Signale an den Adressaten wurden gesandt. So kann das Adagio des ersten *Quartetts* mit seiner ausgeprägten Kontrapunktik nach dem Vorbild Bachs auch als Hommage an den Bach-Liebhaber Mendelssohn gelten. Und das Beethoven-Zitat im Finale des zweiten *Quartetts* ist zumindest mehrdeutig zu lesen. Natürlich wird vor allem die Traditionsbildung betont: Schumann stellt sich in die Nachfolge Beethovens, dessen Quartette er überaus schätzte. Doch bezeichnenderweise ist das Zitat eine leicht abgewandelte Form von »Nimm sie hin denn, diese Lieder« und kann so potenziell auch als Gruß an den Widmungsträger gelesen werden. Die zwar deutlichen, aber nicht wörtlichen Allusionen rechtfertigen sich aus dem Verhältnis Schumanns zum Adressaten: Schumann konnte sich die Hommage anders als der junge Eduard Franck bewusst leisten – denn auch, wenn er im Bereich des Streichquartetts Mendelssohn klar als sein Vorbild anerkennen musste, war er dennoch auf kompositorischer Ebene bereits soweit etabliert, dass trotz der Anspielungen seine musikalische Eigenständigkeit nicht grundsätzlich in Frage gestellt wurde. Trotzdem wurde in späteren Auflagen bedeutsam in die Formulierung des Widmungstextes eingegriffen, um die kompositorische Unabhängigkeit zu betonen. Während im Stimmenerstdruck der Text lautete: »Seinem Freunde Felix Mendelssohn-Bartholdy in inniger Verehrung zugeeignet«, ist im späteren Partiturdruck die »innige Verehrung« verschwunden.

Schumann hatte den Druck zwar angeregt von Mendelssohns Tod bei seinem Verleger erst eingefordert. Doch vielleicht wollte er sich gerade wegen oder trotz dieser Verbindung noch zusätzlich aus einer imaginierten Abhängigkeit von Mendelssohn befreien und die Widmung in einen rein freundschaftlich-kollegialen Kontext rücken. Denn – so Schumann – »ich betrachte sie noch immer als mein bestes Werk der früheren Zeit, und Mendelssohn sprach sich oft in demselben Sinne gegen mich aus«.[22]

Doch die Annäherung an den Widmungsträger und das Herstellen der musikalischen Passgenauigkeit ist längst nicht nur auf direkte musikalische Anspielungen und Zitate beschränkt: Carl Czerny widmete den beiden kompositorisch bedeutsamsten Adressaten unter seinen Widmungsträgern – Felix Mendelssohn und Franz Liszt – Fugenwerke, um sich so im Rekurs auf die traditionell als Krönung der Kompositionskunst geltende Gattung im Kontext seiner Zeitgenossen zu positionieren.[23] Er nahm mit der Widmung seiner *Schule des Fugenspiels* op. 400 an Felix Mendelssohn darüber hinaus aber auch Bezug auf den gemeinsamen Fixstern Bach, dessen Rezeption gerade Mendelssohn zu fördern suchte. Diese leicht zu dechiffrierende Anspielung führte im Folgenden sogar potenziell zu einer Fortführung der durch die Widmung begonnenen kompositorischen Korrespondenz. Denn der Druck der *Schule des Fugenspiels*, bestehend aus einer Folge von zwölf Präludien und Fugen im Stil Bachs, datiert aus März 1836, also nur wenige Monate, bevor Mendelssohn selber im Oktober Präludien zu den bereits 1835 entstandenen Fugen konzipierte, die später als *Sechs Präludien und Fugen* op. 35 veröffentlicht wurden. Wie bei Czerny sind diese Präludien und Fugen in der Nachfolge Bachs jeweils motivisch und thematisch verlinkt.

In ihrer Ausprägung in der Faktur der Widmungswerke bewegt sich die Bezugnahme demnach zwischen den Polen bewusster ausbalancierter Nähe und Distanz. Egal, welches Detail die Komponisten betonten, ob sie sich wie die »Dem Andenken Mendelssohn's« gewidmeten *Lieder ohne Worte* Theodor Kirchners auf eine konkrete Vorlage des Adressaten bezogen oder in bewusster Distanz die kompositorische Eigenständigkeit in den Vordergrund zu stellen suchten: Im Detail zeigen die Felix Mendelssohn zugeeigneten Kompositionen jeweils die spezifische Sicht auf und den Bezug der widmenden Komponisten zu ihrem Adressaten – diese Spuren ließen sich in vielen weiteren Fällen nachweisen.

LISTE DER FELIX MENDELSSOHN ZUGEEIGNETEN KOMPOSITIONEN:

Kammermusik:

Dancla, Charles: *2e Trio pour Piano, Violon et Violoncelle* op. 37, Paris (Simon Richault) [ca. 1831], à Mr. F. Mendelssohn Bartholdy.

Pixis, Johann Peter: *Grand Trio pour le Pianoforte, Violon et Violoncelle Nr. 5* C-Dur op. 129, Leipzig (Hofmeister) [1836], dédié à Monsieur F. Mendelssohn-Bartholdy.

Rode, Pierre: *Deux Quatuors ou Sonates Brillantes Pour Violon Principal, avec Accompagnement d'un second Violon, Alto et Violoncelle* op. 24, Bonn (Simrock) [1827], dédiés à Monsieur F. Mendelssohn=Bartholdy de Berlin, Par son Ami P. RODE.

Schumann, Robert: *Drei Streichquartette* op. 41, Leipzig (Breitkopf & Härtel)1843, Seinem Freunde Felix Mendelssohn-Bartholdy in inniger Verehrung zugeeignet.

Verhulst, Hermann: *2 Streichquartette* op. 6, [1840], dédies à Monsieur F. Mendelssohn Bartholdy.

Klaviermusik:

Bennett, William Sterndale: *Sonate für das Pianoforte* f-Moll op. 13, Leipzig (Kistner) [1837], Felix Mendelssohn-Bartholdy gewidmet.

Czerny, Carl: *Schule des Fugenspiels [...]* op. 400, Leipzig (Cranz) [1836], Dem Herrn Musikdirector Felix Mendelssohn Bartholdy aus freundschaftlicher Achtung zugeeignet vom Verfasser.

Heinrich, Anton Philipp: *»La Promenade du Diable«. Gran Tarantella sèvera per lo Forte Piano*, Boston [1832], dedicata al suo Amico Felice Mendelssohn-Bartholdy a Berlino.

Heinrich, Anton Philipp: *The Rübezahl Dance on the Schneekoppe*, o. V., o. D., dedicated to Felix Mendelssohn-Bartholdy, Berlin, and Charles Marie de Bocklet, of Vienna.

Franck, Eduard: *Zwölf Studien für das Pianoforte* op. 1, 2 Hefte, Leipzig (Kistner) [1837], seinem Lehrer Herrn Felix Mendelssohn Bartholdy hochachtungsvoll zugeeignet.

Flügel, Gustav: *Klaviersonate Nr. 3 B-Dur* op. 13, Hamburg (Schuberth & Co.) [1846], Dem Königl. Preuss. General Musikdirector und Kapellmeister Herrn Dr: Felix Mendelssohn-Bartholdy mit herzlichem Dankgefühl zugeeignet von Gustav Flügel.

Kirchner, Theodor: *Lieder ohne Worte für Clavier* op. 13, Leipzig (Rieter-Biedermann) 1872, Dem Andenken Mendelssohn's.

Moscheles, Ignaz: *Allegro di Bravura pour le Pianoforte* c-Moll op. 77, [1824/29?], dédié à F. Mendelssohn-Bartholdy.

Raff, Joachim: *Zwölf Romanzen in Etudenform* op. 8, bzw. *Douze Romances en Forme d Etudes*, 2 Bde., Leipzig (Breitkopf & Härtel) 1845, Herrn Felix Mendelssohn-Bartholdy ehrfurchtsvoll gewidmet.

Schubert, Franz: *Grande Sonate pour le Piano* op. posth. 143, D.784, Wien (A. Diabelli) 1839, Dédié à Monsieur Felix Mendelssohn Bartholdy par les Editeurs.

Spohr, Louis: *Klaviersonate As-Dur* op. 125, Wien (Pietro Mechetti) 1843, Herrn Felix Mendelssohn Bartholdy freundschaftlichst gewidmet.

Sponholtz, Adolph Heinrich: *Etudes caractéristiques. Nocturnes romantiques* op. 9, Hamburg (Schuberth & Co.) [1839].

Voss, Carl: *Concertstück in Form des Concertino für Pianoforte*, Leipzig (Breitkopf & Härtel).

Orchestermusik:

Berlijn, Anton [Pseud. für Aron Wolf]: *Grande Ouverture Triomphale à grande Orchestre* op. 66, Amsterdam (J. A. Roumen) [1842].

Gade, Niels W.: *Sinfonie Nr. 1 c-Moll* op. 5, Leipzig (Kistner) 1843, Herrn Felix Mendelssohn-Bartholdy zugeeignet.

Kalliwoda, Johann Wenzel: *Ouvertüre Nr. 11 B-Dur* op. 143, Leipzig (Peters) 1846, dédiée à Monsieur le Docteur Felix Mendelssohn-Bartholdy, Directeur-Général de Musique et Maître de Chapelle de S. M. le Roi de Prusse, Chevalier etc.

Kittl, Johann Friedrich: *Sinfonie (Jagdsinfonie)* op. 9, Leipzig (Breitkopf & Härtel) [1840].

Kufferath, Hubert Ferdinand: *Capriccio pour Piano avec acc. d'Orchestre* op. 1, Leipzig (Breitkopf & Härtel) [1841], Herrn F. Mendelssohn-Bartholdy gewidmet.

Macfarren, George Alexander: *Sinfonie Nr. 7 cis-Moll*, [1840].

Moscheles, Ignaz: *Concerte pour le Pianoforte avec accompagnement d'Orchestre ou Quatuor* D-Dur op. 96, Wien (Haslinger) [ca. 1839], Dédié à F. Mendelssohn-Bartholdy.

Vokalmusik:

Adler: *Drei Lieder für mittlere Stimme mit Klavierbegleitung* op. 4, Dr. Felix Mendelssohn-Bartholdy gewidmet.

Billington Hawes, Maria: Ballade *Oh! chide me not, my mother!*, Strand, London (William Hawes) [1843].

Büchner, A. E.: *Drei Lieder für eine Singstimme mit Begleitung des Pianoforte* op. 7, Leipzig (Siegel u. Stoll) [o. J.], Hrn. Dr. Felix Mendelssohn gewidmet.

Ebendorf: *Sechs Gesänge für zwei Soprane, Tenor und Bass*, Braunschweig (E. Leibrock) [o. J.].

F. W. C. (Fürst zu Hohenzollern-Hechingen): *Sechs Lieder für Sopran- oder Tenorstimme*, Köln (Eck und Comp.) [1845?], Den Herren J. W. Kalliwoda, F. Lachner, P. v. Lindpainter, Dr. F. Mendelssohn-Bartholdy, Dr. L. Spohr und F. Täglichsbeck freundlichst gewidmet.

Griepenkerl, Dr. F. H.: *Choral »Es ist das Heil uns kommen her etc.« für den fünfstimmigen Chor canonisch bearbeitet*, Braunschweig (E. Leibrock) [1841], Hrn. Dr. Felix Mendelssohn Bartholdy zugeeignet.

Hauptmann, Moritz: *Sechs Lieder von Goethe* op. 25, Leipzig (Peters) [1840], Herrn Dr. Felix Mendelssohn-Bartholdy freundschaftlich zugeeignet.

Huber, Ferdinand Fürchtegott: *Sechs fünfstimmige Kuhreihen*, [o. J.], dem Herrn Dr. F. Mendelssohn-Bartholdy K. Pr. General-Musikdirektor hochachtungsvoll zugeeignet.

Lang, Josefine: *Sechs Lieder* op. 12, Leipzig (Kistner) 1845, Ihrem Freunde Felix Mendelssohn Bartholdy gewidmet.

Lindblad, Adolf Fredrik: *Der Nordensaal. Eine Sammlung schwedischer Volkslieder*, Berlin [o. V.] 1826, seinem Freunde Felix Mendelssohn-Bartholdy zugeeignet.

Löwe, Auguste: *Sechs Gesänge für eine Singstimme mit Begleitung des Pianoforte* op. 2, Leipzig (Breitkopf & Härtel) [1846], Herrn Dr. Felix Mendelssohn Bartholdy gewidmet.

Maier, Julius (Bearb.): *Classische Kirchenwerke alter Meister für den Männerchor*, 3 Hefte, Bonn (Simrock) 1845, Felix Mendelssohn-Bartholdy ehrfurchtsvoll zugeeignet.

Marx, Adolph B.: *Die Kunst des Gesanges, theoretisch-praktisch*, Berlin (Schlesinger) 1826, Felix Mendelssohn Bartholdy dem Tonkünstler.

Nicolai, Otto: *Deutsche Lieder für eine tiefere Stimme* op. 18, Berlin (Bethge) [1833].

Sattler, Heinrich: *6 Gesänge für Sopr., Alt, Tenor u. Bass*, Braunschweig (E. Leibrock) [1841], Herrn Dr. Felix Mendelssohn-Bartholdy zugeeignet.

Vokalwerke mit Orchesterbegleitung:

Hiller, Ferdinand: *Die Zerstörung Jerusalems. Oratorium nach der heiligen Schrift von Dr. Steinheim* op. 24, Leipzig (Kistner) 1842, Seinem Freunde Felix Mendelssohn-Bartholdy in inniger Verehrung zugeeignet.

Kessler, Joseph Christoph: *Zwei geistliche Gesänge für Männerchor mit Begleitung von 1 Trompete, 3 Posaunen, 1 Ophicleide und Pauken oder des Pianoforte* op. 50, Lemberg (Karl Wild) 1853, dem Andenken des grossen und unsterblichen Tonmeisters Felix Mendelssohn-Bartholdy gewidmet.

Mayer, Emil: *Hymne an den Unendlichen, für achtstimmigen Chor und Orchester*, [1847], dem königl. Preußischen General-Musikdirektor Felix Mendelssohn-Bartholdy gewidmet.

Orgelmusik:

Geissler, C.: *8 Orgelstücke verschiedenen Charakters zum Studium und Gebrauche beim öffentlichen Gottesdienste* op. 57, Nr. 24 der Orgelsachen, Leipzig (Hofmeister) [1840], Herrn Dr. F. Mendelssohn-Bartholdy zugeeignet.

Pitsch, C. F.: *Fantasie u. Fuge*, Prag (Hoffmann) [ca. 1850], den Manen F. Mendelssohn-Bartholdy's geweiht.

---

1 Vgl. die Liste im Anhang.
2 *Briefe 6*, S. 458.
3 Vgl. zum Kontext dieser Widmung v. a. Wolfgang Seibold: *Familie, Freunde, Zeitgenossen. Die Widmungsträger der Schumannschen Werke* (= Schumann-Studien, Sonderband 5), Sinzig 2008, S. 179–186; auch die ausführliche Materialsammlung in Hans Kohlhase: *Kritischer Bericht*, in: *Drei Quartette für zwei Violinen, Bratsche und Violoncello* op. 41, RSA II/1,1, Mainz 2006, S. 131–295.
4 Exemplar in D-B, Sign.: MA N. Mus. 6889. Ich danke Herrn Prof. Dr. Wolfgang Sandberger für den Hiweis auf dieses Exemplar.
5 Vgl. den entsprechenden Nachweis in *Robert Schumann, Tagebücher*, Band III: *Haushaltbücher 1837–1856*, hg. v. Gerd Nauhaus, Leipzig 1982, S. 234.
6 Felix Mendelssohn an Raimund Härtel, 19. Januar 1843: »Mendelssohn's Geburtstag ist schon den 3ten Februar. Wird es Ihnen wohl möglich sein, bis dahin fertig zu werden?«, zit. n. Seibold, *Familie, Freunde, Zeitgenossen* (vgl. Anm. 3), S. 185.
7 Vgl. z. B. Burkhard Moennighoff: *Die Kunst des literarischen Schenkens. Über einige Widmungsregeln im barocken Buch*, in: *Die Pluralisierung des Paratextes in der Frühen Neuzeit*, hg. v. Frieder von Ammon und Herfried Vögel, Berlin 2008, S. 337–352, hier S. 339; Werner Wilhelm Schnabel: *Über das Dedizieren von Emblemen. Binnenzueignungen in Emblematiken des 16. und 17. Jahrhunderts*, in: *Ars et amicitia. Beiträge zum Thema Freundschaft in Geschichte, Kunst und Literatur. Festschrift Martin Bircher*, hg. v. Ferdinand van Ingen u. Christian Juranek, Amsterdam 1998, S. 115–166, hier S. 122 oder Axel Beer im Vortrag *Widmungen in der Geschichte des Musikdrucks. Ein historischer Überblick*, gehalten am 30. September 2011 im Rahmen des Kongresses »Widmungen bei Haydn und Beethoven. Personen – Strategien – Praktiken«, veranstaltet vom Beethovenhaus Bonn und dem Haydn-Institut Köln.
8 Gérard Genette: *Paratexte. Das Buch zum Beiwerk des Buches*, Frankfurt a. M. 1989, S. 115.
9 Andrea Hammes: »Brahms gewidmet«. *Ein Beitrag zu Systematik und Funktion der Widmung in der zweiten Hälfte des 19. Jahrhunderts*, Dr. i. V.
10 Vgl. Genette, *Paratexte* (wie Anm. 8), vor allem S. 115–140.
11 Till Dembeck: *Texte rahmen. Grenzregionen literarischer Werke im 18. Jahrhundert (Gottsched, Wieland, Moritz, Jean Paul)*, Berlin 2007, S. 22.
12 Felix Mendelssohn an Louis Spohr, Brief o. D., zit. in: *Louis Spohr's Selbstbiographie*, Bd. 2, Kassel/Göttingen 1861, S. 268.
13 *Allgemeiner musikalischer Anzeiger* 9/28 (13. Juli 1837), S. 111.
14 Vgl. *Briefe 7*, S. 73.
15 *Iris im Gebiete der Tonkunst* 12/44 (29. Oktober 1841), S. 173.
16 Felix Mendelssohn an Niels W. Gade, Brief vom 13. Januar 1843, zit. n. *Briefe aus den Jahren 1830 bis 1847 von Felix Mendelssohn Bartholdy*, hg. v. Paul Mendelssohn Bartholdy u. Carl Mendelssohn Bartholdy, Leipzig 1870, S. 502.
17 Wolfram Steinbeck/Christoph von Blumröder: *Die Symphonie im 19. und 20. Jahrhundert*, Bd. 1: *Romantische und nationale Symphonik* (= Handbuch der musikalischen Gattungen 3,1), Laaber 2002, S. 113f.
18 *NZfM* 8/43 (29. Mai 1838), S. 169. Auf die Erkenntnis, dass sich die Studien an ihren Widmungsträger in manchen Aspekten anlehnten, kam nicht nur Schumann. Vgl. z. B. auch *AmZ* 43/51 (22. Dezember 1841), Sp. 1097f.
19 Vgl. *NZfM* 8/43 (29. Mai 1838), S. 169.
20 Robert Schumann an Clara Wieck, 13. März 1839, zit. n.: *Clara und Robert Schumann. Briefwechsel. Kritische Gesamtausgabe*, Bd. 2: *1839*, hg. von Eva Weissweiler, Frankfurt a. M. u. Basel 1987, S. 442. Auch Bernhard Appel hat bereits klar ausgesprochen, dass gedruckte Widmungen Schumanns Teil des kompositorischen Prozesses seien. Vgl. Bernhard R. Appel: *Vom Einfall zum Werk. Robert Schumanns Schaffensweise* (= Schumann Forschungen 13), Mainz 2010, S. 176–184, hier bes. S. 176.
21 »Wenn wir nun überhaupt in diesen Quartetten Mendelssohns Manier oft als vorherrschend bezeichneten, so ist dies besonders in dem hier fraglichen ersten Satz der Fall und tritt es schon im Thema fast Reminiscenzartig hervor […]«, C. Böhmer: *Kammermusik. Quartettenschau*, in: *Neue Berliner Musikzeitung* 4/24 (12. Juni 1850), S. 185–187, hier S. 186. Auch zit. bei Kohlhase, *Kritischer Bericht* (vgl. Anm. 2), S. 170.
22 Robert Schumann an Raimund Härtel, Brief vom 3. Dezember 1847, zit. n.: *Robert Schumanns Briefe. Neue Folge*, hg. v. Friedrich Gustav Jansen, 2. verm. u. verb. Aufl., Leipzig 1904, S. 450.
23 Für diesen Hinweis danke ich Herrn Prof. DDr. Otto Biba, Wien.

Brahms und Mendelssohn.
Festvortrag zur Ausstellungseröffnung

Peter Gülke (Weimar)

Von heute aus gesehen erscheint merkwürdig, dass Brahms' Verhältnis zu Mendelssohn, anders als das zu Bach, Haydn, Mozart, Beethoven, Schubert und Schumann, vergleichsweise lange unbeachtet blieb, obwohl Parallelitäten auf der Hand liegen: Beide fanden sich durch die Polemik mit den Neudeutschen auf die konservative Seite geschoben; beider Bezug und Interesse für musikalische Vergangenheit übertraf das ihrer komponierenden Zeitgenossen bei Weitem; beide haben sich, obwohl hochgebildet, in Bezug auf grundsätzliche ästhetische Aussagen, gar über eigene Werke, auffällig zurückgehalten; beide waren skrupulöse Arbeiter, denen es schwerfiel, eigene Sachen als endgültig fertiggestellt, gar »vollendet« zu verabschieden; beide waren an der Oper als Gattung nur mäßig interessiert; beide galten zu verschiedenen Zeiten und unter verschiedenen Vorzeichen als oberste Repräsentanten deutscher Musik.

Spätfolgen dieses von ihnen so kaum gewollten Geltungsanspruchs haben nicht wenig mit jener ausgebliebenen Beachtung zu tun, angefangen bei dem Tempelsturz, den Mendelssohns Ansehen nach seinem Tode erlebte – gerade, da der junge Brahms ins Musikleben eintrat. Dass ihm bei den Schumanns in Düsseldorf ein anderes Mendelssohnbild vermittelt wurde, steht außer Frage und lässt sich durch etliche Details belegen, wenngleich der überdiskrete Brahms, der Persönliches in der Objektivität »dauerhafter« Musik aufzuheben bestrebt war, wohl manche Spur verwischt hat. Wo z. B. sind die 1854 entstandenen, der Erinnerung an Mendelssohn gewidmeten drei Klavierstücke geblieben, von denen Claras Tagebuch berichtet? – in welch anderen sie aufgegangen sind, können wir nur vermuten.

Im Übrigen könnte jener Tempelsturz auch die Schumanns und ihren Adepten nicht nur berührt, wo nicht empört, sondern auch beeindruckt haben; dazu bedarf es keines Hinweises auf verhalten kritische Untertöne, die zuweilen in Schumanns Bewunderung Mendelssohns mitklingen. Schon der Vergleich mit dem Abgott des Gewandhauspublikums, den die Leipziger Nachbarschaft unvermeidlich machte, kann für den oft Depressiven nicht ohne Probleme gewesen sein, umso mehr, als er sich in vieler Hinsicht professionell unterlegen wusste. Auf Wagners Judenpamphlet hätte er reagieren können, hat es aber nicht getan. Vielleicht gehört Ernst Rudorffs Auskunft[1], der junge Brahms habe sich gegenüber Mendelssohns Musik insgesamt reserviert verhalten, in diesen Zusammenhang. Das hat sich gründlich geändert, wie desselben Rudorff Mitteilung über Brahms' wachsende Bewunderung besonders für Mozart und Mendelssohn bezeugt.[2]

Beides verträgt sich gut mit dem Umstand, dass die musikalisch am weitesten gehende Bezugnahme – neben der *f-Moll-Sonate* op. 5 im *c-Moll-Klavierquartett* op. 60 – das *Klaviertrio* c-Moll op. 66 betrifft, also gerade nicht den populären, in der Perfektion seiner Musik schwer angreifbaren, in den Ruf der Glätte gebrachten, vielmehr den schwierigen, wo nicht düsteren Mendelssohn, der den Eindruck erweckt, er öffne augenblicksweise Durchblicke auf eine andere, eigenere, »jüdischere« Musik, die zu schreiben er sich verbot. Mit dem hierauf gerichteten Interesse macht Brahms sich, vielleicht nur als Musiker, zum Mitwisser, gar Komplizen der in die Werke hinein versteckten, dort nahezu stillgelegten Assimilationsproblematik. So käme, angesichts der öffentlichen Geltung der beiden nur scheinbar paradox, eine weitere Gemeinsamkeit zum Vorschein – die Kameraderie der »Abseiter«, der eine als Jude, der andere als bekennender Solitär.

Der »leichtere«, populäre Mendelssohn ist in Anklängen vielfach zu finden. Wir haben Brahms' dezidierte Ablehnung aller Reminiszenzenjägerei auf unserer Seite, wenn wir die Unterscheidung bewusster Bezugnahmen von anonym sich herstellenden, dem kompositorischen Klima geschuldeten Ähnlichkeiten für unerheblich halten. Hierzu finden sich positiv wie negativ signifikante Bestätigungen: »Zwischen

Brahms und Mendelssohn herrscht entschieden eine gewisse Verwandtschaft«, notierte der hochmusikalische Ludwig Wittgenstein; »und zwar meine ich nicht die, welche sich in einzelnen Stellen in Brahmsschen Werken zeigt, die an Mendelssohnsche Stellen erinnern, sondern man könnte die Verwandtschaft, von der ich rede, dadurch ausdrücken, daß man sagt, Brahms tue das mit ganzer Strenge, was Mendelssohn mit halber getan hat. Oder: Brahms ist oft fehlerfreier Mendelssohn«[3].

Auch wenn Brahms bei der Komposition der *Zweiten Sinfonie* von Assoziationen mit der bewunderten *Hebriden-Ouvertüre* bedrängt war, mögen die schon von Hanslick angesprochenen Ähnlichkeiten, u. a. zwischen den Komplexen der zweiten Themen, nicht viel zu bedeuten gehabt haben – nicht weniger beträfe es das zweite, nahezu epilogisierende Thema im ersten Satz der »Schottischen Sinfonie«. Ebenso wenig beträfe es Ähnlichkeiten zwischen dem ersten Thema im ersten Satz bei Brahms (Takte 32 ff.) und dem des Allegro-Hauptsatzes in der *Ouvertüre* der *Ersten Walpurgisnacht* – selbst, da es mit »Übergang zum Frühling« konnotiert ist und das bei Mendelssohn davor liegende »schlechte Wetter« mit dem düsteren Memento der Posaunen bei Brahms (Takte 33 ff.) in Parallele gesetzt werden könnte. Ebenso steht dahin, ob die Ähnlichkeit der Fugenthemen in Mendelssohns *Psalm 42* und Brahms' *Requiem* – »Harre auf Gott« bzw. »Herr, du bist würdig« – durch formbedingte Typologien nicht ausreichend erklärt sei.

Brahms hat Mendelssohn aufgeführt, dessen Generalbassaussetzung bei Händels *Salomo* benutzt und bedauert, dass nicht mehr solcher Aussetzungen zur Hand seien; bei Mendelssohns *Motette* op. 23/III – »Mitten wir im Leben sind« – hat er eine Introduktion hinzugefügt und gegenüber Elisabeth von Herzogenberg gemeint, er würde alles Selbstkomponierte hergeben, wenn er die *Hebriden-* und *Meeresstille-Ouvertüren* geschrieben hätte.

Wie immer man mit derlei launig überzogenen Erklärungen vorsichtig sein muss, besonders, wenn er Selbstunterschätzung betreibt – der die Ouvertüren betreffende Lobspruch erscheint aufschlussreich, insofern er pauschaliert und auf einen weiteren Sachverhalt hinweist, dessentwegen die Mendelssohn-Bezüge unterbelichtet blieben: Spezifische Momente wie Bachs Kontrapunkt, Beethovens Kontrastierungen und thematische Arbeit, Schuberts Idiom und seine harmonischen Wagnisse lassen sich bei Mendelssohn schwer aus dem Gesamtzusammenhang isolieren, kaum je für sich festmachen. Die integrative Kraft seines hochprofessionellen Komponierens gestattet einzelnen Momenten kaum je, aus dem Ganzen herauszuragen, wozu nochmals Wittgenstein: »Mendelssohn ist nicht eine Spitze, sondern eine Hochebene.«[4] Man kann Tonfälle aufnehmen, gegebenenfalls zitieren, kaum jedoch kompositorisch spezielle Spuren verfolgen. Brahms sah sich hier einem klassischen Gleichgewicht der Komponenten gegenüber, dem schwer beizukommen war – umso mehr, als er es aus der Not dessen, der nie eine umfassende Ausbildung genossen hatte, auch als deren Ergebnis erkannte. Dies Privileg hatte von den um 1810 Geborenen – Chopin, Schumann, Liszt, Verdi, Wagner – eben nur Mendelssohn gehabt. Über ihn reichte die Kontinuität der großen Traditionen gerade noch in Brahms' Lebenszeit hinein; wer weiß, wie sehr der Umstand, dass er ihn knapp versäumte, sein Selbstverständnis als Musiker mitbestimmt, gar ihn verpflichtet hat.

Hierzu mag jenes Ereignis beigetragen haben, dessen Schatten über den hier behandelten Fragen unübersehbar liegt – der Streit zwischen Brahminen und Neudeutschen. Nachlebenden drängt sich die Frage auf, ob oder wie sehr er nötig war, gar in der Form, in der er zuweilen ausgefochten wurde; das betrifft Verlautbarungen der »akademischen« Seite, in die Brahms hineingezogen wurde, ebenso wie Wagners hässliche Kommentare, es betrifft auch die aus Frankreich übernommene Selbsternennung als »Zukunftsmusiker«, die für die andere Seite nur Vergangenheit übriglässt; Schumann hat, klug und zu spät, mit dem Hinweis auf »Gegenwartsmusik« gegengehalten.

Wie andere prominente Streitereien war diese schon zur Definition eigener Positionen notwendig – man definiert, indem man ausgrenzt, was das Definierte nicht ist. Davon abgesehen half der »Nahkampf«, übergreifende Zuordnungen zu übersehen, als deren Sprachrohre die Kontrahenten ex posteriori leicht zu erkennen sind. Der dreisten Ernennung des Musikdramas zum legitimen Erben der Beethoven-Sinfonie etwa mag man in diesem Sinne zugutehalten, dass damals nicht sogleich in aller Schärfe erkannt wurde, wie sehr Beethoven mit der Erhöhung zum Über-Ich zugleich neutralisiert, in die Historie abgeschoben war.

Polemiken zwischen alt und neu, Rückbezug und Vorandrang gehören zur Geschichte der Künste seit je. Beginnend im 18. Jahrhundert indes bekamen sie eine andere Qualität und Dringlichkeit, die Kontrahenten bewegten sich auf dem glatten Parkett einer durch die Frage nach Historizität dominierten Zeitproblematik. Was muss das Künste und Wissenschaften gleicherweise beschäftigende Auftauchen der Vergangenheit für die Musik und ihre Rezeption bedeutet haben, da man bisher, ausgenommen am ehesten die der Kirche, fast nur mit der der eigenen Zeit zu tun gehabt hatte!

Alsbald stehen gegenwartsfeindlich-romantischen Goldgräberstimmungen aggressive Kampfrufe gegenüber – »il faut être de son temps« (Daumier), »il faut être absolument moderne« (Rimbaud), »Kinder, macht Neues« (Wagner); für Baudelaire ist »das Vergängliche, Flüchtige, Zufällige ... die eine Hälfte der Kunst«. Später wird Nietzsche zuspitzen: »Stürzen wir nicht fortwährend? Und rückwärts, seitwärts, vorwärts, nach allen Seiten?«[5] Das vierte Jahrzehnt des 19. Jahrhunderts brachte, zumal in Deutschland, nach dem windstillen dritten einen veritablen Klimasturz; zeitkritische Auskünfte der Feuerbach, Stirner, Marx, Kierkegaard standen einander zunächst näher, als spätere Zuordnungen suggerieren.

Gegen Ende der 30er Jahre inspiriert das neue Lebenstempo Adelbert von Chamisso in einem Gedicht über das »Dampfroß« zur aberwitzigen Vorstellung eines Gefährts, das die geschichtliche Zeit zu überholen imstande ist. Dabei liegen Ängste, die von technisch ermöglichten Beschleunigungen ausgelöst sind, schon weiter zurück. »Alles ... ist jetzt ultra, alles transzendiert unaufhaltsam, im Denken wie im Tun. Niemand kennt sich mehr, niemand begreift das Element, worin er schwebt und wirkt, niemand den Stoff, den er bearbeitet ... Junge Leute werden viel zu früh aufgeregt und dann im Zeitstrudel fortgerissen; Reichtum und Schnelligkeit ist, was die Welt bewundert und wonach jeder strebt; Eisenbahnen, Schnellpost, Dampfschiffe und alle möglichen Fazilitäten der Kommunikation sind es, worauf die gebildete Welt ausgeht, sich zu überbieten, zu überbilden und dadurch in der Mittelmäßigkeit zu verharren« – das, im Juni 1825 von Goethe an Zelter geschrieben[6], ist die Aussage eines Alten, triftig und prophetisch aber ist sie auch: In Nietzsches Auskunft, »bei der ungeheuren Beschleunigung des Lebens« würden »Geist und Auge an ein halbes oder falsches Sehen gewöhnt ... Aus Mangel an Ruhe läuft unsere Zivilisation in eine neue Barbarei aus«[7] setzt sich Goethes Diagnose geradlinig fort.

Vielleicht ist uns die Musik jener Jahrzehnte auch auf falsche Weise vertraut geworden, so dass wir kaum wahrnehmen, wie der »veloziferische« Wind auch in sie hineinweht, wie eine strukturell gewordene Ungeduld u. a. im ersten »Eroica«-Satz – nochmals mit Goethe – Vieles »nicht reif werden läßt«, langsame Sätze andererseits ihre spezifische Eindringlichkeit der Funktion des Widerlagers, der bewusst in sich verschlossenen, »sich selber seligen« Enklave verdanken.

»Nicht mehr in der Zeit, sondern durch die Zeit vollzieht sich ... die Geschichte. Die Zeit wird dynamisiert zu einer Kraft der Geschichte selber ... Meine These lautet, daß sich in der Neuzeit die Differenz zwischen Erfahrung und Erwartung zunehmend vergrößert, genauer, daß sich die Neuzeit erst als neue Zeit begreifen läßt, seitdem sich die Erwartungen immer mehr von allen bis dahin gemachten Erfahrungen entfernt haben« – so Reinhart Koselleck[8] zur Charakteristik eines aufklärerisch motivierten Zeitgefühls, dem wir den nachmals verfestigten Begriff »Fortschritt« verdanken, das, gegen Ende des 18. Jahrhunderts vielfach artikuliert, im 19. bedrohliche Exemplifikationen erlebt und als Hintergrund des Nahkampfs zwischen Brahminen und Neudeutschen mitgedacht werden muss. Sein prominentestes Opfer ist der geworden, der ihn nur in den Anfängen erlebt und die Teilnahme verweigert hat.

Spätestens bei den Schumanns in Düsseldorf wird Brahms klar geworden sein, was es bedeutete, dass einer den Nöten der »Nullsituation« nach dem Ende der »Kunstperiode«, nach den Toden u. a. von Weber, Jean Paul, E. T. A. Hoffmann, Beethoven, Schubert, Goethe standhalten, und, selbst noch jung, als Wahrheitszeuge gelten konnte – anders als all die, Schumann vornan, die sich erst finden, gegen die Übermacht des klassischen Erbes definieren mussten. Das mag für ihn das Profil Mendelssohns wesentlich mitbestimmt, jene Treue zur Tradition mitbegründet haben, die eigenes Schaffen wesentlich im Bezug auf diese zu verstehen befiehlt, Neues als substantiell neu nur in der Bewährung vor den Maßgaben des Alten erlaubt. Derjenige, der sich die Lizenz zum assoziationsträchtigen Finalthema seiner ersten *Sinfonie* erst durch eine überaus gewagte Introduktion erkämpfen, andererseits diesem Thema die erwartbare Apotheose versagt; der sich originellen Themen als Markenzeichen versagen will; Inspirationen zunächst zu verachten empfiehlt und seine strenge Ethik noch den innersten Innervationen der Musik einprägt, erlaubt die Frage, ob nicht auch die Enthaltsamkeit in Bezug auf seinerzeit aktuelle Neuerungen – neue Instrumente, koloristische Effekte, dezidiert ausgestellte Virtuosität etc. – jener Treue zugerechnet werden dürfen. Da Schumann und später Schönberg Brahms vorab als zukunftsbezogen verteidigten, saßen sie fast neudeutschen Suggestionen auf; der, dem Mendelssohn mit zunehmenden Jahren immer wichtiger wurde, wusste es besser.

1 Ernst Rudorff: *Johanns Brahms. Erinnerungen und Betrachtungen*, in: *Schweizerische Musikzeitung* 97 (1957), S. 185 ff.
2 Ebd.
3 *Vermischte Bemerkungen*, in: *Ludwig Wittgenstein. Werkausgabe*, Band 8, Frankfurt am Main 1984, S. 479.
4 Wittgenstein, *Vermischte Bemerkungen* (wie Anm. 3), S. 452.
5 Friedrich Nietzsche: *Kritische Studienausgabe*, hg. von Giorgio Colli und Mazzino Montinari, Band 3, München/Berlin 1988, S. 481.
6 *Briefwechsel zwischen Goethe und Zelter in den Jahren 1799 bis 1832*, Band 20.I, hg. von Hans-Günther Ottenberg und Edith Zehm, Münchner Ausgabe, München 1991, S. 850 ff.
7 Ebd., Bd. 3, S. 231.
8 Reinhart Koselleck: *Vergangene Zukunft. Zur Semantik geschichtlicher Zeiten*, Frankfurt am Main 1979, S. 54.

Johannes Brahms, der Autographensammler

Otto Biba (Wien)

Spricht man von Johannes Brahms als Sammler, so muss man zumindest vier andere Komponisten in Erinnerung rufen, die ebenfalls der Sammelleidenschaft fröhnten. Carl Friedrich Abel und Johann Christian Bach haben Gemälde gesammelt, Joseph Haydn war ein zielbewusster Sammler von thematisch bestimmter englischer Druckgraphik, Johann Herbeck hat als typischer Vertreter des Historismus Kunstwerke verschiedener Art gesammelt und seine Wohnung damit ausgestattet.[1] Johannes Brahms hat sich mit seiner Sammelfreude Zinnfiguren und – deutlich intensiver – Büchern, Musikalien sowie Komponisten-, vornehmlich Musikautographen gewidmet. Beim Sammeln von Büchern und Musikalien lassen sich praktische wie bibliophile Aspekte erkennen, doch sind letztere nie isoliert zu sehen, weil Brahms in einer Erst- oder Frühausgabe auch immer einen Informationsträger gesehen hat. War das Kunst-Sammeln unter Komponisten also nicht ungewöhnlich, so hat das Autographen-Sammeln Brahms zu einem Komponisten mit besonderen, in seiner Art unvergleichlichen Sammel-Interessen gemacht. Wer ihn wirklich kannte, wusste von dieser seiner Vorliebe, obwohl Brahms nicht viel darüber sprach.

Mit Brahms' Leidenschaft vertraut, hat Clara Schumann bei Prinzessin Anna von Hessen im Herbst 1864 die Gunst der Stunde genutzt, um ihm eine Freude zu machen: Nachdem diese erfahren hatte, dass Brahms die Titelseite der Erstausgabe des *Klavierquintetts* in f-Moll op. 34 mit einer Widmung an sie zieren wolle, und er ihr überdies seine Handschrift der Sonate genannten Version dieses Quintetts für zwei Klaviere geschenkt hatte, schlug Clara der Prinzessin vor, sich bei Brahms mit einem Geschenk zu bedanken. Clara wusste dafür auch einen Vorschlag zu machen und wurde tatsächlich sofort gebeten, dieses Geschenk zu besorgen. Es war das Autograph von Mozarts so genannter »großer« *g-Moll-Sinfonie* KV 550, das der Verleger Johann Anton André mit Mozarts kompositorischem Nachlass 1799 von Constanze Mozart erworben hatte. Clara Schumann wusste, dass es zum Verkauf stand und erwarb es für die Prinzessin. Am 3. November 1864 informierte sie Brahms über ihren Vorschlag und die bereits erfolgte Erwerbung des Manuskripts als ein Geschenk für ihn: »[…] dass ich es mit Wonne tat, wirst Du glauben, wenn Du es siehst. Hoffentlich schickt sie es Dir bald, eben habe ich es ihr überbracht […] – mit schwerem Herzen überlasse ich ihr die Freude, Geberin zu sein.«[2] Clara Schumann musste sich mit der Rolle der Anregerin, also der indirekten Freuden-Bringerin, zufrieden geben, weil sie selbst nicht die Mittel zum Ankauf hatte, wusste aber, welch große Freude sie Brahms damit ermöglichte, und konnte es nicht erwarten, bis Brahms das Autograph sah. Denn diese Niederschrift Mozarts bot genau das, was Brahms an Autographen schätzte oder in Autographen suchte: den Einblick in die Werkstatt des Komponisten. Das, was in der Regel als erste und zweite Fassung dieser *Sinfonie* bezeichnet wird, kann auch als Instrumentationsänderung – also Änderung des klanglichen Konzepts – nach begonnener Arbeit gedeutet werden. In so grundsätzlicher Weise (zwei statt vier Hörner, zusätzliche Klarinetten, neu konzipierte Oboen) kommt das selten vor; und Überlegungen zu einer solchen Fassungs- oder Konzeptänderung in der Niederschrift anhand des Autographs anstellen zu können, ist fraglos ein besonderes Erlebnis.

Das Faktum, dass Brahms ein Autographensammler war, hat Georg Kinsky[3] schon 1937 anhand des von Alfred Orel 1934 veröffentlichten eigenhändigen Bücher- und Musikalienverzeichnisses von Johannes Brahms[4] dargelegt. Grundsätzliches zu den Interessen von Brahms an Autographen soll uns hier mit ausgewählten signifikanten Beispielen beschäftigen. Warum hat Brahms Musikautographe gesammelt und welche Art von Musikautographen bzw. Autographen von Musikern hat ihn interessiert? Die Antwort auf diese Fragen ist überraschend eindeutig zu finden.

Werkstatt-Manuskripte, Einblick in den Schaffensprozess, der Komponist bei der Arbeit – das war es, was den Sammler Brahms an den Musikautographen interessierte. Sie boten ihm Arbeits-Informationen, Gelegenheiten zum Nachvollziehen und Nachdenken, Möglichkeiten zum Hineindenken in die Probleme und Entscheidungen anderer Komponisten oder für die Spurensuche auf dem Weg zur Entstehung eines Werkes.

Die Änderungen während der Arbeit mussten nicht äußerlich spektakulär oder mit eiligen Federstrichen klar sofort erkennbar sein. Auch oder gerade subtile Entscheidungen bzw. Korrekturen konnten Brahms fesseln. Das Autograph von Joseph Haydns *Streichquartetten* op. 20 (Hob. III: 31–36), von Brahms 1885 erworben, macht auf den ersten Blick den Eindruck einer Reinschrift. Bei genauerem Studium sieht man jedoch wenige überschriebene Stellen und vor allem mit dem Federmesser ausgekratzte und korrigierte. Überdies erlaubt der oftmalige Tintenwechsel Beobachtungen zu Haydns Vorgehen bei der Niederschrift.

Die Autographe kompletter Partituren hat Brahms wirklich Note für Note mit größter Aufmerksamkeit gelesen, also die Niederschrift durch den Komponisten verfolgt. Diese Konzentration beim Partiturlesen erkennt man daran, dass er dabei entdeckte ganz offensichtliche Schreibfehler mit einem x, einem N[ota]B[ene] oder einem Fragezeichen angemerkt hat.

Brahms hat jedoch größten Respekt vor den Niederschriften anderer Komponisten gezeigt und nie Anmerkungen oder gar Korrekturen angebracht, die die schöpferische Arbeit des Komponisten geändert hätten. Diesbezügliche jüngst in der Literatur auftauchende Vermutungen oder gar Behauptungen, die von angeblich Brahms'schen Korrekturen in Sinfonie-Autographen Franz Schuberts ausgehen und besagen, dass Brahms den Notentext Schuberts verändert habe, können hier nicht weiter diskutiert, müssen aber ausdrücklich als falsch bezeichnet werden. Die mit Bleistift eingetragenen wenigen Änderungen fremder Hand in Schuberts Sinfonie-Autographen – vor allem in der *Vierten* und in der *Großen C-Dur-Sinfonie* – stammen eindeutig nicht von Brahms. Als Herausgeber der Sinfonien in der Alten Schubert-Gesamtausgabe hat Brahms sie in den edierten Notentext aufgenommen, aber nicht als eigene Eingriffe, sondern weil er erkannt hat, dass sie älteren Ursprungs, wenn auch nicht von Schubert selbst geschrieben sind, und sie deshalb mit einer Authorisierung Schuberts in Zusammenhang gebracht hat. Obwohl diese Autographe nie in Brahms' Besitz waren, sondern er sie im Archiv der Gesellschaft der Musikfreunde studiert hat, der Fragenkomplex also nicht zum Thema des Autographe sammelnden Brahms gehört, musste hier doch ganz kurz darauf eingegangen werden, um Brahms' grundsätzlich respektvolle Behandlung von Musikautographen nicht in Frage gestellt zu sehen. Dass er auch in diesen, also nicht in seinem Besitz befindlichen Autographen, den einen oder anderen offensichtlichen Schreibfehler angemerkt hat, widerspricht nicht dieser seiner grundsätzlichen Ehrfurcht vor dem Autograph als Schaffensdokument.

Skizzen (wie zum Beispiel zu Ludwig van Beethovens *Neunter Sinfonie* op. 125, zu seiner *Egmont-Ouvertüre* op. 84 oder zur *Klaviersonate* op. 106) haben Brahms ebenso gefesselt wie Entwürfe und Frühfassungen (etwa Franz Schuberts *Klaviertrio* Es-Dur D 929 oder *Klaviersonate* in H-Dur D 575 oder Robert Schumanns *Vierter Sinfonie* op. 120, um wieder nur einige wenige Beispiele zu nennen). Den Weg von der Skizze bzw. Entwurf zum fertigen Werk zu verfolgen, die Frage, warum ein Komponist ein Werk, das zu einem Teil bereits ausgearbeitet vorlag, liegen gelassen, später ausgearbeitet oder später völlig überarbeitet hat, all das scheint für Brahms eine essentielle Problemstellung gewesen zu sein, wohl auch mit Reflexionen zu seinem eigenen Schaffen. Er hat ja selbst um die endgültige Ausarbeitung und Gestalt eines Werkes lange gerungen – man denke nur an das *Deutsche Requiem* – begonnene Werke beiseite gelegt und schließlich vernichtet – wie seine *Missa canonica* – oder sich bei etlichen fertig niedergeschriebenen Kompositionen nicht entschließen können, sie der Öffentlichkeit zu übergeben, und sie vernichtet. (Wie etwa die mehr als zwanzig Streichquartette, die er bereits vor den veröffentlichten *Streichquartetten* op. 51 komponiert hatte.)

Wie sehr Brahms Arbeitsmanuskripte gesucht und wie wenig Interessen er an Reinschriften hatte, kann man mit zwei schönen Beispielen seiner Korrespondenz mit Eusebius Mandyczewski entnehmen. Im Jahr 1890 hat der Münchener Antiquar Moritz Rosenthal das Autograph einer Solo-Violin-Sonate von Johann Sebastian Bach und jenes der *Drei- und Vierstimmigen Gesänge* von Joseph Haydn (Hob. XXV b/c) zum Ankauf für das Archiv der Gesellschaft der Musikfreunde angeboten und zur Ansicht übersandt. Mandyczewski konnte keinen Financier für den Ankauf finden und versuchte, Brahms zu animieren, die beiden Autographe zu erwerben. »Unserem Archiv werden nämlich Autographe angetragen, die ich gerne, weil wir sie doch nicht kaufen, in Ihrem Besitz sehen möchte«, schrieb er Brahms am 12. Juni

1890.[5] Einige Tage später, am 15. Juni, wurde er deutlicher, ja, man hat fast den Eindruck, als wüsste er, dass Brahms seine Autographensammlung nach seinem Ableben für das Archiv der Gesellschaft der Musikfreunde in Wien bestimmen werde: »Aber mir läge sehr daran, daß die Sachen in eine gute Hand kommen, und hauptsächlich, daß sie aus dem Handel verschwinden.«[6] Vielsagend ist Mandyczewskis Beschreibung der beiden Autographe. An der Authentizität des Bach-Autographs hatte er, weil es so schön geschrieben ist, erst sogar Zweifel, die er erst durch den Vergleich mit einem fraglos von Bach stammenden Autograph im Bestand des Archivs der Gesellschaft der Musikfreunde wenn schon nicht ganz zerstreuen, so doch weitgehend minimieren konnte. »Es ist außerordentlich sauber geschrieben, geradezu eine Prachtleistung in der Schrift«, schrieb er am 12. Juni, um am 15. Juni die schöne Handschrift noch deutlicher anzupreisen »Denn die Sonaten sind außergewöhnlich schön geschrieben, ein Rein-Exemplar, wie man es unter Bachschen Stücken wohl sehr selten finden wird, ein wirkliches Prachtstück.« Zum Haydn-Autograph bemerkte er kurz zusammenfassend. »Es ist ein herrlicher Band.«[7] Aber Brahms war weder an einem »herrlichen Band« interessiert, noch an einem als »Prachtstück« bezeichneten »Rein-Exemplar«. Ihn irritierten weder Mandyczewskis leise Zweifel, ob ein Bach-Autograph wirklich so schön geschrieben sein könne, noch der Preis. Er bat Mandyczewski zwar am 18. Juni, ihm die beiden Handschriften zur Ansicht zu bringen, aber »ohne irgend schnöden Eigennutz«[8]; Brahms wusste also schon, dass er sie nicht erwerben wolle. – Es waren keine Arbeits-Autographe.

Dennoch findet sich in Brahms' eigenem Musikautographen-Schatz die eine oder andere Handschrift, die eine Partitur-Reinschrift ohne Schlüsselstellen zum tieferen Einblick in den Schaffensprozess ist. Es waren Geschenke von nahestehenden oder befreundeten Personen, die um Brahms' Sammelleidenschaft wussten, nicht aber um seine tieferen Interessen, oder diesen tieferen Interessen in anderer Weise dienen wollten als mit der Ermöglichung eines Einblicks in den Schaffensprozess. So hat ihm etwas Hans von Bülow zum Geburtstag am 7. Mai 1885 das Autograph zu Hector Berlioz' *Ballade* für Singstimme und Klavier *La mort d'Ophélie* H 92 geschenkt, das vom Komponisten selbst mit dem 7. Mai 1842 datiert ist. Dieses Zusammentreffen des Geburtstages des geschätzten Komponisten mit dem (freilich nicht im selben Jahr liegenden) »Geburtstag« einer Komposition eines anderen verehrten Komponisten hat Hans von Bülow veranlasst, das in seinem Besitz befindliche und sogar seinen eigenhändigen Besitzvermerk tragende Autograph Brahms zu verehren: »Dr. Johannes Brahms zum 7 Mai 1885 mit verehrungsvollen Glückwünschen dediziert von s[alvo]/m[eliore] H[ans] v[on] B[ülow]«.[9] Wenn Fritz Simrock wohl ebenfalls zum Geburtstag im Jahr 1887[10] – so jedenfalls die Annahme Max Kalbecks – Brahms das Autograph zu Felix Mendelssohn Bartholdys *Motette* »Mitten wir im Leben sind« geschenkt hat, so mag er vielleicht an Brahms Interessen an (früh-) evangelischen Chorälen gedacht haben, oder er ist doch nur ganz allgemein Brahms Interesse an Musikautographen nachgekommen. Berlioz' Autograph bietet keinen Einblick in den Schaffensvorgang, jenes von Mendelssohn ist eine geradezu kalligraphische Reinschrift. Bei ersterem liegt eine seltene Beziehung zu Brahms – wenn auch nicht zu seinen ureigensten Interessen an Musikautographen – auf der Hand, beim zweiten ist eine solch ungewöhnliche Beziehung nicht vorhanden und eine andere allenfalls nur mit Umwegen zu finden.

In einem Brief an Richard Wagner aus dem Jahr 1875 schrieb Brahms, dass er »ohne eigentlich Sammler zu sein, doch gerne Handschriften, die mir wert sind, bewahre.«[11] Und 1889 schrieb er an Fritz Simrock, dass er kein »gerechter« (im Sinn von richtiger) »Autographen-Sammler« sei.[12] Ob nun Brahms im eigentlichen Sinne des Wortes ein Sammler war, wollen wir nicht diskutieren. Ein ungewöhnlicher Sammler war er jedenfalls. Denn Autographensammler waren damals im allgemeinen Reliquiensammler, denen es darum ging, eine Handschrift einer bedeutenden Persönlichkeit – im engeren Sinne unserer Thematik: eines Komponisten – zu besitzen. Je schöner, ja, attraktiver diese Handschrift war, umso besser. Je umfassender der Sammlungsbestand war, umso schöner. Für Brahms galt beides nicht. Ihm ging es nicht um Schönheit und nicht um Vollständigkeit, sondern um den zwischen und hinter den Noten- oder Textzeilen zu findenden Informationswert. Er wollte als Komponist mit anderen Komponisten mit dem Weg über deren Handschriften in Kontakt treten, mit ihnen – d.h. anhand ihrer Handschriften – die Schaffensprobleme eines Komponisten diskutieren und ihre Antworten erfahren – d.h. Lösungen erkennen. Für ihn war die Handschrift die Brücke zu diesem Komponisten, seinem Schaffen und seinem konkreten Werk. Genau genommen, sammelte er also solche Brücken, also Kontakte mit dem Schaffensprozess oder anders gesagt Einblicke in diesen bzw. Informationen über diesen.

Musikautographe waren also für ihn als Komponist etwas höchst Intimes, weil er wusste, dass sie den Blick in das Innerste eines Komponisten oder zumindest seines Schaffens freigeben können. Diesen Blick suchte er bei anderen Komponisten zu gewinnen. Bei ihm selbst sollte ein solcher Blick, weil er wusste, wie tief er gehen und wie viel er offenbaren konnte, aber niemandem möglich sein. Er vernichtete seine Skizzen und Entwürfe, alle Handschriften unvollendeter oder zwar vollendeter, aber letztendlich nicht für die Veröffentlichung bestimmter Werke und alle Handschriften von Frühfassungen oder Vorstadien. Was an Skizzen und Autographen dieser Art erhalten ist, ist es nur durch Zufall, genau genommen gegen seinen Willen oder zumindest ohne seine Absicht. Das, was Brahms bei anderen suchte und fand, sollte niemand bei ihm suchen und finden können.

Weil für Brahms Autographe etwas so Intimes waren, ein Ausfluss der künstlerischen Persönlichkeit des Schöpfers des im Autograph fixierten Kunstwerks, war für ihn ein Autograph keine Reliquie, d. h. viel mehr als eine solche. Mit Album- und Widmungsblättern bzw. gewidmeten Niederschriften auf Schmuckblättern war er höchst sparsam, und umso mehr Gewicht hatten sie für den, der ein solches Autograph erhielt. Wenn wir den Empfänger kennen, dann sagen sie uns sehr viel über die Beziehung von Brahms zu dieser Person aus. Dass wir unter den Empfängern auch Namen finden, die in der Brahms-Literatur nicht weiter nachweisbar sind, zeigt ein großes Desideratum für die bzw. in der Brahms-Forschung auf. Berücksichtigt man all das, was ein Musikautograph für Brahms bedeutete, so versteht man seine höchst enttäuschte Reaktion, als Theodor Billroth das erste System aus dem ihm von Brahms geschenkten Partitur-Autographs des *Streichquartetts* op. 51/2 aus der Partitur herausschnitt, und mit Brahms Portrait rahmte. Sein ihm vermeintlich besonders nahestehender Freund Theodor Billroth hatte nicht gewusst, was eine Partiturhandschrift für Brahms bedeutete, und nicht erkannt, was deren Geschenk bedeuten sollte. Eusebius Mandyczewski verdanken wir dazu einen vielsagenden handschriftlichen Bericht[13]: »Deutlich erinnere ich mich, mit Brahms einmal über die eigenthümliche Art von Pietät gesprochen zu haben, der wir mitunter begegnen, z. B. wie der Schottenpriester P. Hermann Schubert[14] das Autograph von seines Stiefbruders Lied ›Der Tod und das Mädchen‹ zerschnitten hat, um Bekannten und braven Schülern ein vermeintlich werthvolles Andenken zu geben. Darüber hätten wir uns nicht zu wundern, meinte Brahms, denn selbst ein Billroth gehöre hierher, der vom ersten Blatt des ihm gewidmeten Quartetts die oberste Partiturzeile mit dem Namenszug des Componisten abgeschnitten habe, um sie unter das Bild desselben, das im Rahmen an der Wand hing, zu setzen. ›Ich hätte ihm doch gerne jeden Wunsch erfüllt‹[15], meinte Brahms traurig.«

Was eine autographe Niederschrift für Brahms bedeutete, und wie sehr er musikalisches Reliquiensammeln ablehnte, demonstriert uns aufs schönste Brahms' Umgang mit dem berühmten so genannten »Doppelautograph« von Beethoven und Schubert. Es enthält Beethovens Niederschrift seines Liedes »Zärtliche Liebe« (»Ich liebe dich«) WoO 123, von ihm auf die Innenseiten eines Doppelblattes geschrieben. Dieses Autograph kam in den Besitz Franz Schuberts, der auf den Außenseiten eine Frühfassung des langsamen Satzes seiner *Klaviersonate* in Es-Dur D 568 (nicht ganz vollständig) geschrieben hat. Offensichtlich auf Ersuchen seines Freundes Anselm Hüttenbrenner wurde das Doppelblatt in zwei Einzelblätter geteilt. Eines verblieb bei Schubert, das andere gelangte zu Hüttenbrenner, der in den verbliebenen Freiraum unter der letzten Notenzeile Beethovens schrieb: »Des unsterblichen Beethovens Handschrift. Erhalten den 14ten August [1]817.« Brahms erfuhr von den beiden getrennten Blättern und vereinigte sie wieder, weil er für Reliquiensammler, wie dies offensichtlich Hüttenbrenner war, kein Verständnis aufbrachte und als bewusster Sammler von Kompositionsniederschriften einen ganz anderen Zugang zum Autograph eines Werkes hatte. Jenes Blatt, das bei Schubert verblieben war, erhielt er 1872 von dessen Neffen, Dr. Eduard Schneider, jenes, das zu Hüttenbrenner gelangte, kaufte er dem Sammler Johann Nepomuk Kafka ab. Unter Hüttenbrenners Notiz schrieb er nun: »Joh[anne]s Brahms, im April 1872.« 21 Jahre später setzte Eusebius Mandyczewski darunter noch eine Zeile: »Von Brahms dem Archiv der Gesellschaft der Musikfreunde geschenkt am 25. October 1893.«[16] Es muss Brahms ein tiefes Anliegen gewesen sein, die beiden Blätter wieder zu vereinen. Ja, er muss darin ein exemplarisches Unterfangen gesehen haben, das er durch das Geschenk an das Archiv der Gesellschaft der Musikfreunde öffentlich bekannt und zugänglich machte.

Soferne Brahms nicht das eine oder andere Stück zu Lebzeiten anderwärtig weitergegeben hat, gelangte seine Sammlung von Musikautographen nach seinem Tod – wie die bei ihm verbliebenen eigenen Musikautographe, seine Bücher- und Musikaliensammlung sowie die an ihn gerichteten Briefe (soferne sie nicht von den Schreibern zurückverlangt wurden) – in das Archiv der Gesellschaft der Musikfreunde in Wien.

Brahms' Sammlung von Brief- und sonstigen nicht musikalischen Autographen anderer Komponisten wurde im langwierigen Prozess um den Nachlass schließlich von den Musikautographen getrennt und gelangte an die so genannte »Erbenvertretung« nach Johannes Brahms, zum größeren Teil an dessen Stiefbruder Fritz Schnack. Was er erhalten hatte, gelangte aus seinem Nachlass in den Bestand der von Schnack begründeten Hamburger Brahms-Stiftung, die zum Grundstock der Brahms-Bestände der Staats- und Universitätsbibliothek Hamburg Carl von Ossietzky werden konnte.[17] Etliches kann in Privatbesitz nachgewiesen werden, etwas gelangte inzwischen in das Archiv der Gesellschaft der Musikfreunde in Wien, das eine oder andere Stück aus Brahms' Briefautographen-Sammlung taucht auch heute noch im Autographenhandel auf. Zu dieser Sammlung haben wir also keinen vollständigen Überblick. Was man dazu feststellen kann, bestätigt aber weitgehend die Beobachtungen, die man zu Brahms' Interessen an Musikautographen machen kann. Auch hier geht es ihm nicht darum, eine Handschrift dieses oder jenes Komponisten zu besitzen, sondern es geht ihm gezielt um Werkzusammenhänge. Das sei zum Abschluss noch mit einem Beispiel belegt. Im Dezember 1889 hat Fritz Simrock Brahms auf einen bestimmten Brief Carl Maria von Webers aufmerksam gemacht, vielleicht sogar gefragt, ob er ihn diesen schenken dürfe. Brahms' Antwort[18]: »[…] mit einem Brief von Weber an Spohr, in dem noch dazu Jessonda und Euryanthe genannt werden, trifft man mich allerdings ins Herz! Das ist meine Sorte, da bin ich schwach! Ich danke allerschönstens.«

---

1 Dazu mehr bei Otto Biba: *Joseph Haydn: der Kunstsammler*, in: *Joseph Haydn im 21. Jahrhundert*, hg. von Christine Siegert, Gernot Gruber und Walter Reicher, Tutzing 2013, S. 75–95.

2 *Wolfgang Amadeus Mozart. Sinfonie g-Moll, KV 550. Autographe Partitur […] Faksimile-Ausgabe*, mit einem Kommentar von Otto Biba, Wien 2009.

3 *Brahms als Autographensammler*, in: *Der Autographensammler. Eine monatlich erscheinende Katalogfolge des Hauses J. A. Stargardt*, Berlin, 2. Jg., Nr. 2, Nr. 388 der Gesamtfolge, Berlin 1937, S. 1–4. Am Rande und ebenfalls nur konstatierend und nicht beurteilend kamen auf dieses Thema die folgenden beiden Publikationen zu sprechen: Eusebius Mandyczewski: *Die Bibliothek Brahms*, in: *Musikbuch aus Österreich*, red. von Richard Heuberger, I, Wien-Leipzig 1904, S. 7–17, im Speziellen S. 14 f; Karl Geiringer: *Brahms as a Reader and Collector*, in: *The Musical Quarterly* XIX/2, New York 1933, S. 158–168, im speziellen S. 163.

4 Alfred Orel: *Johannes Brahms' Musikbibliothek*, in: *Simrock-Jahrbuch* III (1934), S. 18–47.

5 Karl Geiringer: *Johannes Brahms im Briefwechsel mit Eusebius Mandyczewski*, in: *Zeitschrift für Musikwissenschaft* 15 (1933), S. 340.

6 Ebd., S. 342.

7 Ebd., S. 341 f.

8 Ebd., S. 341.

9 Archiv der Gesellschaft der Musikfreunde in Wien A 170.

10 *Johannes Brahms. Briefe an Fritz Simrock*, hg. von Max Kalbeck, 3. Bd., Berlin 1919, S. 154.

11 Max Kalbeck: *Johannes Brahms*, II/1, ²Berlin 1908, S. 123.

12 *Johannes Brahms. Briefe an Fritz Simrock*, hg. von Max Kalbeck, 4. Bd., Berlin 1919, S. 15.

13 Ein Blatt, auf den Innendeckel des Autographs von Brahms' Streichquartett op. 51/2 geklebt. Archiv der Gesellschaft der Musikfreunde in Wien, A 139.

14 Franz Schuberts Stiefbruder, Mönch im Wiener Benediktinerstift »Unsere liebe Frau zu den Schotten«. Teile des im Folgenden angesprochenen zerschnittenen Autographs befanden sich im Besitz von Johannes Brahms.

15 Soll heißen, er hätte gerne unter das Portrait seine Unterschrift, allenfalls auch eine Notenzeile gesetzt. Theodor Billroth hat die Autographe der beiden *Streichquartette* op. 51 von Brahms als Geschenk erhalten. Seine Tochter, Else, hat beide Autographe 1915 dem Archiv der Gesellschaft der Musikfreunde geschenkweise übergeben und wohl dafür das herausgeschnitten gewesene System von Opus 51/2 wieder in die Partitur geklebt. Staubspuren lassen erkennen, dass es dort lange nicht enthalten war.

16 Archiv der Gesellschaft der Musikfreunde in Wien A 13.

17 Kurt Hofmann: *Die Bibliothek von Johannes Brahms*, Hamburg 1974, S. XXIX.

18 Wie Anmerkung 10.

»Alle meine Werke gäbe ich drum, wenn ich eine Ouvertüre

Ausstellung

wie die Hebriden von Mendelssohn hätte schreiben können.«

Johannes Brahms an Theodor Wilhelm Engelmann

Konstellationen: Felix Mendelssohn und Johannes Brahms
Einführung in die Ausstellung

Wolfgang Sandberger und Stefan Weymar

Der Begriff der Konstellation stammt aus der visuellen Astronomie, also der Sternenkunde. Er bezeichnet die Stellung von zwei hellen Himmelskörpern zueinander und Mendelssohn und Brahms sind fraglos zwei leuchtende Sterne am Komponistenhimmel, zwei Leitsterne des 19. Jahrhunderts. Zu einem festen Dioskurenpaar aber wie etwa »Bach und Händel«, die man in einem Atemzug nennt, sind beide nicht geworden. »Mendelssohn und Brahms« oder »Brahms und Mendelssohn« ist eine Konstellation, bei der es beim Blick durch das musikhistorische Fernrohr noch viel zu entdecken gibt. Festzuhalten ist zunächst, dass beide nur wenige hundert Meter voneinander entfernt in Hamburg das Licht der Welt erblickten, freilich wurden sie in ganz unterschiedliche Lebenswelten hineingeboren. Doch bei allen Unterschieden in den Temperamenten, Lebensumständen und Karrieren gibt es hinaus verblüffende Gemeinsamkeiten. Dazu gehören das Interesse an handwerklich-kompositorischer Solidität und die Begeisterung für die Musik der Vergangenheit (besonders für Bach und Händel). Wegen dieser konservativen Haltung wurden beide Komponisten von der Nachwelt vielfach als »Klassizisten« bezeichnet.

Nach Mendelssohns Tod 1847 erlebte der junge Brahms den unmittelbaren Nachruhm Mendelssohns im Schumann-Kreis hautnah mit, eine Abteilung der Schau heißt denn auch »Mendelssohn – Ikone im Schumann-Kreis«. Zum Schumann-Kreis gehörte der junge Geiger und Brahms-Freund Joseph Joachim, der als Wunderkind Mendelssohn noch persönlich hat kennen lernen können. Nach Mendelssohns Tod 1847 schrieb Joachim aus Leipzig an seinen Bruder Heinrich in London: »Hier ist alles was Musik anlangt jetzt so oede und leer, seit dem der hohe Geist von uns geschieden ist. Seine Werke, die ich jetzt mit Eifer studiere, sind mein schönster Trost«. Joachims Brief gehört zu den Schätzen unserer Sammlung.

Die Ausstellung widmet sich darüber hinaus vor allem den vielfältigen Mendelssohn-Erfahrungen von Brahms, die sich konkret in seiner Tätigkeit als Pianist, Dirigent, Komponist und Sammler spiegeln. Eine besondere Kostbarkeit ist dabei das Mendelssohn-Autograph der *Motette* »Mitten wir im Leben sind«, die Brahms einst besessen und 1864 auch aufgeführt hat.

Die Ausstellung, die hier nur anhand ausgewählter Exponate dokumentiert werden kann, hatte freilich ihre ganz eigenen Herausforderungen. Eine Konstellation ist streng genommen ja immer nur eine scheinbare, d. h. eine, die sich erst im Auge des Betrachters am Himmelszelt so ergibt. Das gilt in besonderem Masse auch für unsere Themenfelder und Exponate, gerade bei einer Ausstellung, die zwei Komponisten zusammendenkt, die doch verschiedenen Generationen angehören und sich nie begegnet sind. Die Konstellationen, sprich: die Bezugspunkte mussten aus unserer Perspektive so erst gefunden und definiert werden.

Als ein solcher Bezugspunkt erweist sich etwa die Bewunderung beider Komponisten für die Schweiz, die jeweils als landschaftliche Inspirationsquelle diente. Die gezeigten originalen Schweiz-Aquarelle von Mendelssohn sind in seinem Todesjahr 1847 entstanden.

Weitere Aspekte der Ausstellung beleuchten das jeweilige Verhältnis zu Richard Wagner und der Gattung Oper. Wagner hatte Mendelssohn in seiner Schrift über *Das Judenthum in der Musik* (1850) denunziert und später auch gegen Brahms und dessen »Enthaltsamkeitskirche«, in der nur Kammermusik gespielt werde, polemisiert. Die Exponate zu Mendelssohns Opernprojekt *Loreley* nach einem Text von Emanuel Geibel führen schließlich unmittelbar in die Hansestadt Lübeck.

Wer auf seiner Entdeckungsreise die Exponate des Katalogs betrachtet, wird naturgemäß bei einer Schau mit begrenztem Rahmen auch das eine oder andere Naheliegende vermissen. Erwähnt sei hier nur Theodor Fürchtegott Kirchner, dessen Teilnachlass zu unserer Sammlung gehört und gerade digitalisiert wird. Mit der Matrikelnummer 1 war Kirchner der erste offizielle Studierende des von Mendelssohn gegründeten Leipziger Konservatoriums, später war er ein Brahms-Vertrauter. Doch auf solche und weitere Bezugspunkte hat die Ausstellung bewusst aus Raumgründen verzichten müssen. Hervorgehoben sei schließlich noch ein Exponat, das zum historischen Ausgangspunkt der einzigartigen Sammlung unseres Instituts führt, ein Exponat, das etwas mit dem Oratorium *Elias* von Felix Mendelssohn zu tun hat. Der Erstdruck des Werkes erschien 1847 bei Simrock, das erhaltene Textbüchlein stammt aus dem Nachlass des Brahms-Freundes und Sängers Julius Stockhausen. Stockhausen hat die Partie des Elias seit einer ersten Aufführung in Basel 1848 mehrfach gesungen. Später konzertierte er mit Brahms. Aus dieser Zeit stammt nun das Albumblatt, auf dem Stockhausen den Beginn der Elias-Arie »Es ist genug« notierte, und Brahms hat diese traurige Arie nun durch drei Walzertakte ergänzt. Offensichtlich ein Scherz: Beide reagierten damit auf lästige Autogramm-Jäger. Ironie der Musikgeschichte: Das Blatt wurde 1957 von dem leidenschaftlichen Sammler Kurt Hofmann erworben und gehört so zu den ersten Objekten der Sammlung des Brahms-Instituts.

Wie sehr Brahms Mendelssohn schätzte, wird schließlich in einem mehrfach überlieferten Bonmot deutlich, das Brahms im September 1874 am Züricher See äußerte: »Alle meine Werke gäbe ich drum, wenn ich eine Ouvertüre wie die Hebriden von Mendelssohn hätte schreiben können.«

Mendelssohn – Ikone im Schumann-Kreis

Schon zu Lebzeiten stand Mendelssohn bei Robert und Clara Schumann in hohem Ansehen. Das Ehepaar schätzte ihn als den bedeutendsten musikalischen Zeitgenossen und war ihm freundschaftlich verbunden. Während Mendelssohn Schumann keines seiner Werke, Clara jedoch die *Lieder ohne Worte* op. 62 widmete, ehrte Schumann ihn durch die Dedikation der *Drei Streichquartette* op. 41, die er selbst zu seinen wichtigsten Kompositionen rechnete.

Zum Düsseldorfer Schumann-Kreis, dem sich Brahms im Herbst 1853 anschloss, gehörte auch Joseph Joachim, der als Wunderkind mehrfach mit Mendelssohn musiziert hatte. Mit einer Aufführung von Beethovens *Violinkonzert* unter Mendelssohns Leitung im Mai 1844 wurde der 12-jährige Geiger in England über Nacht zu einer Berühmtheit. »Wer weiß, was aus mir geworden wäre, wenn ich Mendelssohn nicht so früh verloren hätte«, sinnierte Joachim nach dem Tod seines Förderers im November 1847: »Seine Werke sind mein schönster Trost.«

Felix Mendelssohn (1809–1847)
Bleistiftzeichnung von Konrad Immanuel Böhringer, Dresden, 1925

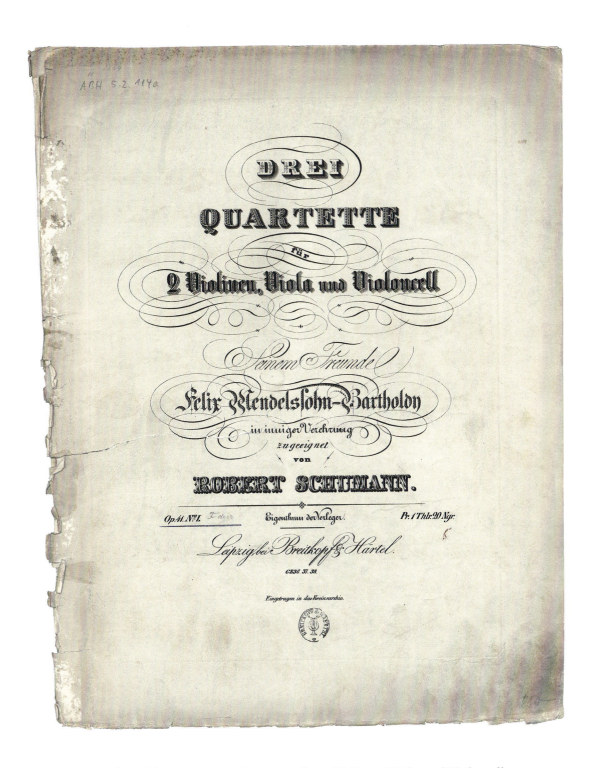

Robert Schumann: *Drei Quartette für 2 Violinen, Viola und Violoncell* op. 41
»Seinem Freunde Felix Mendelssohn-Bartholdy in inniger Verehrung zugeeignet«
Violin-II-Stimme, Erstdruck, Titelseite, Februar 1843, Leipzig, Breitkopf & Härtel

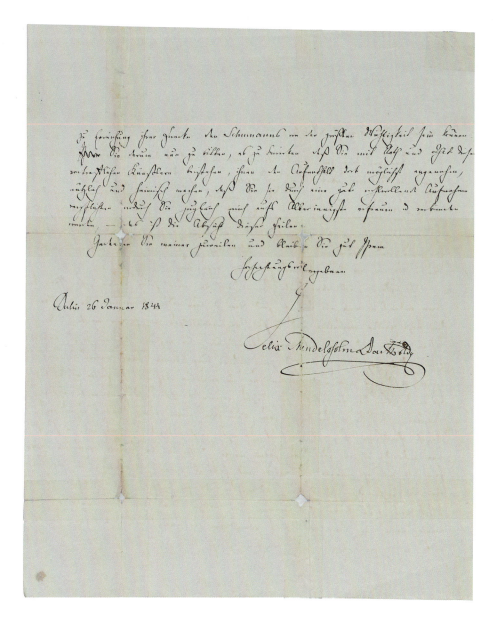

Felix Mendelssohn: Brief an Heinrich Romberg in St. Petersburg
Berlin, 26. Januar 1844, 1 Doppelblatt, 2 Seiten, signiert »Felix Mendelssohn-Bartholdy«, Seite 2
Empfehlungsschreiben für das Ehepaar Robert und Clara Schumann anlässlich ihrer Konzertreise nach St. Petersburg:
»Bei Ihrer gründlichen Kenntniß aller dortigen Verhältnisse, bei Ihrer ausgebreiteten Bekanntschaft kann es nicht fehlen, daß Sie [Seite 2] zu Erreichung ihrer Zwecke den Schumanns von der größten Wichtigkeit sein können. / Sie darum nun zu bitten, es zu bewirken, daß Sie mit Rath und Tath diesen / vortrefflichen Künstlern beistehen, ihnen den Aufenthalt dort möglichst angenehm, / nützlich und heimisch zu machen, daß Sie sie durch eine gut wohlwollende Aufnahme / verpflichten, wodurch Sie zugleich mich aufs Allerinnigste erfreuen und verbinden / werden, – das ist die Absicht dieser Zeilen. / Gedenken Sie meiner zuweilen und bleiben Sie gut Ihrem / hochachtungsvoll ergebenen / Felix Mendelssohn Bartholdy.«

Felix Mendelssohn: *Sechs Lieder ohne Worte für das Pianoforte* **op. 62**
*»Frau Dr. Clara Schumann geb. Wieck zugeeignet«
Erstdruck, Titelseite, 1844, Bonn, N. Simrock, aus dem Nachlass von Fritz Simrock*

Julius Benedict und Felix Mendelssohn: Albumblatt für Joseph Joachim
o. O., o. D. [1844], 1 Blatt, 2 Seiten, Vorderseite mit Lied »Joachim, klein Joachim, leb wohl und komm recht bald zu uns zurück« und Federtuschzeichnung, einen dirigierenden Geiger darstellend, aus dem Nachlass von Joseph Joachim

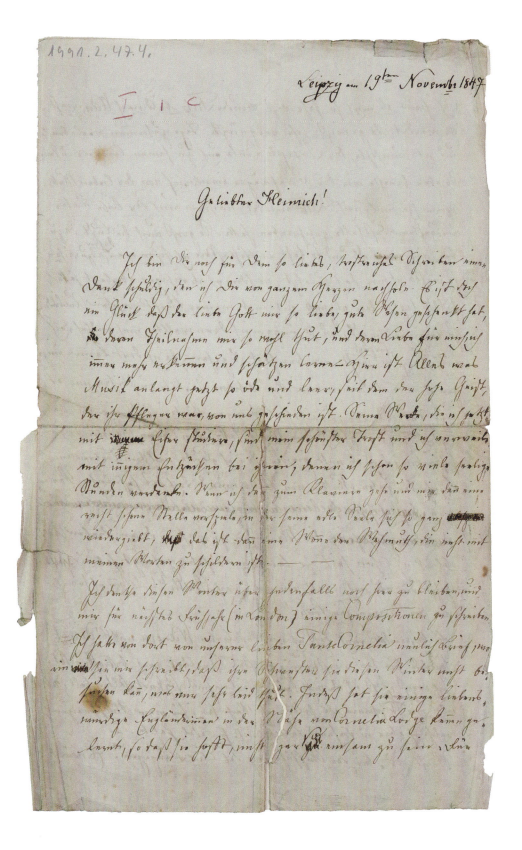

Joseph Joachim: Brief an Heinrich Joachim in London

Leipzig, 19. November 1847, 1 Doppelblatt, 3 Seiten, signiert »Joseph Joachim.« Über Mendelssohns Tod: »Hier ist alles was / Musik anlangt jetzt so öde und leer, seit dem der hohe Geist, / der ihr Pfleger war, von uns geschieden ist. Seine Werke, die ich jetzt / mit Eifer studiere, sind mein schönster Trost und ich verweile / mit innigem Entzücken bei ihnen, denen ich schon soviele selige / Stunden verdanke.«

Mendelssohn und Brahms – zwei gebürtige Hamburger am Klavier

Nur wenige hundert Meter voneinander entfernt wurden Mendelssohn und Brahms in Hamburg geboren. Die Geburtshäuser spiegeln die unterschiedlichen sozialen Milieus ihrer Bewohner. Während Felix aus der angesehenen und wohlhabenden bürgerlich-jüdischen Familie Mendelssohn stammt, die in einem klassizistischen Stadthaus in der Großen Michaelisstraße 14 residierte, wuchs Johannes als Sohn des Hamburger »Instrumental-Musicus« Johann Jakob Brahms in der Enge des Gängeviertels auf (Schlüters Hof, Specksgang Nr. 24). Immer wieder half der junge Musiker, den Lebensunterhalt der Familie aufzubessern.

Felix war ein Enkel des bedeutenden Philosophen Moses Mendelssohn. Vater Abraham hatte als Bankier Karriere gemacht und Mutter Lea kam aus einer Fabrikantenfamilie. Bereits 1811 zogen die Mendelssohns nach Berlin. Hier erhielten Felix und seine Schwester Fanny den ersten Musikunterricht von der Mutter. Knapp zehn Jahre später porträtierte Wilhelm Hensel den 13-Jährigen am Klavier. Dieses Bildnis ist wohl mit der Mendelssohn-Reproduktion in Brahms' Wiener Wohnung Karlsgasse 4 zu identifizieren (vgl. S. 121f.). Brahms bewunderte Mendelssohns »unvergleichliche Kunstbildung« und »vortreffliche Schule«. »Was hat es mich für unendliche Mühe gekostet«, so Brahms, »das als Mann nachzuholen!«

Felix Mendelssohn (1809–1847)
Der 11-jährige Mendelssohn am Klavier, Bleistiftzeichnung von Wilhelm Hensel, um 1820

Johannes Brahms (1833–1897)
Der Komponist am Klavier, Farblithografie nach einer Zeichnung von Willy von Beckerath, Hamburg, 1911

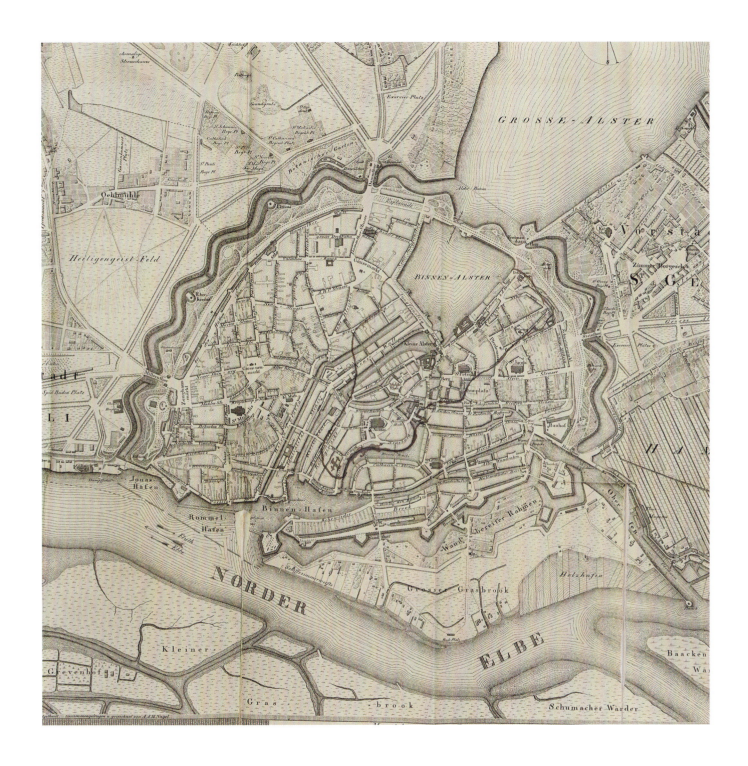

Grundriss von Hamburg
gestochen und herausgegeben von J. L. Semmelrahn 1834, Beilage zu: Wegweiser durch Hamburg und die umliegende Gegend. Eine statistisch-historische Übersicht von Oberauditeur F. Georg Buek, *Hamburg 1836*

Geburtshaus von Johannes Brahms
Hamburg, Neustadt/Nord, Schlüters Hof, Specksgang Nr. 24

Geburtshaus von Felix Mendelssohn
Hamburg, Große Michaelisstraße 14

»… denn es ist kein Land wie dieses« – Mendelssohns Schweiz

Viermal reiste Mendelssohn durch die Schweiz: 1822, 1831, 1842 und 1847. Schon auf der ersten Reise fertigte der damals 13-Jährige Zeichnungen an, die neben seiner Begeisterung für die Natur auch sein künstlerisches Talent belegen. Mendelssohn erforschte die Schweiz gern zu Fuß. Er war ein passionierter Bergwanderer, der die Rigi bei Luzern erklomm oder über den Gemmipass das Berner Oberland erreichte. Selbst schlechtes Wetter konnte Mendelssohn nicht von seinen Touren abhalten. Danach verwandelte sich der »schmutzige, nasse Fußreisende mit dem Bündel« jeweils wieder in einen »Städter mit Visiten Carten, reiner Wäsche und einem Frack.«

Auf seiner letzten Reise 1847 schuf Mendelssohn 13 Aquarelle mit Schweizer Ansichten – z. B. den Rheinfall, Luzern, Thun, das Lauterbrunner Tal mit Eiger, Mönch und Jungfrau im Hintergrund. Kurz zuvor war seine Schwester Fanny gestorben und Mendelssohn suchte noch einmal jene Ruhe, die ihm die Landschaft des Berner Oberlandes offenbar vermittelte. Die detailgetreuen und stimmungsvollen Aquarelle verraten neben dem Talent auch die Schulung, die der Komponist als Knabe erhalten hatte. »Kein Künstler hätte sich ihrer zu schämen brauchen«, urteilte Mendelssohns Schwager, der Kunstmaler Wilhelm Hensel, über die Aquarelle.

1861 veröffentlichte Paul Mendelssohn die Reisebriefe seines Bruders aus den Jahren 1830 bis 1832. Mehrfach sind Federzeichnungen eingefügt, in denen Felix interessante Reisestationen skizziert hat. Dazu gehört auch die Ansicht vom Schweizerischen Weißenburg – entstanden am 8. August 1831.

Auch Johannes Brahms teilte Mendelssohns Begeisterung für die Schweiz und ließ sich gleich mehrfach musikalisch von den erhabenen Schönheiten des Alpenlandes inspirieren. So entstanden 1866 in Winterthur Teile des *Deutschen Requiems* op. 45 oder während der Thuner Sommeraufenthalte 1886 bis 1888 zahlreiche Kammermusikwerke, Lieder und das *Doppelkonzert für Violine, Violoncello und Orchester* op. 102. Bereits am 12. September 1868 schickte Brahms aus der Schweiz einen Geburtstagsgruß an Clara Schumann: »Hoch auf'm Berg, tief im Thal, / grüß ich dich viel tausendmal!«. Der Komponist zitierte hier das Alphornmotiv, das er später im Finale seiner *1. Sinfonie* c-Moll op. 68 aufgriff und dort »Sempre e passionato.« im ersten Horn erklingen ließ (vgl. die Stichvorlage).

Felix Mendelssohn: *Lucern*
Aquarell, 3. Juli 1847, 17 x 21 cm (modernes Passepartout 35 x 42 cm), Staatsbibliothek zu Berlin – Preußischer Kulturbesitz

Felix Mendelssohn: *Erinnerung an die Parthie nach Myrren im Lauterbrunner Thal*
Aquarell, 17. Juli 1847, 20,5 x 29 cm (modernes Passepartout 35 x 42 cm), Staatsbibliothek zu Berlin – Preußischer Kulturbesitz

Johannes Brahms: *Sinfonie Nr. 1* c-Moll op. 68
*abschriftliche Stichvorlage, 4. Satz, Kopist: Josef Füller, 1877,
Seite 6 mit dem Alphornruf (»Sempre e passionato.«)*

Beziehungszauber: Mendelssohns *Elias*

Mit dem Oratorium *Elias* op. 70 erreicht Felix Mendelssohn den Höhepunkt seiner europäischen Karriere. Nach der Uraufführung auf dem Musikfest in Birmingham (26. August 1846) in monumentaler Besetzung berichtet die *Times,* dass die letzte Note »in einem Unisono von nicht enden wollenden Applaus-Salven von tosendem Lärm untergegangen« sei. Der Erstdruck des Werkes erschien 1847 bei Simrock, das erhaltene Textbüchlein stammt aus dem Nachlass des Brahms-Freundes und Sängers Julius Stockhausen. Stockhausen hat die Partie des Elias seit einer ersten Aufführung in Basel 1848 mehrfach gesungen. Später konzertierte er mit Brahms. Aus dieser Zeit stammt das Albumblatt, auf dem Stockhausen den Beginn der Elias-Arie »Es ist genug« notierte, den Brahms durch drei Walzertakte ergänzte. Offensichtlich war dies ein Scherz: Beide reagierten damit auf lästige Autogramm-Jäger. Das Blatt wurde 1957 von Kurt Hofmann erworben und gehört so zu den ersten Objekten der Sammlung des Brahms-Instituts.

Felix Mendelssohn: ***Elias. Ein Oratorium nach Worten des alten Testaments* op. 70**
Klavierauszug, Erstdruck, 1847, Bonn [u.a.],
N. Simrock, Titelseite

Johannes Brahms (1833–1897) und Julius Stockhausen (1826–1906)
Fotografie im Visitformat, Wien 1869, aus dem Nachlass von Johannes Brahms

Johannes Brahms und Julius Stockhausen: Albumblatt
o. O., o. D. [ca. März 1868], 1 Blatt, 1 Seite, mit Incipit »Es ist genug!« aus dem Oratorium *Elias* von Felix Mendelssohn; die Melodie ist »geschrieben von Jul. Stockhausen.«, die zweitaktige Walzerbegleitung »von Joh. Brahms.«

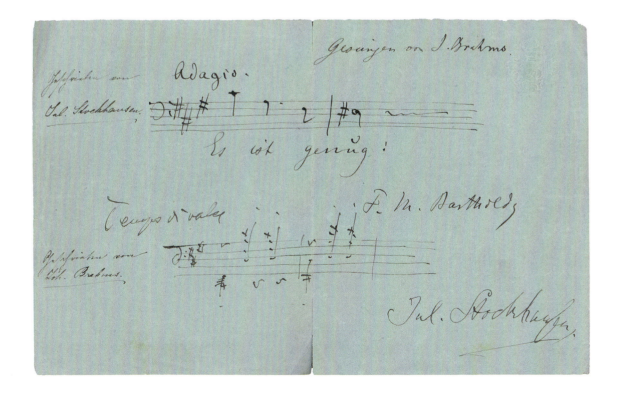

Die Loreley – ein Opernprojekt von Mendelssohn und Geibel

Alle wichtigen musikalischen Gattungen sind im Œuvre von Mendelssohn und Brahms durch repräsentative Werke vertreten – mit Ausnahme der Oper. Mehrfach liebäugelte Brahms mit der Oper, tat sich jedoch schwer bei der Wahl eines geeigneten Sujets und überließ das Feld schließlich Richard Wagner. Mendelssohn dagegen hatte bereits im Teenageralter mehrere kleine Singspiele und komische Opern (z. B. *Die Hochzeit des Camacho*) zu Papier gebracht, die allerdings nur im privaten Kreis aufgeführt wurden.

In den letzten Lebensjahren verfolgte Mendelssohn zusammen mit Emanuel Geibel ein ehrgeiziges Opernprojekt, dem die Loreley-Sage zu Grunde liegt. 1845 nahm Mendelssohn das Werk in Angriff, hielt er doch den Stoff »für einen ächt deutsch opernhaften guten«. Uneinigkeit bei der Gestaltung des Librettos sowie der frühe Tod des Komponisten verhinderten die Fertigstellung, lediglich Teile des ersten Akts (»Ave Maria«, *Winzerchor* und *Finale*) liegen vor. Max Kalbeck überliefert, Geibel hätte Mendelssohn zeitgleich ein Singspiel, *Der Rattenfänger von Bacharach*, zur Vertonung angeboten und 30 Jahre später dasselbe Sujet Brahms vorgeschlagen! Doch auch in diesem Fall blieb Brahms seinen »schönen Prinzipien« treu, »keine Oper und keine Heirat mehr zu versuchen.«

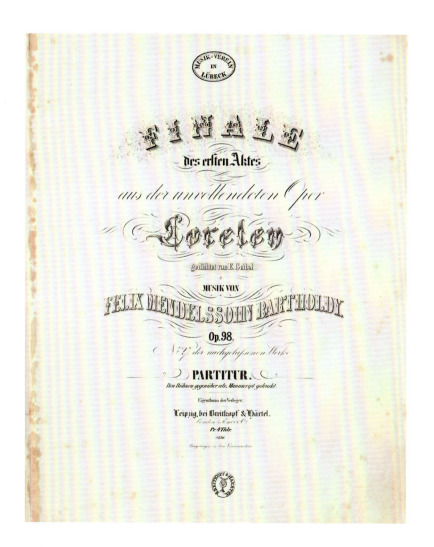

Felix Mendelssohn: *Finale des ersten Aktes aus der unvollendeten Oper Loreley gedichtet von E. Geibel* op. 98
Partitur, Erstdruck, 1852, Leipzig, Breitkopf & Härtel, No. 27 der nachgelassenen Werke, Titelseite, Stadtbibliothek Lübeck

Emanuel Geibel (1815–1884)
Fotografie im Visitformat, o. O., o. J.

Emanuel Geibel: *Die Loreley*
»Dem Andenken Felix Mendelssohn=Bartholdy's.« Erstausgabe, 1861, Hannover, Carl Rümpler, Titelseite, mit egh. Widmung auf dem Vorsatzblatt: »Frau Therese Deecke / zur freundlichen Erinnerung / an den 9ten Sept. 1863 / Lübeck. Emanuel Geibel.«

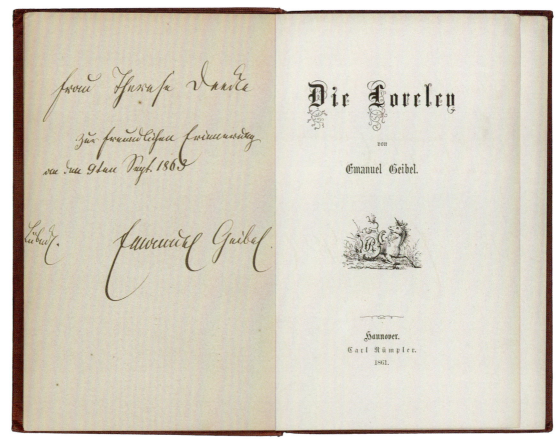

Loreley
*Stahlstich von Georg Goldberg nach dem Gemälde
von Gabriel Wüger, 1864*

Im Spiegel Richard Wagners

Die Exponate verweisen auf das jeweils komplexe Verhältnis von Mendelssohn und Brahms zu Richard Wagner und der Gattung Oper. Wagner bewunderte zu Lebzeiten den Ouvertüren-Komponisten Mendelssohn, denunzierte ihn aber posthum in der Schrift über *Das Judenthum in der Musik* (1850): Mendelssohns Musik befriedige letztlich nur die »unterhaltungssüchtige Phantasie«. Das von Mendelssohn favorisierte Oratorium wird von Wagner als »geschlechtsloser Opernembryo« verspottet. Wagner hat später auch gegen Brahms und dessen »Enthaltsamkeitskirche«, in der nur Kammermusik gespielt werde, polemisiert.

Die *Hochzeit des Camacho* von 1825 gehört zu den frühen Opernversuchen von Mendelssohn. 50 Jahre später hat Brahms die Ouvertüre zu diesem Cervantes-Stoff in einem Wiener Konzert der Gesellschaft der Musikfreunde dirigiert. Brahms selbst hat ebenfalls mit der Oper geliebäugelt: Die eigenhändigen Streichungen und Einrichtungen in *Kattenburg. Ein Sang aus der Zeit des Bauernkrieges* könnten auf eine Libretto-Einrichtung hindeuten.

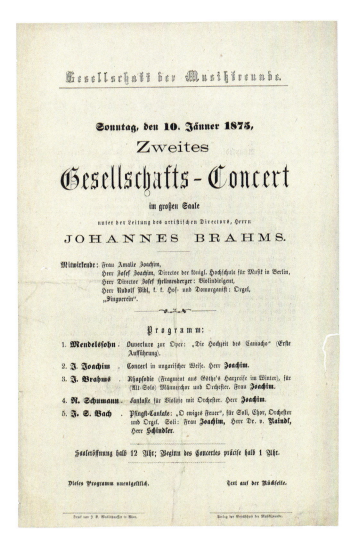

Konzertprogramm
Gesellschaft der Musikfreunde [Wien]. Sonntag, den 10. Jänner 1875, Zweites Gesellschafts-Concert im großen Saale unter der Leitung des artistischen Directors, Herrn Johannes Brahms.

L. St. Hohenried (= Louise Jenisch): *Kattenburg.*
Ein Sang aus der Zeit des Bauernkrieges
1887, Wien, Frick, aus dem Nachlass von Johannes Brahms, mit eigenhändigen Anstreichungen, Titelseite

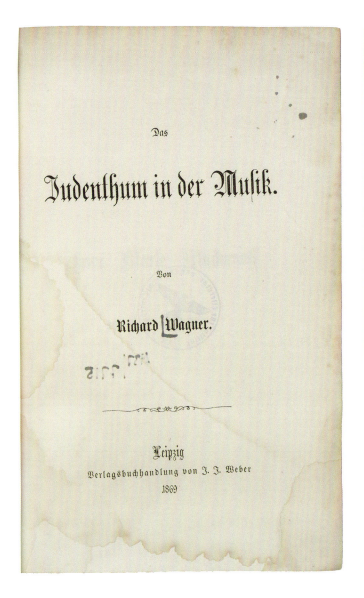

Richard Wagner: *Das Judenthum in der Musik* (1850)
2. Aufl., 1869, Leipzig, J. J. Weber, Seite 24 und 25 (über Mendelssohn)

Mendelssohn-Erfahrungen

Im Wiener Brahms-Nachlass werden zahlreiche Werke Mendelssohns aufbewahrt: die Kirchenmusik und weltlichen Vokalwerke, die Ouvertüren, Sinfonien und Konzerte sowie Klavier- und Kammermusik. Dazu gehört auch eine besondere Kostbarkeit: das Autograph der *Motette* »Mitten wir im Leben sind«. Brahms bekam das Manuskript vermutlich von seinem Verleger Fritz Simrock geschenkt. Am 29. Mai 1887 bedankte sich der Komponist aus der Thuner Sommerfrische gewohnt ironisch: »Ich geniere mich für Ihr gar zu freundliches und üppiges Geschenk zu danken! Wenn Ihre Frau nach Gurnigel kommt, werde ich es ihr zur Verfügung stellen, sie kann's wieder mit nach Berlin nehmen. Oder soll mich das schöne Manuskript etwa abhalten, selbst schlechtere zu fabrizieren und Ihnen aufzuhalsen?« Das Autograph diente als Stichvorlage für die Erstausgabe, die 1832 bei N. Simrock in Bonn als Nr. 3 der *Kirchen-Musik* op. 23 erschien. Brahms dirigierte die Motette 1864 im »Zweiten Concert« der Wiener Singakademie.

Weitere Mendelssohn-Erfahrungen spiegeln Brahms' Interesse an kompositorischen Fragen. So notierte er in seiner »Sammlung interessanter Stellen aus alten Meistern« (*Octaven und Quinten*) auch viermal Mendelssohn: einzelne Takte aus der Musik zum *Sommernachtstraum* und den *Variations serieuses*.

Felix Mendelssohn: Choral »Mitten wir im Leben sind«
für gemischten Chor a cappella op. 23 Nr. 3
Autograph (Reinschrift), Partitur, unsigniert, Rom d. 20 Nov. 1830,
*Schlussseiten, Sammlungen der Gesellschaft der Musikfreunde in
Wien, Brahms-Nachlass*

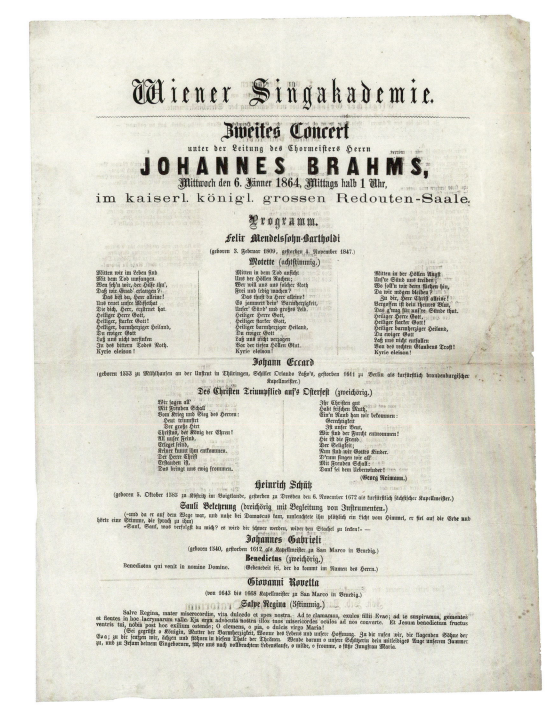

Konzertprogramm

Wiener Singakademie. Zweites Concert unter der Leitung des Chormeisters Herrn Johannes Brahms, Mittwoch den 6. Jänner 1864, Mittags halb 1 Uhr, im kaiserl. königl. grossen Redouten-Saale

Johannes Brahms: *Oktaven und Quinten u. a.*
Manuskript, unsigniert und undatiert, Seite 2 mit Notaten aus Mendelssohns Schauspielmusik zum Sommernachtstraum *op. 61 (Nr. 10, T. 13–16) sowie den* Variations serieuses *op. 54 (Var. 13, T. 18–19, gestrichen), Sammlungen der Gesellschaft der Musikfreunde in Wien, Brahms-Nachlass*

Felix Mendelssohn (1809–1847)
*Fotografie einer Lithografie im Visitformat, o. O., o. J.,
aus dem Nachlass von Johannes Brahms*

Mendelssohn und Brahms – zwei Pioniere der Alten Musik: Johann Sebastian Bach

Zu den Gemeinsamkeiten zwischen Mendelssohn und Brahms gehört ihr Enthusiasmus für die Musik der Vergangenheit. Mendelssohns Pioniertat der Wiederaufführung der *Matthäuspassion* von 1829 gilt als Urknall der Bach-Renaissance. Die Bach-Erfahrungen von Mendelssohn und Brahms sind in ihrer Vielfalt vergleichbar: Als Interpret wie als Komponist, als Sammler wie als Herausgeber haben sich beide mit Bachs Musik intensiv auseinandergesetzt. Schon in der musikalischen Erziehung spielte Bach bei Mendelssohn eine große Rolle, auch bei Brahms, wie die Abschrift der *Fuge* BWV 849 seines Klavierlehrers Otto Cossel zeigt (vielleicht stammen die Fingersätze von dem jungen Brahms). Sichtbares Zeichen des Bach-Engagements von Mendelssohn ist das Bach-Denkmal, das er 1843 der alten Messestadt Leipzig stiftete – aus Erlösen von Orgelkonzerten. Der Programmzettel zu Mendelssohns Konzert vom 6. August 1840 dokumentiert ein reines Bach-Programm, das für die Kanonisierung der Orgelwerke Bachs bezeichnend ist.

Das alte Bach-Denkmal in Leipzig (1843)
nach Entwürfen von Eduard Bendemann, Ausführung: Hermann Knaur, Holzstich von Laurens in der Zeitschrift Die Illustrirte Welt, *[nach 1853], S. 85, Wolfgang Sandberger, Lübeck*

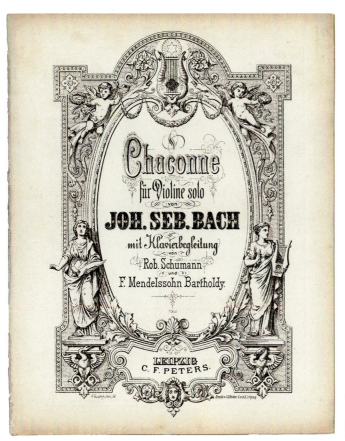

Johann Sebastian Bach: *Chaconne für Violine solo mit Klavierbegleitung von Rob. Schumann und F. Mendelssohn Bartholdy*
Edition Peters No. 2474, um 1890, Leipzig, C. F. Peters, Titelseite und erste Notenseite

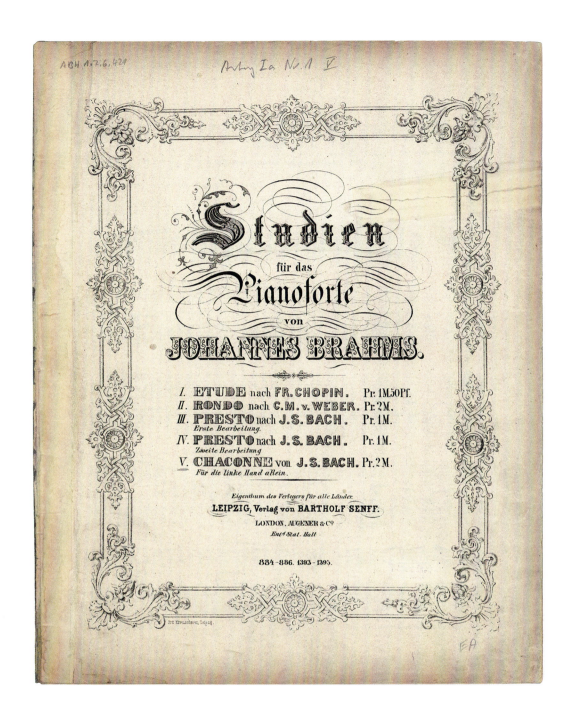

Johannes Brahms: *Chaconne* aus der *Partita für Violine solo* BWV 1004 von Johann Sebastian Bach, bearbeitet für die linke Hand
Erstdruck, Nr. 5 der Studien für das Pianoforte, *Dezember 1878, Leipzig, Bartholf Senff*

Johann Sebastian Bach (1685–1750)
Porträt im Visitformat, aus den Nachlass von Johannes Brahms

Johann Sebastian Bach's Compositionen für die Orgel. Kritisch-korrecte Ausgabe von Friedrich Conrad Griepenkerl und Ferdinand Roitzsch, zweiter Band
1844, Leipzig, C. F. Peters, Titelseite, aus dem Nachlass von Johannes Brahms

Mendelssohn und Brahms – zwei Pioniere der Alten Musik: Georg Friedrich Händel

Neben Bach gehört Georg Friedrich Händel zu den Komponisten der Vergangenheit, mit denen sich Mendelssohn und Brahms am intensivsten beschäftigten. Bereits auf seiner ersten Englandreise 1829 studierte Mendelssohn im British Museum die dort vorhandenen Händel-Handschriften. Schon seine erste Bearbeitung (*Acis und Galathea*) zeigt das Spannungsfeld von alter Musik und ästhetischer Gegenwart: Mendelssohn ging es nicht um eine restaurative Kanonisierung Händels, sondern um die Integration seiner Musik in die eigene aktuelle Musikkultur. Die Orgelstimme zum Oratorium *Solomon* hat Mendelssohn für die Aufführung während des 17. Niederrheinischen Musikfestes in Köln 1835 angefertigt. Brahms hat diese Orgelstimme in einer Kopistenabschrift besessen und sie für eine eigene Wiener Aufführung dieses Händel-Oratoriums am 31. März 1874 benutzt.

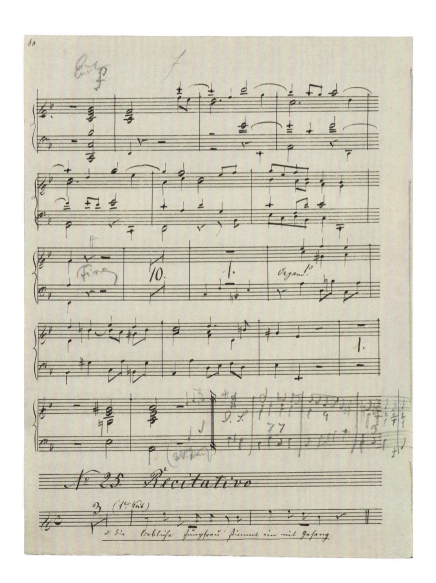

Orgelstimme zu Georg Friedrich Händels Oratorium *Solomon* HWV 67
Abschrift von Mendelssohns aufführungspraktischer Einrichtung für das 17. Niederrheinische Musikfest 1835 in Köln, mit zahlreichen Eintragungen von Johannes Brahms, Sammlungen der Gesellschaft der Musikfreunde in Wien

> **Gesellschaft der Musikfreunde.**
>
> Sonntag den 19. April 1874, Mittags halb 1 Uhr:
>
> # Viertes und letztes
> # Gesellschafts-Concert
>
> unter der Leitung des artistischen Directors, Herrn
>
> **Johannes Brahms.**
>
> Mitwirkende:
>
> Herr J. Lauterbach, königl. Concertmeister aus Dresden,
> „Singverein".
>
> ## PROGRAMM:
>
> 1. J. Haydn · · · Symphonie in Es-dur.
> 2. Alb. Dietrich · · · Concert für die Violine (NEU, Manuscript). — Herr Lauterbach.
> 3. J. Brahms · · · „Schicksalslied" für Chor und Orchester.
> 4. Jul. Rietz · · · Arioso für Violine mit Orgelbegleitung. — Herr Lauterbach; Orgel: Herr Zellner.
> 5. S. Bach · · · Pastorale für Orchester. (Aus den Weihnachtsoratorium).
> 6. Händel · · · Chor aus „Salomo" (Schlusschor des ersten Theiles).
>
> Clavier: Bösendorfer. — Streichinstrumente: Lemböck.
>
> **Programme unentgeltlich. — Texte umstehend.**
>
> Wallishausser's Druck.   Z. N. St. 6.

Konzertprogramm

Gesellschaft der Musikfreunde. Sonntag den 19. April 1874, Mittags halb 1 Uhr: Viertes und letztes Gesellschafts-Concert unter Leitung des artistischen Direktors, Herrn Johannes Brahms: »Händel: Chor aus »Salomon« (Schlusschor des ersten Theiles).«

Georg Friedrich Händel (1685–1759)
Porträt im Visitformat, aus dem Nachlass von Johannes Brahms

Johannes Brahms (1833–1897)
Fotografie im Visitformat, Wien, 1874

Konzertprogramm

Gesellschaft der Musikfreunde. Sonntag den 8. Dezember 1872: Erstes ausserordentliches Concert im großen Saale unter der Leitung des artistischen Direktors, Herrn Johannes Brahms; mit ›Alter Musik‹ von Bach, Händel, Gluck und Mozart sowie der Vorankündigung einer Aufführung von Händels Oratorium Saul am 1. März 1873

Das Musikzimmer von Johannes Brahms

»Sage mir, wie du wohnst, und ich sage Dir, wer Du bist« – für die bürgerliche Lebenswelt des 19. Jahrhunderts war die Wohnkultur von zentraler Bedeutung. Der Wohnraum steht dabei im Spannungsfeld von Öffentlichkeit und Privatheit: Als sozialer Handlungsraum und repräsentatives Ambiente verbinden sich mit ihm Fragen nach der Individualität des Bewohners, Fragen nach seinem Lebensstil. Brahms bezog seine letzte Wiener Wohnung, Karlsgasse 4, 1871, als er die artistische Direktion des Musikvereins übernahm. Die Zwei-, später Dreizimmer-Wohnung im dritten Stock eines alten Miethauses war bescheiden – verglichen mit der ›Grandeur‹ der luxuriösen Oberklassen-Apartments der Ringstraße, mit ihren opulenten Stilmöbeln und großformatigen Ölbildern. Die Auswahl der Komponisten-Porträts im Musikzimmer spiegelt die musikhistorische Identität des Bewohners.

Neben Beethoven, Händel, Cherubini und den Schumanns hing dort auch ein Bildnis des jungen Mendelssohn. 1820 und 1822 hatte Wilhelm Hensel das Wunderkind mit dem Bleistift festgehalten – am Klavier und als Bruststück. Eine der beiden Zeichnungen – unklar ist, welche – bekam Brahms als Reproduktion 1884 von Mendelssohns Tochter Lili Wach geschenkt. Sie fand ihren Platz links neben dem Durchgang zum Schlafzimmer, unterhalb von Turners Händel-Porträt. Elisabeth von Herzogenberg, die das »kleine Kinderbild« vermittelt hatte, klärte den Freund auf: »Die liebe Frau Wach hat's uns besorgt, eines der wenigen von den Fafners der Familie vorsichtig gehüteten Exemplare. Sie freute sich, als sie hörte, daß das Bildchen Ihnen gefallen habe.«

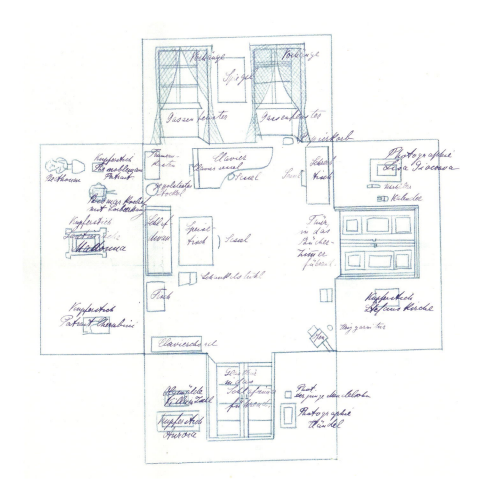

Das Musikzimmer in der Wiener Wohnung von Johannes Brahms, Karlsgasse 4
Grundriss und Wandabwicklung, Blaupause mit handschriftlichen Eintragungen in Tinte, nach 1897, »Phot.[ographie] / des jungen Mendelssohn« r. u.

Felix Mendelssohn (1809–1847)

Mendelssohn im Alter von 13 Jahren, Bruststück, Bleistiftzeichnung von Wilhelm Hensel, 14. November 1822, mit der Inschrift: »Im Fleiß kann Dich die Biene meistern, / In der Geschicklichkeit ein Wurm Dein Lehrer sein, / Dein Wissen theilest Du mit vorgegangenen Geistern, / Die Kunst, o Mensch, hast Du allein.«

Felix Mendelssohn (1809–1847)

Der 11-jährige Mendelssohn am Klavier, Bleistiftzeichnung von Wilhelm Hensel, um 1820

Zeittafel

1804		Abraham Mendelssohn heiratet Lea Salomon, das Ehepaar wohnt in Hamburg; Kinder: Fanny (*1805), Felix (*1809), Rebecka (*1811), Paul (*1812)
1809	3. Februar	Felix Mendelssohn wird in Hamburg geboren.
1811		Die Familie siedelt nach Berlin über.
1814		Felix erhält ersten Musikunterricht bei seiner Mutter Lea.
1816	21. März	Felix und seine Geschwister werden in Berlin evangelisch reformiert getauft.
1819		Felix wird Schüler von Carl Friedrich Zelter, dem Leiter der Berliner Singakademie.
1820		Wilhelm Hensel zeichnet den 11-jährigen Mendelssohn am Klavier.
1821	4. November	Mendelssohn besucht Goethe erstmals in Weimar.
1822		Erste »Sonntagsmusiken« im Elternhaus
	Juli bis Oktober	Erste Schweizer Reise der Familie
1825		Die Familie bezieht in Berlin das Haus an der Leipziger Straße 3.
	März bis Mai	Mendelssohn reist mit dem Vater nach Paris. Kompositorischer »Ritterschlag« durch Luigi Cherubini.
1829		Fanny heiratet den Maler und Zeichner Wilhelm Hensel.
	11. März	In Berlin führt Mendelssohn die *Matthäuspassion* auf – erstmals nach Bachs Tod. Das Ereignis gilt als »Urknall« der Bach-Renaissance.
	April bis Dezember	Reise nach England und Schottland
1830		Große Bildungsreise durch Europa: Leipzig – Weimar – Nürnberg – München – Salzburg – Wien – Venedig – Bologna – Florenz – Rom
1831		Fortsetzung der Reise: Neapel – Rom – Florenz – Genua – Mailand – Genf – Interlaken – Luzern – St. Gallen – Augsburg – München – Stuttgart – Düsseldorf – Paris
1833	Januar	Mendelssohn bewirbt sich vergeblich um Zelters Nachfolge als Leiter der Berliner Singakademie und wird im Mai nach Düsseldorf als Dirigent berufen.

	7. Mai	Johannes Brahms wird in Hamburg geboren.
1834	Herbst	Mendelssohn und Robert Schumann lernen sich in Leipzig kennen.
1835		Mendelssohn wird Leiter der Gewandhauskonzerte in Leipzig; das erste von ihm dirigierte Konzert findet am 4. Oktober statt.
	7. Juni	Mendelssohn führt das von ihm aufführungspraktisch eingerichtete Händel-Oratorium *Solomon* während des 17. Niederrheinischen Musikfestes im Kölner Gürzenich auf.
	November	Mendelssohn leitet im Gewandhaus die Uraufführung des *Klavierkonzerts* a-Moll op. 7 von Clara Wieck, die selbst konzertiert.
	19. November	Der Vater stirbt in Berlin.
1837	28. März	Mendelssohn heiratet Cécile Jeanrenaud in Frankfurt am Main.
1840		Mendelssohn bearbeitet Bachs *Chaconne* d-Moll für Violine solo (aus *Partita II*, BWV 1004) und fügt, wie später Robert Schumann (1852/53), eine Klavierbegleitung hinzu.
1841	März	Mendelssohn leitet die Uraufführung von Schumanns erster *Sinfonie* B-Dur op. 38, der *Frühlingssymphonie*, im Leipziger Gewandhaus.
	September	Mendelssohn übernimmt die Patenschaft für Marie, die als erstes Kind des Ehepaares Schumann geboren wird.
1842		Mendelssohn reist zum siebten Mal nach England, wird in London gefeiert und von Königin Victoria empfangen.
	12. Dezember	Die Mutter stirbt in Berlin.
1843		Mendelssohn stiftet Leipzig das alte Bach-Denkmal, das auf Entwürfe von Eduard Bendemann zurückgeht und nahe der Thomaskirche aufgestellt wird.
	Februar	Robert Schumann widmet die drei *Streichquartette* op. 41 »seinem Freunde Felix Mendelssohn-Bartholdy in inniger Verehrung«.
	3. April	Das von Mendelssohn gegründete Konservatorium in Leipzig wird eröffnet.
	24. Oktober	Shakespeares *Sommernachtstraum* wird erstmals mit Mendelssohns Musik (op. 61) im Neuen Palais in Potsdam aufgeführt.
1844		Die Clara Schumann gewidmeten *Sechs Lieder ohne Worte für das Pianoforte* op. 62 erscheinen bei N. Simrock in Bonn.

1846	26. August	Mendelssohns Oratorium *Elias* wird in Birmingham uraufgeführt.
1847	11. März	Mendelssohn dirigiert zum letzten Mal im Leipziger Gewandhaus.
	14. Mai	Schwester Fanny stirbt in Berlin.
	Sommer	Mendelssohn arbeitet am Opernfragment *Loreley* nach Emanuel Geibel.
	Juni bis August	Mendelssohn reist durch die Schweiz und aquarelliert 13 reizvolle Ansichten.
	Juli bis September	Unter dem Eindruck des Todes der Schwester entsteht das *Streichquartett* f-Moll op. post. 80.
	4. November	Felix Mendelssohn stirbt in Leipzig und wird am 7. November in der Familiengruft auf dem Friedhof der Jerusalemerkirche in Berlin beigesetzt. Mendelssohns Tod ist für Schumann Anlass, in der Folgezeit seine Erinnerungen an den Freund und großen Künstler zusammenzutragen und in einem Notizheft und mehreren Zusatznotaten niederzulegen.
1853	Herbst	Brahms unternimmt eine Reise an den Rhein und lernt in Düsseldorf am 30. September das Ehepaar Robert und Clara Schumann kennen.
	28. Oktober	In seinem Aufsatz *Neue Bahnen*, der in der *Neuen Zeitschrift für Musik* erscheint, feiert Schumann den 20-jährigen Brahms als vielversprechendes kompositorisches Talent.
1854	21. April	Brahms bringt seine Mendelssohn-Verehrung durch die Komposition eines (heute verschollenen) *Klavierstücks* h-Moll zum Ausdruck. Es trägt den Titel *Andenken an M. B.* und wurde möglicherweise im zweiten (*Capriccio* h-Moll) der *Klavierstücke* op. 76 verarbeitet.
	19. Mai	In Schumanns Düsseldorfer Wohnung musizieren Brahms und Clara die Ouvertüre zum *Sommernachtstraum* op. 21 von Mendelssohn in einer Fassung für Klavier zu vier Händen.
1855		Brahms wird Pate des letztgeborenen Schumann-Kindes Felix, das nach Mendelssohn benannt ist.
1856	29. Juli	Robert Schumann stirbt in Endenich bei Bonn.
1857	bis 1859	Brahms ist am Detmolder Hof als Chorleiter und Klavierlehrer angestellt.
1858	26. November	Brahms interpretiert in einem Detmolder Hofkonzert das zweite *Klavierkonzert* d-Moll op. 40 von Mendelssohn.
1859	26. und 29. November	Brahms leitet in Detmold Aufführungen von Mendelssohns Ballade *Die erste Walpurgisnacht* op. 60 nach Goethe.
1860	bis frühe 1890er Jahre	Brahms legt die Sammlung *Oktaven und Quinten* an. Sie enthält Stellen aus Werken von 32 Komponisten, die ihm auf Grund ihrer kompositionstechnischen Problematik interessant

scheinen – darunter vier Beispiele von Mendelssohn (u. a. aus der Musik zum *Sommernachtstraum*).

1861		Paul Mendelssohn Bartholdy veröffentlicht die Reisebriefe seines Vaters aus den Jahren 1830 bis 1832, ein Exemplar schenkt Brahms Clara Schumann zum Geburtstag am 13. September. Emanuel Geibel widmet die Erstausgabe der *Loreley* »dem Andenken Felix Mendelssohn=Bartholdy's«.
1864	6. Januar	Brahms führt als Leiter der Wiener Singakademie Mendelssohns Choralmotette *Mitten wir im Leben sind* op. 23 Nr. 3 auf.
1865	November	Brahms gibt Konzerte in Basel, Zürich und Winterthur und führt in Zürich erstmals die *Paganini-Variationen* op. 35 und das *Horntrio* op. 40 auf.
1866	April bis August	Brahms hält sich in Winterthur und Zürich auf: Er arbeitet am *Deutschen Requiem*.
1871	November bis 3. April 1875	Brahms übernimmt das Amt des artistischen Direktors der Gesellschaft der Musikfreunde zu Wien.
1874	31. März	Brahms führt Händels Oratorium *Solomon* HWV 67 in Mendelssohns aufführungspraktischer Einrichtung im großen Musikvereins-Saal in Wien auf.
1875	20. März	Das Finale des 1. Aktes der Oper *Loreley* von Mendelssohn erklingt unter Brahms' Leitung im großen Musikvereins-Saal in Wien.
1877	Frühjahr	In der Tradition von Mendelssohn und Schumann bearbeitet auch Brahms die berühmte Bach-Chaconne für Violine solo. Sein Beitrag ist jedoch keine hinzugefügte Klavierbegleitung, sondern eine eigenständige Fassung für die linke Hand allein.
1879	14. September	Auf ihrer Rumänien-Tournee führen Joseph Joachim und Brahms (Klavier) Mendelssohns *Violinkonzert* e-Moll op. 64 in Arad auf.
1886	bis 1888	Brahms verbringt die Sommermonate in Thun. Es entstehen mehrere Kammermusikwerke, Lieder und das *Doppelkonzert für Violine, Violoncello und Orchester* op. 102.
1897	3. April	Johannes Brahms stirbt in Wien. Im Nachlass befindet sich das Autograph von Mendelssohns Choralmotette *Mitten wir im Leben sind* op. 23 Nr. 3 (1830).

Literaturverzeichnis

Ambros, August Wilhelm: *Schwind's und Mendelssohn's Melusina*, in ders.: *Bunte Blätter*, Prag 1872, S. 119–126.

»An den Wassern Babylons saßen wir«. Figurationen der Sehnsucht in der Malerei der Romantik. Ferdinand Olivier und Eduard Bendemann, Katalog zur Ausstellung im Museum Behnhaus Drägerhaus Lübeck, 11. Oktober 2009 bis 10. Januar 2010, hg. von Alexander Bastek u. Michael Thimann, Petersberg 2009.

Appel, Bernhard R.: *Vom Einfall zum Werk. Robert Schumanns Schaffensweise* (= Schumann Forschungen 13), Mainz 2010.

Biba, Otto: *Joseph Haydn: der Kunstsammler*, in: *Joseph Haydn im 21. Jahrhundert*, hg. von Christine Siegert, Gernot Gruber und Walter Reicher, Tutzing 2013, S. 75–95.

Botstein, Leon: *Neoklassizismus, Romantik und Empanzipation. Die Ursprünge der Ästhetik von* Felix Mendelssohn, in: *Dem Stolz und der Zierde unserer Stadt. Felix Mendelssohn Bartholdy und Leipzig*, hg. von Wilhelm Seidel (= Leipzig. Musik und Stadt. Studien und Dokumente 1), Leipzig 1997, S. 25–47.

Brentano, Clemens: *Godwi oder Das steinerne Bild der Mutter*, Bd. 2, Kap. 36, in ders.: *Werke*, hg. von Friedhelm Kemp, Bd. 2, München 1963, S. 425.

Briefe aus den Jahren 1830 bis 1847 von Felix Mendelssohn Bartholdy, hg. v. Paul Mendelssohn Bartholdy u. Carl Mendelssohn Bartholdy, Leipzig 1870.

Briefe von Felix Mendelssohn-Bartholdy an Ignaz und Charlotte Moscheles, hg. v. Felix Moscheles, 2 Bde, Bd. 2, Leipzig 1888.

Briefwechsel Emanuel Geibel und Karl Goedeke, hg. von Gustav Struck (= Veröffentlichungen der Bibliothek der Hansestadt Lübeck, Neue Reihe 1), Lübeck 1939.

Briefwechsel zwischen Goethe und Zelter in den Jahren 1796 bis 1832, Bd. 3, hg. v. Friedrich Wilhelm Riemer, Berlin 1834.

Briefwechsel zwischen Goethe und Zelter 1799–1832, hg. von Max Hecker, 3 Bde., Frankfurt a. M. 1987.

Briefwechsel zwischen Goethe und Zelter in den Jahren 1799 bis 1832, Band 20.I, hg. von Hans-Günther Ottenberg und Edith Zehm, Münchner Ausgabe, München 1991.

Brodbeck, David: *Brahms's Mendelssohn*, in: *Brahms Studies*, vol. 2, ed. by David Brodbeck, Lincon & London 1998, S. 209–231.

Brown, Clive: *Mendelssohn's* Die Hochzeit des Camacho. *An unfulfilled vision for German opera*, in: *Art and ideology in European opera. Essays in Honour of Julian Rushton*, hg. von Rachel Cowgill, David Cooper u. Clive Brown, Woodhill 2010, S. 40–66.

Bückling, Maraike u. Mongi-Vollmer, Eva: *Klassizismus 1770–1820. Eine Einführung in die Ausstellung*, in: *Schönheit und Revolution. Klassizismus 1770–1820*, hg. von Maraike Bückling u. Eva Mongi-Vollmer, München 2013, S. 11–29.

Birket Forster, Myles: *History of the Philharmonic Society of London: 1813–1912. A Record of a Hundred Years' of Work*, London 1912.

Cadenbach, Rainer: *Zum gattungsgeschichtlichen Ort von Mendelssohns letztem Streichquartett*, in: *Felix Mendelssohn Bartholdy*, Kongreß-Bericht Berlin 1994, hg. von Christian Martin Schmidt, Wiesbaden [u. a.] 1997, S. 209–231.

Clara und Robert Schumann. Briefwechsel. Kritische Gesamtausgabe, Bd. 2: *1839*, hg. von Eva Weissweiler, Frankfurt a. M. u. Basel 1987.

Clostermann, Annemarie: *Mendelssohn Bartholdys kirchenmusikalisches Schaffen. Neue Untersuchungen zu Geschichte, Form und Inhalt*, Mainz [u. a.] 1989.

Custodis, Michael: *Musik im Prisma der Gesellschaft. Wertungen in literarischen und ästhetischen Texten*, Münster 2009.

Czarnowski, Katja: *Die Loreley*, in: *Deutsche Erinnerungsorte*, hg. von Etienne François u. Hagen Schulze, Bd. 3, München 2002, S. 488–503.

Dahlhaus, Carl: *Mendelssohn und die musikalische Gattungstradition*, in: *Das Problem Mendelssohn*, hg. von Carl Dahlhaus (= Studien zur Musikgeschichte des 19. Jahrhunderts 41), Regensburg 1974, S. 55–60.

Dahm, Annkatrin: *Der Topos der Juden. Studien zur Geschichte des Antisemitismus im deutschsprachigen Musikschrifttum*, Göttingen 2007.

Das ungeliebte Frühwerk. Richard Wagners Oper »Das Liebesverbot«. Symposium München, Bayerischer Rundfunk, 2013, hg. von Laurenz Lütteken (= Wagner in der Diskussion 12), Würzburg 2014.

Das verborgene Band. Felix Mendelssohn Bartholdy und seine Schwester Fanny Hensel, hg. von Hans-Günter Klein, Wiesbaden 1997.

Dembeck, Till: *Texte rahmen. Grenzregionen literarischer Werke im 18. Jahrhundert (Gottsched, Wieland, Moritz, Jean Paul)*, Berlin 2007.

»Der schöne Zwischenfall der deutschen Musik«? Rückblick auf Felix Mendelssohn-Bartholdy, in: *Frankfurter Rundschau* Nr. 30 (4. Februar 1984).

Devrient, Eduard: *Erinnerungen an F. Mendelssohn Bartholdy [Zweite Auflage]* (= Dramatische und dramaturgische Schriften 10), Leipzig ²1872.

Die Nachtseite der Judenemanzipation. Der Widerstand gegen die Integration der Juden in Deutschland 1780–1860, hg. von Rainer Erb u. Werner Bergmann, Berlin 1989.

Dinglinger, Wolfgang: *Mendelssohn – General-Musik-Direktor für kirchliche und geistliche Musik*, in: *Felix Mendelssohn Bartholdy. Kongreß-Bericht Berlin 1994*, hg. von Christian Martin Schmidt, Wiesbaden [u. a.] 1997, S. 23–36.

Eichendorff, Joseph von: *Sämtliche Werke. Historisch-kritische Ausgabe*, hg. von Hermann Kunisch u. Helmut Koopmann, Bd. 1, T. 1, Stuttgart [u. a.] 1993.

Eichhorn, Andreas: *Felix Mendelssohn-Bartholdy. Die Hebriden. Ouvertüre für Orchester op. 26* (= Meisterwerke der Musik 66), München 1998.

Eppstein, Hans: *Zur Entstehungsgeschichte von Mendelssohns Lied ohne Worte op. 62,3*, in: *Die Musikforschung*, Heft 4, Oktober/Dezember 1973, S. 486-490.

Felix Mendelssohn-Bartholdys Briefwechsel mit Legationsrat Karl Klingemann in London, hg. von Karl Klingemann, Essen 1909.

Felix Mendelssohn Bartholdys Reise in die Schweiz 1847 in seinen Aquarellen und in Bildern von heute, hg. im Auftrag des Mendelssohn-Hauses in Leipzig von Hans-Günter Klein, Leipzig 2009.

Felix Mendelssohn Bartholdy. Thematisch-systematisches Verzeichnis der musikalischen Werke (MWV), Studienausgabe von Ralf Wehner, Wiesbaden [u. a.] 2009.

Finscher, Ludwig: *»Zwischen Absoluter und Programmusik«. Zur Interpretation der deutschen romantischen Symphonie*, in: *Über Symphonien. Beiträge zu einer musikalischen Gattung. Festschrift Walter Wiora zum 70. Geburtstag*, hg. von Christoph-Hellmut Mahling, Tutzing 1979, S. 103–115.

Fischer, Jens Malte: *Richard Wagners »Das Judentum in der Musik«*, Frankfurt a. M. u. Leipzig 2000.

Forner, Johannes: *Leipziger Konservatorium und ›Leipziger Schule‹. Ein Beitrag zur Klassizismus-Diskussion*, in: *Die Musikforschung* 50 (1997), S. 31–36.

Garratt, James: *Music, Culture and Social Reform in the Age of Wagner*, Cambridge 2010.

Genette, Gérard: *Paratexte. Das Buch zum Beiwerk des Buches*, Frankfurt a. M. 1989.

Gehring, Alain: *Händels* Solomon *in der Bearbeitung von Felix Mendelssohn Bartholdy (1835)*, in: *Die Musikforschung* 65/4 (2012), S. 313–337.

Geibel, Emanuel: *Die Loreley*, Hannover 1861.

Geibel, Emanuel: *Briefe an Henriette Nölting*, hg. von Hans Reiss, Herbert Wegener u. Peter Karstedt (= Veröffentlichungen der Bibliothek der Hansestadt Lübeck, Neue Reihe 6), Lübeck 1963.

Geiringer, Karl: *Brahms as a Reader and Collector*, in: *The Musical Quarterly* XIX/2, New York 1933, S. 158–168.

Geiringer, Karl: *Johannes Brahms im Briefwechsel mit Eusebius Mandyczewski*, in: *Zeitschrift für Musikwissenschaft* 15 (1933), S. 337–370.

Geisler-Baum, Silja: *Die Loreley in Finnland. Zur Entstehung, Aufführung und Rezeption der Oper von Fredrik Pacius und Emanuel Geibel* (= Schriften zur Musikwissenschaft 11), Mainz 2004.

Gerhard, Anselm: *Mendelssohns England – Englands Mendelssohn*, in: *Mendelssohns Welten. Zürcher Festspiel-Symposium 2009*, hg. von Laurenz Lütteken (= Zürcher Festspiel-Symposien 2), Kassel [u. a.] 2010, S. 162–173.

Göltl, Reinhard: *Künstlerische Doppelbegabungen. Dichtung, Musik, Malerei, Philosophie. Goethe, Mendelssohn, Nietzsche, Schönberg, Grass*, Hamburg 2002.

Grey, Thomas: *»Tableaux vivants«: Landscape, History, Painting, and the Visual Imagination in Mendelssohn's Orchstral Music*, in: *19-Century Music* 21 (1997), S. 38–76.

Grey, Thomas: *»Fingal's Cave« and Ossian's Dream. Music, Image, and Phantasmagoric Audition*, in: *The Arts Entwined. Music and Painting in the Nineteenth Century*, hg. von Marsha L. Morton u. Peter L. Schmunk, New York 2000, S. 63–99.

Grillparzer, Franz: *Melusina. Romantische Oper in drei Aufzügen. Musik von Conradin Kreutzer*, Wien 1833.

Hoensbroech, Raphael Graf von: *Felix Mendelssohn Bartholdys unvollendetes Oratorium Christus*, Kassel 2006.

Hagels, Bert: *Konzerte in Leipzig 1779/80 bis 1847/48. Eine Statistik*, Berlin 2009.

Harasim, Clemens: *Felix Mendelssohn Bartholdys Religiosität im Spiegel seiner lateinischen Kirchenmusik*, in: *Die Tonkunst* 6/4 (Oktober 2012), S. 469–479.

Heine, Heinrich: *Deutschland. Ein Wintermärchen*, in: *Historisch-kritische Gesamtausgabe der Werke*, Bd. 4, bearb. von Winfried Woesler, Hamburg 1985.

Heine, Heinrich: *Lutezia. Berichte über Politik, Kunst und Volksleben. Zweiter Theil*, in: *Historisch-kritische Gesamtausgabe der Werke*, Bd. 14/1, bearb. von Volkmar Hansen, Hamburg 1990.

Heinrich Heines Briefwechsel, hg. von Friedrich Hirth, Bd. 2, München u. Berlin 1917.

Hennemann, Monika: *Felix Mendelssohn's dramatic compositions: from Liederspiel to* Lorelei, in: *The Cambridge Companion to Mendelssohn*, hg. von Peter Mercer-Taylor, Cambridge 2004, S. 206–230.

Hensel, Sebastian: *Die Familie Mendelssohn 1729 bis 1847. Nach Briefen und Tagebüchern*, Band 1, 17. Aufl., Berlin u. Leipzig 1921.

Hensel, Fanny: *Fanny Hensel, geb. Mendelssohn. 1805–1847. Liederkreis an Felix*, Kassel 2008.

Henzel, Christoph: *›Die Zeit des Augustus in der Musik‹. Berliner Klassik – Ein Versuch*, in: *Jahrbuch des Staatlichen Instituts für Musikforschung Preußischer Kulturbesitz 2003*, Stuttgart 2003, S. 126–150.

Henzel, Christoph: *Preußische Musikpolitik unter Friedrich Wilhelm IV*, in: *Mendelssohns Welten. Zürcher Festspiel-Symposium 2009*, hg. von Laurenz Lütteken (= Zürcher Festspiel-Symposien 2), Kassel [u. a.] 2010, S. 109–125.

Hiller, Ferdinand: *Briefe und Erinnerungen*, Köln 1874.

Hofmann, Kurt: *Die Bibliothek von Johannes Brahms*, Hamburg 1974.

Hogwood, Christopher: *Introduction*, in: *Felix Mendelssohn Barthody, Die Hebriden. Konzert-Ouvertüre*, hg. von Christopher Hogwood, Kassel 2004, S. IV–XI.

Hopkins Porter, Cecilia: *The Rhine as musical metaphor: cultural identity in German romantic music*, Boston 1996.

Hortschansky, Klaus: *Offenbachs ›grosse romantische‹ Oper Die Rheinnixen (1864)*, in: *Jacques Offenbach, Komponist und Weltbürger. Ein Symposium in Offenbach*, Mainz 1985, S. 209–241.

Jahrmärker, Manuela: *Ossian. Eine Figur und eine Idee des europäischen Musiktheaters*, Köln 1993.

Johannes Brahms. Briefe an Fritz Simrock, hg. von Max Kalbeck, 3. Bd., Berlin 1919.

Johannes Brahms. Briefe an Fritz Simrock, hg. von Max Kalbeck, 4. Bd., Berlin 1919.

Kalbeck, Max: *Johannes Brahms*, Bd. II/1, ²Berlin 1908.

Kinsky, Georg: *Brahms als Autographensammler*, in: *Der Autographensammler. Eine monatlich erscheinende Katalogfolge des Hauses J. A. Stargardt*, Berlin, 2. Jg., Nr. 2, Nr. 388 der Gesamtfolge, Berlin 1937, S. 1–4.

Kleßmann, Eckart: *Die Mendelssohns. Bilder aus einer deutschen Familie*, Zürich [u. a.] 1990.

Kleßmann, Eckart: *Felix Mendelssohn und die Tradition*, in: *Mendelssohns Welten. Zürcher Festspiel-Symposium 2009*, hg. von Laurenz Lütteken (= Zürcher Festspiel-Symposien 2), Kassel [u. a.] 2010, S. 13–23.

Klingemann, Carl: *Briefwechsel mit Felix Mendelssohn Bartholdy*, Essen 1909.

Koch, Armin: *Choräle und Choralhaftes im Werk von Felix Mendelssohn Bartholdy*, Göttingen 2003.

Kohlhase, Hans: *Brahms und Mendelssohn. Strukturelle Parallelen in der Kammermusik für Streicher*, in: *Brahms und seine Zeit. Symposion Hamburg 1983* (= Hamburger Jahrbuch für Musikwissenschaft 7), Laaber 1984, S. 59–86.

Kohlhase, Hans: *Kritischer Bericht*, in: *Drei Quartette für zwei Violinen, Bratsche und Violoncello* op. 41, RSA II/1,1, Mainz 2006, S. 131–295.

Konold, Wulf: *Mendelssohn und Brahms – Beispiele schöpferischer Rezeption im Lichte der Klaviermusik*, in: *Brahms-Analysen. Referate der Kieler Tagung 1983*, hg. von Friedhelm Krummacher [u. a.] (= Kieler Schriften zur Musikwissenschaft XXVIII), Kassel [u. a.] 1984, S. 81–90.

Koselleck, Reinhart: *Vergangene Zukunft. Zur Semantik geschichtlicher Zeiten*, Frankfurt a. M. 1979.

Kurzhals-Reuter, Arntrud: *Die Oratorien Felix Mendelssohn Bartholdys. Untersuchungen zur Quellenlage, Entstehung, Gestaltung und Überlieferung*, Tutzing 1978.

Leipziger Ausgabe der Werke von Felix Mendelssohn Bartholdy, Serie 1, Bd. 8,1, hg. von Christian Martin Schmidt, Wiesbaden 2006.

Leipziger Ausgabe der Werke von Felix Mendelssohn Bartholdy, Serie 1, Bd. 5, hg. von Thomas Schmidt-Beste, Wiesbaden 2005.

Little, William A.: *Mendelssohn and the Organ*, Oxford [u. a.] 2010.

Litzmann, Berthold: *Clara Schumann. Ein Künstlerleben nach Tagebüchern und Briefen*, Bd. 2: *Ehejahre*, Leipzig 1905.

Lobe, Johann Christian: *Aus dem Leben eines Musikers*, Leipzig 1859.

Lowenthal-Hensel, Cécile: *Mit Orgelton und Bim. Hochzeit im Hause Mendelssohn*, in: *Berlinische Monatsschrift* 10/1999, S. 4–11.

Lowenthal-Hensel, Cécile: *Wilhelm Hensel. Maler und Porträtist 1794–1861*, Berlin 2004, S. 160–163.

Lütteken, Laurenz: *Zwischen Ohr und Verstand. Moses Mendelssohn, Johann Philipp Kirnberger und die Begründung des »reinen Satzes« in der Musik*, in: *Musik und Ästhetik im Berlin Moses Mendelssohns*, hg. von Anselm Gerhard (= Wolfenbütteler Studien zur Aufklärung 25), Tübingen 1999, S. 135–163.

Lütteken, Laurenz: *Moses Mendelssohn und der musikästhetische Diskurs der Aufklärung*, in: *Moses Mendelssohn im Spannungsfeld der Aufklärung*, hg. von Michael Albrecht u. Eva J. Engel, Stuttgart-Bad Canstatt 2000, S. 159–193.

Lütteken: *Zur Einführung*, in: *Mendelssohns Welten. Zürcher Festspiel-Symposium 2009*, hg. von Laurenz Lütteken (= Zürcher Festspiel-Symposien 2), Kassel [u. a.] 2010, S. 8–12.

Mandyczewski, Eusebius: *Die Bibliothek Brahms*, in: *Musikbuch aus Österreich*, red. von Richard Heuberger, I, Wien-Leipzig 1904, S. 7–17.

Mecking, Sabine: *Mendelssohn zwischen Senf und Bildern. Gesellschaft und Kultur im preußischen Düsseldorf*, in: *Bürgerlichkeit und Öffentlichkeit*, hg. von Andreas Ballstaedt [u. a.] (= Kontext Musik 2), Schliengen 2012, S. 23–26.

Mendelssohn, Fanny u. Felix: *»Die Musik will gar nicht rutschen ohne Dich«. Briefwechsel 1821 bis 1846*, hg. von Eva Weissweiler, Berlin 1997.

Mendelssohn-Bartholdy, Dr. Felix, in: *Encyklopädie der gesammten musikalischen Wissenschaften oder Universal-Lexicon der Tonkunst*, bearbeitet von […] Gustav Schilling, Bd. 4, Stuttgart 1837, S. 654–656.

Mendelssohn Bartholdy, Felix: *Loreley. Unvollendete Oper op. 98* (= Felix Mendelssohn-Bartholdys Werke. Kritisch durchgesehene Ausgabe von Julius Rietz, Ser. 15, Nr. 123), Leipzig [1877].

Mendelssohn Bartholdy, Felix: *Sämtliche Briefe*, Band 1–8, Kassel 2008–2013. [zitiert als *Briefe 1–8*]

Mendelssohn Barthody, Felix: *Die Hebriden. Konzert-Ouvertüre*, hg. von Christopher Hogwood, Kassel 2004.

Mendelssohn-Bartholdy, Felix: *Briefwechsel mit Legationsrat Karl Klingemann in London*, hg. und eingeleitet von Karl Klingemann [jun.], Essen 1909.

Mendelssohn Bartholdy, Felix: *Ansichten aus der Schweiz 1847*, Faksimile-Ausgabe der 13 Aquarelle aus dem Besitz der Staatsbibliothek zu Berlin – Preußischer Kulturbesitz, hg. vom Mendelssohn-Haus e. V. mit einer Einleitung von Hans-Günter Klein, Leipzig 2005.

Mendelssohns Welten. Zürcher Festspiel-Symposion 2009, hg. von Laurenz Lütteken, Kassel [u. a.] 2010.

Miller, Norbert: *›Eine höchst poetische Natur…‹. Prinz Louis Ferdinand und der Klassizismus in der preußischen Musik*, in: *Mendelssohn-Studien* 5 (1982), S. 79–98.

Minder, Robert: *La Loreley et le bateau à vapeur*, in: *Revue d'Allemagne* 9 (1977), S. 619–629.

Moennighoff, Burkhard: *Die Kunst des literarischen Schenkens. Über einige Widmungsregeln im barocken Buch*, in: *Die Pluralisierung des Paratextes in der Frühen Neuzeit*, hg. v. Frieder von Ammon u. Herfried Vögel, Berlin 2008, S. 337–352.

Moscheles, Felix: *Fragments of an autobiography*, New York 1899.

Motschmann, Uta: *Die private Öffentlichkeit. Privattheater in Berlin um 1800*, in: *Der gesellschaftliche Wandel um 1800 und das Berliner Nationaltheater*, hg. von Klaus Gerlach u. René Sternke (= Berliner Klassik 15), Hannover 2009, S. 61–84.

Motte Fouqué, Friedrich de la: *Undine, eine Erzählung*, in: *Die Jahreszeiten. Eine Vierteljahrsschrift für romantische Dichtungen*, Frühlings-Heft (1811), S. 1–189.

Musikalisches Conversations-Lexikon. Eine Encyklopädie der gesammten musikalischen Wissenschaften. Für Gebildete aller Stände, […] begründet von Hermann Mendel. Fortgesetzt von Dr. August Reissmann, Bd. 7, Berlin 1877.

Nietzsche, Friedrich: *Kritische Studienausgabe*, hg. von Giorgio Colli u. Mazzino Montinari, Bd. 3, München/Berlin 1988.

Nictzschc, Friedrich: *Jenseits von Gut und Böse. Vorspiel einer Philosophie der Zukunft* [1886]. Kritische Studienausgabe, hg. von Giorgio Colli u. Mazzino Montinari (= Friedrich Nietzsche. Sämtliche Werke 5), 2. durchges. Aufl., München 1999.

Nietzsche, Friedrich: *Menschliches, Allzumenschliches. Ein Buch für freie Geister*, 2. Bd., 2. Abt., in: ders.: *Menschliches, Allzumenschliches. I und II*, Kritische Studienausgabe, hg. von Giorgio Colli u. Mazzino Montinari (= Friedrich Nietzsche. Sämtliche Werke 2), 2. durchges. Aufl., München 1999, S. 535–704.

Nietzsche, Friedrich: *Nachgelassene Fragmente 1869–1874*, Kritische Studienausgabe, hg. von Giorgio Colli u. Mazzino Montinari (= Friedrich Nietzsche. Sämtliche Werke 7), 2. durchges. Aufl., München 1999.

Orel, Alfred: *Johannes Brahms' Musikbibliothek*, in: *Simrock-Jahrbuch* III (1934), S. 18–47.

Pietschmann, Klaus: *Vermittelte Italienrezeption. Joseph Rastrellis komische Oper* Salvator Rosa *und ihre Spuren im Schaffen Richard Wagners*, in: *Musiktheorie* 28 (2013), S. 126–137.

Porterfield, Allen W.: *Graf von Loeben and the Legend of Lorelei*, in: *Modern Philology* 13 (1915), S. 305–332.

Prebble, John: *The King's Jaunt. George IV in Scotland, August 1822, »one and twenty daft days«*, London 1988, Neuauflage Edinburgh 2000.

Riehn, Rainer: *Das Eigene und das Fremde. Religion und Gesellschaft im Komponieren Mendelssohns*, in: *Musik-Konzepte. Felix Mendelssohn-Bartholdy Heft 14–15*, hg. von Heinz-Klaus Metzger u. Rainer Riehn, 1980, S. 123–46.

Riemann, Hugo: *Geschichte der Musik seit Beethoven (1800–1900)*, Zweites Buch: *Epoche Schumann – Mendelssohn*, Berlin u. Stuttgart 1901.

Ries, Ferdinand: *Ouverture bardique* WoO 24, hg. von Bert Hagels, Berlin o.J. [2008].

Riethmüller, Albrecht: *Das »Problem Mendelssohn«*, in: *Archiv für Musikwissenschaft* 59 (2002), S. 210–221.

Robert Schumanns Briefe. Neue Folge, hg. v. Friedrich Gustav Jansen, 2. verm. u. verb. Aufl., Leipzig 1904.

Robert Schumann, Tagebücher, Band III: *Haushaltbücher 1837–1856*, hg. v. Gerd Nauhaus, Leipzig 1982.

Rosen, Charles: *Mendelssohn and the Invention of Religious Kitsch*, in ders.: *The Romantic Generation*, Cambridge 1998, S. 569–598.

Rosen, Charles: *Musik der Romantik*, Salzburg und Wien 2000.

Rosenthal, Rebecca: *Felix Mendelssohn Bartholdys Schauspielmusiken. Untersuchungen zu Form und Funktion*, Frankfurt a. M. 2009.

Ruddies, Hartmut: *Felix Mendelssohn Bartholdy als Protestant*, in: *Hamburger Mendelssohn-Vorträge*, Bd. 1, hg. von Joachim Mary, Hamburg 2003, S. 61–80.

Rudorff, Ernst: *Johannes Brahms. Erinnerungen und Betrachtungen*, in: *Schweizerische Musikzeitung* 97/3 (1. März 1957), S. 81 ff.

Sandberger, Wolfgang: *Historismus? Mendelssohn und die Zukunft der Vergangenheit. Ein synästhetisch-klassizistisches ›Manifest‹ aus dem Jahr 1833*, in: *Mendelssohn Welten, Zürcher Festspiel-Symposium 2009*, hg. von Laurenz Lütteken (= Zürcher Festspiel-Symposien 2), Kassel [u. a.] 2010, S. 24–47.

Scheideler, Ullrich: *Komponieren im Angesicht der Musikgeschichte. Studien zur geistlichen a-cappella-Musik in der ersten Hälfte des 19. Jahrhunderts im Umkreis der Sing-Akademie zu Berlin*, Berlin 2010.

Schinköth, Thomas: *»Es soll hier keine Diskussion über den Wert der Kompositionen angeschnitten werden«. Felix Men-*

delssohn Bartholdy im NS-Staat, in: Mendelssohn-Studien 11, Berlin 1999, S. 177–205.

Schmideler, Sebastian: *Von »göttlichen Stücken« und »Lumpenkerls«. Felix Mendelssohn Bartholdys literarische Welt*, in: *Musiktheorie* 24 (2009), S. 23–58.

Schmidt, Christian Martin: *Einleitung*, in: *Leipziger Ausgabe der Werke von Felix Mendelssohn Bartholdy*, Serie I, Bd. 8,1, hg. von Christian Martin Schmidt, Wiesbaden 2006, S. XII–XXI.

Schmidt, Lothar: *Zeit und Erzählung in Instrumentalmusik von Felix Mendelssohn Bartholdy*, in: *Mendelssohn und das Rheinland. Bericht über das Internationale Symposium Koblenz 29.–31.10. 2009*, hg. von Petra Weber-Bockholdt, Paderborn 2011, S. 169–202.

Schmidt, Wolf Gerhard: *Die ossianische Kontroverse in Großbritannien und Irland*, in: ders.: *»Homer des Nordens« und »Mutter der Romantik«. James Macphersons Ossian und seine Rezeption in der deutschsprachigen Literatur*, 4 Bände, Berlin 2003–2004, Bd. 1, S. 207–251.

Schmidt-Beste, Thomas: *Felix Mendelssohn Bartholdy und Heinrich Heine*, in: *Heine-Jahrbuch 2000*, Stuttgart 2000, S. 111–134.

Schnabel, Werner Wilhelm: *Über das Dedizieren von Emblemen. Binnenzueignungen in Emblematiken des 16. und 17. Jahrhunderts*, in: *Ars et amicitia. Beiträge zum Thema Freundschaft in Geschichte, Kunst und Literatur. Festschrift Martin Bircher*, hg. von Ferdinand van Ingen u. Christian Juranek, Amsterdam 1998, S. 115–166.

Schnoor, Arndt: *Briefe von Felix Mendelssohn Bartholdy in der Stadtbibliothek Lübeck – Ein Beitrag zu seinem 150. Todesjahr*, in: *Der Wagen* 1997/98, S. 111–137.

Schumann, Robert: *Gesammelte Schriften über Musik und Musiker*, Bd. 3, Berlin 1854.

Schumann, Robert: *Ouvertüre zum »Märchen von der schönen Melusina«. Von F. Mendelssohn Bartholdy*, in ders.: *Gesammelte Schriften über Musik und Musiker*, hg. von Martin Kreisig, Bd. 1, 5. Aufl., Leipzig 1914, S. 142–144.

Schumann, Robert: *Erinnerungen an Felix Mendelssohn Bartholdy*, hg. von Gerd Nauhaus u. Ingrid Bodsch, Bonn 2012.

Sedlarz, Claudia: *»Italienische Impressionen«. Mendelssohns Italienreise in der Tradition preußischer Italienwahrnehmung*, in: *Mendelssohn Welten, Zürcher Festspiel-Symposium 2009*, hg. von Laurenz Lütteken (= Zürcher Festspiel-Symposien 2), Kassel [u. a.] 2010, S. 48–67.

Seibold, Wolfgang: *Familie, Freunde, Zeitgenossen. Die Widmungsträger der Schumannschen Werke* (= Schumann-Studien, Sonderbd. 5), Sinzig 2008.

Seidel, Wilhelm: *Über Ethik und Ästhetik bürgerlicher Musik: ›Musikalische Wissenschaft‹ und musikalische Urbanität*, in: *Dem Stolz und der Zierde unserer Stadt: Felix Mendelssohn Bartholdy und Leipzig*, hg. von Wilhelm Seidel (= Leipzig: Musik und Stadt. Studien und Dokumente 1), Wiesbaden u. Leipzig 2004, S. 9–23.

Seidel, Wilhelm: *Einleitung in Band 2*, darin: *Die Entscheidung*, in Felix Mendelssohn Bartholdy: *Sämtliche Briefe*, Band 2: *Juli 1830 bis Juli 1832*, hg. u. komm. von Anja Morgenstern u. Uta Wald, Kassel 2009, S. 32–33.

Seidel, Wilhelm: *Mendelssohn und das Judentum*, in: *Die Musikforschung* 64 (2011), S. 6–23.

Sietz, Reinhold: *Die musikalische Gestaltung der Loreleysage bei Max Bruch, Felix Mendelssohn und Ferdinand Hiller*, in: *Max Bruch Studien. Zum 50. Todestag des Komponisten*, hg. von Dietrich Kämper, Köln 1970, S. 14–45.

Spohr, Louis: *Louis Spohr's Selbstbiographie*, Bd. 2, Kassel/Göttingen 1861.

Sposato, Jeffrey S.: *The Price of Assimilation. Felix Mendelssohn and the Nineteenth-Century Anti-Semitic Tradition*, Oxford [u. a.] 2006.

Staehelin, Martin: *Der frühreife Felix Mendelssohn Bartholdy. Bemerkungen zu seinem »Konfirmationsbekenntnis«*, in: *Zum 200. Geburtstag von Felix Mendelssohn Bartholdy*, hg. von Hans-Günter Klein u. Christoph Schulte, Hannover 2009, S. 11–49.

Steil, Saskia: *Eduard Julius Friedrich Bendemann. Biographie*, in: *Vor den Gemälden. Eduard Bendemann zeichnet. Bestandskatalog der Zeichnungen und Skizzenbücher eines Hauptvertreters der Düsseldorfer Malerschule in der Göttinger Universitätssammlung*, hg. von Christian Scholl u. Anne-Katrin Sors, Göttingen 2012, S. 9–16.

Steinbeck, Wolfram u. Blumröder, Christoph von: *Die Symphonie im 19. und 20. Jahrhundert*, Bd. 1: *Romantische und nationale Symphonik* (= Handbuch der musikalischen Gattungen 3,1), Laaber 2002.

Teichler, Yael Sela: *»Dem verewigten Moses Mendelssohn zu Ehren«. Musik, Akkulturation und jüdische Aufklärung zwischen Berlin und Königsberg in den 1780er Jahren*, in: *Mendelssohn-Studien* 18 (2013), S. 105–139.

The letters of Fanny Hensel to Felix Mendelssohn, hg. von Marcia J. Citron, New York 1987.

The Poems of Ossian the Son of Fingal, Translated by James Macpherson, Esq., a new edition, carefully corrected, and greatly improved, Edinburgh 1812.

[Thibaut, Anton Friedrich Justus:] *Ueber Reinheit der Tonkunst*, Heidelberg 1825.

Tieck, Ludwig: *Sehr wunderbare Historie von der Melusina. In drei Abtheilungen*, in ders.: *Romantische Dichtungen*, 2 Bde., Jena 1799/1800, Bd. 2, S. 331–464.

Tieck, Ludwig: *Sehr wunderbare Historie von der Melusina. In drei Abtheilungen. 1800*, in ders.: *Schriften*, Bd. 13: *Märchen, dramatische Gedichte, Fragmente*, Berlin 1829, S. 67–170.

Todd, R. Larry: *On Mendelssohn's operatic destiny:* Die Lorelei *reconsidered*, in: *Felix Mendelssohn Bartholdy. Kongreß-Bericht Berlin 1994*, hg. von Christian Martin Schmidt, Wiesbaden [u. a.] 1997, S. 113–140.

Todd, R. Larry: *Mendelssohn. A Life in Music*, Oxford 2003.

Todd, R. Larry: *Felix Mendelssohn Bartholdy. Sein Leben, seine Musik*, Stuttgart 2008.

Toews, John E.: *Becoming Historical. Cultural Reformation and Public Memory in Early Nineteenth Century Berlin*, Cambridge [u. a.] 2004.

Tunner, Erika: *The Lore Lay – a fairy tale from ancient times?*, in: *European romanticism: literary cross-currents, modes, and models*, hg. von Gerhart Hoffmeister, Detroit 1990, S. 269–286.

"… über jeden Ausdruck erhaben und schön". Die Schweizer Reise der Familie Mendelssohn 1822, hg. mit Unterstützung der Felix-Mendelssohn-Bartholdy-Stiftung Leipzig, Wiesbaden 2012.

Vermischte Bemerkungen, in: *Ludwig Wittgenstein. Werkausgabe*, Bd. 8, Frankfurt a. M. 1984.

Wagner, Cosima: *Die Tagebücher*, 2 Bde., München 1976–1977.

Wagner, Richard: *Das Judenthum in der Musik (Schluß.)*, in: *NZfM* 33/20 (6. September 1850), S. 109–112.

Wagner, Richard: *Das Judenthum in der Musik*, Leipzig 1869.

Wald, Melanie: *Zur musikalischen Poetik zweier (Ideen-)Landschaften. Mendelssohn, die Schweiz und Schottland*, in: *Mendelssohns Welten. Zürcher Festspiel-Symposium 2009*, hg. von Laurenz Lütteken (= Zürcher Festspiel-Symposien 2), Kassel [u. a.] 2010, S. 126–161.

Wehner, Ralf: *Studien zum geistlichen Chorschaffen des jungen Felix Mendelssohn Bartholdy*, Sinzing 1996.

Werner, Eric: *Mendelssohn. A new image of the composer and his age*, übers. von Dika Newlin, London 1963.

Werner, Eric: *Mendelssohn. Leben und Werk in neuer Sicht*, Zürich u. Freiburg i. Br. 1980.

Werner, Rudolf: *Felix Mendelssohn Bartholdy als Kirchenmusiker*, Frankfurt a. M. 1930.

Wessel, Matthias: *Die Ossian-Dichtung in der musikalischen Komposition*, Laaber 1994.

Wolfgang Amadeus Mozart. Sinfonie g-Moll, KV 550. Autographe Partitur […] Faksimile-Ausgabe, mit einem Kommentar von Otto Biba, Wien 2009.

Wollny, Peter: *Sara Levy and the Making of Musical Taste in Berlin*, in: The Musical Quarterly 77 (1993), S. 651–688.

Wollny, Peter: *Zur Bach-Pflege im Umfeld Sara Levys*, in: »Zu groß, zu unerreichbar«. Bach-Rezeption im Zeitalter Mendelssohns und Schumanns, hg. von Christoph Wolff [u. a.], Wiesbaden 2007, S. 39–49.

Wolzogen, Hans von: *Erinnerungen an Richard Wagner*, Wien 1883.

Wulf, Joseph: *Musik im Dritten Reich. Eine Dokumentation*, Gütersloh 1963.

Wüster, Ulrich: *Felix Mendelssohn Bartholdys Choralkantaten. Gestalt und Idee. Versuch einer historisch-kritischen Interpretation*, Frankfurt a. M. 1996.

Wüster, Ulrich: »*Aber dann ist es schon durch die innerste Wahrheit und durch den Gegenstand, den es vorstellt, Kirchenmusik…*« *Beobachtungen an Mendelssohns* Kirchen-Musik *op. 23*, in: Felix Mendelssohn Bartholdy. Kongreß-Bericht Berlin 1994, hg. von Christian Martin Schmidt, Wiesbaden [u. a.] 1997, S. 187–208.

Zimmermann, Werner G.: *Brahms in der Schweiz. Eine Dokumentation*, Zürich 1983.

Personenregister

Das Register verzeichnet alle in den Symposiumstexten und dem Katalog erwähnten Personen. Brahms und Mendelssohn sind ausgenommen, da sie auf nahezu jeder Seite vorkommen. Kursiv gesetzte Seitenzahlen verweisen auf Bilder.

A

Abel, Carl Friedrich   78
Ambros, August Wilhelm   59
André, Johann Anton   78
Anna, Prinzessin von Hessen   78
Appel, Bernhard R.   71

B

Bach, Johann Christian   78
Bach, Johann Sebastian   9, 13, 17, 18, 23, 25, 26, 70, 74, 75, 79, 80, 86, 113, *114*, *115*, *116*, 117, *120*
Bartholdy, Jakob Ludwig Salomon   43
Bastek, Alexander   14
Baudelaire, Charles   76
Baur, Ernst Friedrich Albert   26, 30, 37
Beckerath, Willy von   *94*
Beethoven, Ludwig van   13, 47, 57, 58, 60, 62, 63, 70, 73, 74, 75, 76, 79, 81, 88, 121
Bendemann, Eduard   41, 42, 43, *43*, 44, *113*
Benedict, Julius   *92*
Bennett, William Sterndale   66
Berlijn, Aron Wolff 68
Berlioz, Hector 34, 61, 80
Biba, Otto   9, 73
Billroth, Theodor   81, 82
Blume, Friedrich   13
Böhringer, Konrad Immanuel   *88*
Brahms, Johann Jakob   *94*
Brentano, Clemens   48, 49, 50, 53, 54
Bruch, Max   53
Bülow, Hans von   80
Bunsen, Christian Carl Josias   22
Byron, George Gordon   14

C

Casper, Johann Ludwig   38
Cervantes, Miguel de   49, 105
Chamisso, Adelbert von   76
Cherubini, Luigi   121
Chopin, Frédéric   75
Cornelius, Peter   41, 43
Cossel, Otto   113
Czerny, Carl   70

D

Dahlhaus, Carl   19
Dante Alighieri   14
Daumier, Honoré   76
David, Ferdinand   31, 34, 35, 36, 37
Deecke, Therese   *103*
Devrient, Eduard   31, 34, 35, 48, 49, 50, 51, 63
Dorn, Heinrich   30
Dräxler-Manfred, Carl   62
Droysen, Johann Gustav   33, 48, 59, 60
Dürer, Albrecht   14

E

Eichendorff, Joseph von 35, 49
Engelmann, Theodor Wilhelm   85

F

Feuerbach, Ludwig   76
Finscher, Ludwig   14
Franck, Eduard   68, 69, 70
Friedrich Wilhelm IV., König von Preußen   18, 22, 33, 49
Friedrich, Caspar David   39
Füller, Josef   *99*

G

Gade, Niels W.   31, 34, 36, 66, 68, 69, 73
Geibel, Emanuel   14, 47, 48, 49, 50, 51, 52, 53, 55, 87, 102, *103*
Geiger, Friedrich   14
Genette, Gérard   67

George IV., König von Großbritannien und Irland   61, 65
Gluck, Christoph Willibald   47, *120*
Goedeke, Karl   54
Goethe, Johann Wolfgang von   12, 13, 14, 18, 20, 25, 28, 31, 34, 38, 51, 57, 59, 62, 65, 76
Goldberg, Georg   *104*
Göltl, Reinhard   38
Grass, Günter   38
Grell, Karl   30
Griepenkerl, Conrad   *116*
Grillparzer, Franz   58
Groote, Inga Mai   14
Grunsky, Karl   22
Gülke, Peter   9, 14

H

Hammes, Andrea   14
Händel, Georg Friedrich   9, 13, 23, 75, 86, 117, *117*, *118*, *119*, *120*, 121
Hanslick, Eduard   16, 75
Hauptmann, Moritz   31
Hauser, Franz   25, 30
Haydn, Joseph   13, 73, 74, 78, 79, 80
Heine, Heinrich   22, 23, 29, 43, 48, 49, 53, 54
Hensel, Fanny [geb. Mendelssohn]   28, 32, 33, 38, 40, 45, 48, 54, 56, 57, 58, 59, 62, 63, 65, 94, 97
Hensel, Sebastian   56
Hensel, Wilhelm   31, *31*, 32, *32*, 33, 54, 94, *94*, 97, 121, *122*
Herbeck, Johann   78
Herzogenberg, Elisabeth von   75, 121
Hildebrandt, Theodor   41, 44
Hiller, Ferdinand   34, 35, 37
Hoffmann, Ernst Theodor Amadeus   76
Hofmann, Kurt   87, 100
Hugo, Victor   62
Hüttenbrenner, Anselm   81

I

Ingres, Jean Auguste Dominique   62

J

Jeanrenaud, Cécile s. Mendelssohn, Cécile
Jenisch, Louise   *106*
Joachim, Heinrich   *93*
Joachim, Joseph   31, 36, 86, 88, *92*, *93*
Johnson, Samuel   59

K

Kafka, Johann Nepomuk   81
Kalbeck, Max   80, 102
Kierkegaard, Søren Aabye   76
Kinsky, Georg   78
Kirchner, Theodor Fürchtegott   70, 87
Kirnberger, Johann Philipp   17, 18
Klein, Hans-Günter   38, 46
Klingemann, Carl   32, 34, 35, 36, 37, 49, 57, 58, 60, 63, 64, 65
Knaur, Hermann   *113*
Koselleck, Reinhart   76
Kreutzer, Conradin   58
Kuhnt, Christian   9

L

Lachner, Franz   49
Lassalle, Ferdinand   29
Lejeune Dirichlet, Rebecka [geb. Mendelssohn]   33, 34, 37, 62, 65
Lessing, Gotthold Ephraim   31
Lesueur, Francois   61, 62
Lind, Jenny   51
Liszt, Franz   12, 34, 49, 70, 75
Lobe, Johann Christian   32
Lodes, Birgit   68
Loeben, Otto von   49
Løvenskiold, Herman Severin   66
Luther, Martin   13, 14, 24, 25, 27
Lütteken, Laurenz   14

M

Macpherson, James   59
Mandyczewski, Eusebius   79, 80, 81

Mantius, Eduard   27
Marschner, Heinrich   16
Marx, Karl   76
Mendel, Hermann   21
Mendelssohn, Abraham   22, 28, 31, 32, 56, 62, 65, 94
Mendelssohn, Albertine   33
Mendelssohn, Cécile [geb. Jeanrenaud]   22, 33, 34, 36, 62
Mendelssohn, Fanny s. Hensel, Fanny
Mendelssohn, Lea   21, 22, 28, 57, 62, 65, 94
Mendelssohn, Moses   17, 24, 29, 31, 42, 94
Mendelssohn, Paul   33, 65, 97
Mendelssohn, Rebecka s. Lejeune Dirichlet, Rebecka
Moscheles, Felix   36
Moscheles, Ignaz   31, 32, 33, 34, 35, 36, 37, 56, 58, 60, 63, 66
Mosen, Julius   35
Motte Fouqué, Friedrich de la   58
Mozart, Constanze   78
Mozart, Wolfgang Amadeus   13, 33, 74, 78, *120*
Mühlenfels, Ludwig   57, 58, 63

N

Napoleon Bonaparte   16, 61, 62
Nietzsche, Friedrich   13, 16, 19, 38, 76
Nölting, Henriette   54

O

Offenbach, Jacques   53
Orel, Alfred   78
Overbeck, Friedrich   41, 43

P

Pacius, Fredrik   53
Paul, Jean   14, 76
Pereira-Arnstein, Henriette von   13, 32, 37
Pietschmann, Klaus   55
Pixis, Johann Peter   68

R

Rastrelli, Joseph   55
Riehn, Rainer   23

Riemann, Hugo   13, 15
Ries, Ferdinand   62
Riethmüller, Albrecht   21
Rietz, Eduard   36
Rietz, Julius   31, 36
Rimbaud, Arthur   76
Rohden, Johann Martin   44, *44*
Roitzsch, Ferdinand   *116*
Romberg, Heinrich   *90*
Rösel, Johann Gottlob Samuel   38
Rosen, Charles   14, 23, 29
Rosen, Friedrich August   58
Rosenthal, Moritz   79
Rosenthal, Rebecca   50, 54
Rossini, Gioachino   23
Rousseau, Jean Baptiste   48
Rousseau, Jean-Jacques   16
Rudorff, Ernst   74

S

Sandberger, Wolfgang   9, 73, 113
Schadow, Wilhelm von   41, 42, 43, 44
Schiller, Friedrich   13, 14, 34, 66
Schilling, Gustav   22
Schinkel, Karl Friedrich   18, 20
Schlegel, Friedrich   56
Schleiermacher, Friedrich   22, 24, 29
Schleinitz, Heinrich Conrad   31, 34, 35
Schmidt, Lothar   14
Schnack, Fritz   82
Schneider, Eduard   81
Schnoor, Arndt   54
Schönberg, Arnold   38, 77
Schubert, Franz   59, 74, 75, 76, 79, 81, 82
Schubert, Hermann   81
Schubring, Julius   22, 29
Schumann, Clara [geb. Wieck]   37, 49, 69, 73, 74, 76, 78, 88, 90, *91*, 97
Schumann, Robert   11, 14, 15, 31, 33, 34, 36, 58, 63, 66, *66*, 67, 69, 70, 73, 74, 75, 76, 77, 79, 86, 88, *89*, 90, *114*, 121
Schunck, Julie   36
Schwalb, Irmelin   14
Schweikert, Uwe   29

Schwind, Moritz von   59
Scott, Walter   14, 59, 60, 61, 64, 65
Sedlarz, Claudia   38
Seidel, Wilhelm   13, 24
Shakespeare, William   12, 14, 49, 51, 56, 59, 63
Silcher, Friedrich   48, 53
Simrock, Fritz   80, 82, 91, 108
Smart, George   58
Sohn, Carl Ferdinand   44
Sophokles   14
Spohr, Louis   53, 66, 67, 73, 82
Spontini, Gaspare   49
Sposato, Jeffrey S.   29
Staegemann, Johann Jakob   28
Staehelin, Martin   21, 22, 28
Steinbeck, Wolfram   69
Stirner, Max   76
Stockhausen, Julius   87, 100, *101*

Thibaut, Anton Friedrich Justus   17
Thorwaldsen, Berthel   41
Tieck, Ludwig   56, 58, 59, 63
Todd, R. Larry   50
Turner, William   62, 65, 121

Uhland, Ludwig   35

V

Veit, Johannes   41, 42
Veit, Philipp   43
Verdi, Giuseppe   75
Vernet, Horace   41
Voltaire   63

W

Wach, Lili   121
Wagner, Cosima   61
Wagner, Richard   12, 13, 16, 19, 22, 33, 53, 55, 59, 61, 64, 65, 74, 75, 76, 80, 87, 102, 105, *107*

Weber, Carl Maria von   16, 52, 56, 57, 76, 82
Werner, Eric   23
Weymar, Stefan   9
Wieck, Clara s. Schumann, Clara
Wiedemann, Conrad   20
Wilkie, John   61, 65
Wilmsen, Friedrich Philipp   21
Wittgenstein, Ludwig   75
Wüster, Ulrich   24, 30

Z

Zelter, Carl Friedrich   17, 18, 20, 25, 28, 30, 31, 37, 38, 40, 65, 76

Reproduktionen

akg-images, Berlin: S. 94 (l.), 122 (r.)

Archiv Bibliothek Sammlungen der Gesellschaft der Musikfreunde in Wien: S. 108, 109, 111, 117

Archiv Mendelssohn-Haus, Leipzig: S. 24

bpk – Bildagentur für Kunst, Kultur und Geschichte, Berlin: S. 31, 32, 39 (o.), 41, 42, 44 (u.), 45 (u.), 66, 94 (r.), 97, 98, 122 (l.)

Markus Bomholt, Münster: S. 8 (außer o. l.)

Mathias Brösicke, Weimar: S. 8 (o. l.), 88–93, 95, 96, 99–101, 103–107, 110, 112–116, 118–121

Museum Behnhaus Drägerhaus, Lübeck: S. 44 (o.)

Stadtbibliothek Lübeck: S. 102

The University of Oxford, Bodleian Library: S. 39 (u.), 40, 42

Tomasz Samek, Münster: S. 143

Wallraf-Richartz-Museum, Köln: S. 43

Leihgeber

Archiv Bibliothek Sammlungen der Gesellschaft der Musikfreunde in Wien

Prof. Kurt und Prof. Renate Hofmann, Lübeck

Staatsbibliothek Berlin – Preußischer Kulturbesitz

Stadtbibliothek Lübeck

Prof. Dr. Wolfgang Sandberger, Lübeck

Als Veröffentlichungen des Brahms-Instituts an der Musikhochschule Lübeck sind erschienen:

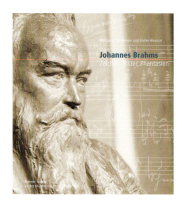

Band I
Wolfgang Sandberger und Stefan Weymar:
Johannes Brahms – Zeichen, Bilder, Phantasien, Lübeck 2004. *108 Seiten, ISBN 978-3-86916-150-1*

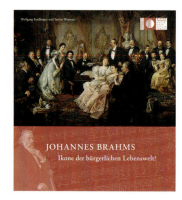

Band IV
Wolfgang Sandberger und Stefan Weymar:
Johannes Brahms – Ikone der bürgerlichen Lebenswelt?, Lübeck 2008. *116 Seiten, ISBN 978-3-86916-153-2*

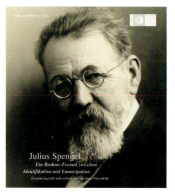

Band II
Wolfgang Sandberger (Hg.):
Julius Spengel – Ein Brahms-Freund zwischen Identifikation und Emanzipation. Zusammengestelllt und verfasst von Christiane Wiesenfeldt, Lübeck 2005. *104 Seiten, ISBN 978-3-86916-151-8*

Band V
Wolfgang Sandberger und Stefan Weymar:
Beziehungszauber. Johannes Brahms – Widmungen, Werke, Weggefährten, Lübeck 2011. *80 Seiten, ISBN 978-3-86916-154-9*

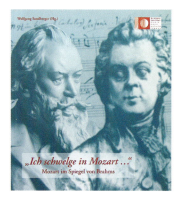

Band III
Wolfgang Sandberger (Hg.):
»Ich schwelge in Mozart …« – Mozart im Spiegel von Brahms, Lübeck 2006. *96 Seiten, ISBN 978-3-86916-152-5*

Band VI
Wolfgang Sandberger (Hg.):
»Ich will euch trösten…«. Johannes Brahms – Ein deutsches Requiem, Lübeck 2012, *120 Seiten, ISBN 978-3-86916-218-8*

Werden Sie Mitglied im Verein zur Förderung des Brahms-Instituts Lübeck e. V.

Der Förderverein des Brahms-Instituts wurde 1992 gegründet. Unter seinen Mitgliedern im In- und Ausland sind Fachwissenschaftler, Musiker und Musikliebhaber. Die durch Mitgliedsbeiträge und Spenden aufgebrachten Mittel werden in erster Linie für Ankäufe von Musikautographen, Stichvorlagen, Abschriften, Briefen und Fotos verwendet. Vorsitzender des Vereins ist Heiko Hoffmann, Minister a. D.

Kontakt:
Verein zur Förderung
des Brahms-Instituts Lübeck e. V.
z. Hd. Helga Hesselbarth
Jerusalemsberg 4
23568 Lübeck
Telefon: +49 (0)451/1505-418 und -414
E-Mail: foederverein.brahms-institut@mh-luebeck.de

Bankverbindung:
Sparkasse zu Lübeck
IBAN: DE80 2305 0101 0001 0172 76
SWIFT / BIC: NOLADE21SPL

 www.brahms-institut.de